陶行知の
芸術教育論

生活教育と芸術との結合

Tao Xingzhi and His Philosophy of Artistic Education

李 Li 燕 Yan 著

東信堂

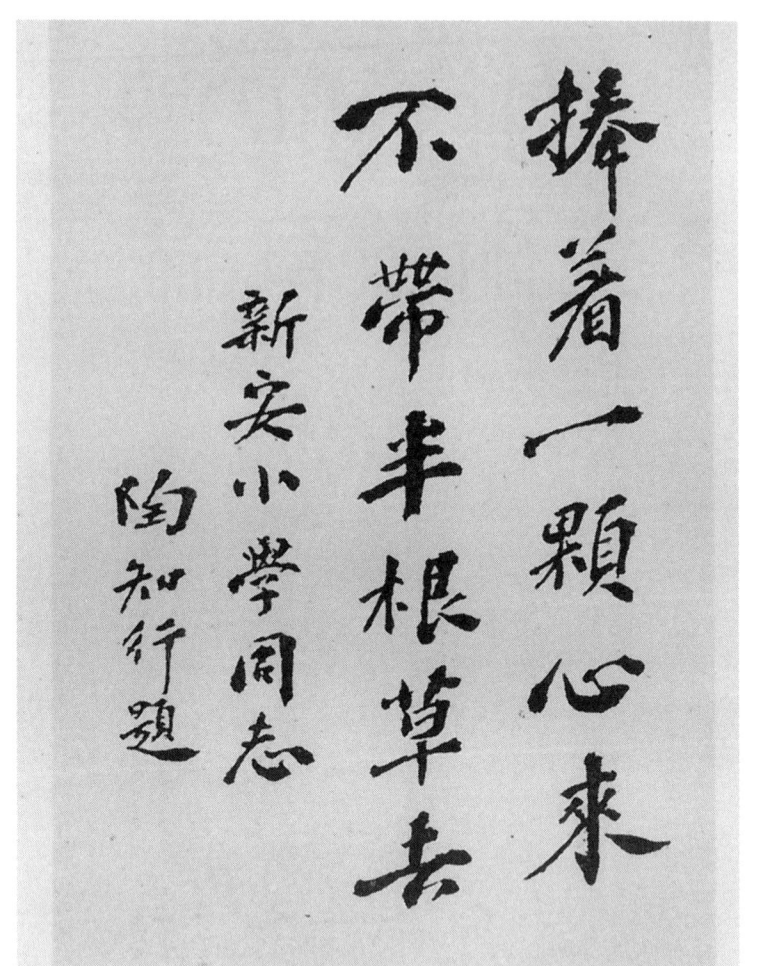

陶行知の揮毫（1930 年夏）

捧着一顆心來
不帶半根草去
（来たるときは一心を捧げ、
　去るときは草一本も奪わずに）

1917 年、アメリカ留学から帰国して、南京
高等師範学校教授に着任したころの陶行知

陶行知（1891 − 1946）の肖像画
作者の伍必端は、育才学校の美術教師だった

1917年アメリカのコロンビア大学にて（前列右が陶行知、左から二人目は胡適）

デューイ夫妻や史量才（『申報』社長、前列左から一人目）らとの集合写真。
後列の右から二人目が陶行知

1943 年、育才学校の社会組が作った、当時の世界情勢をつたえる展覧会

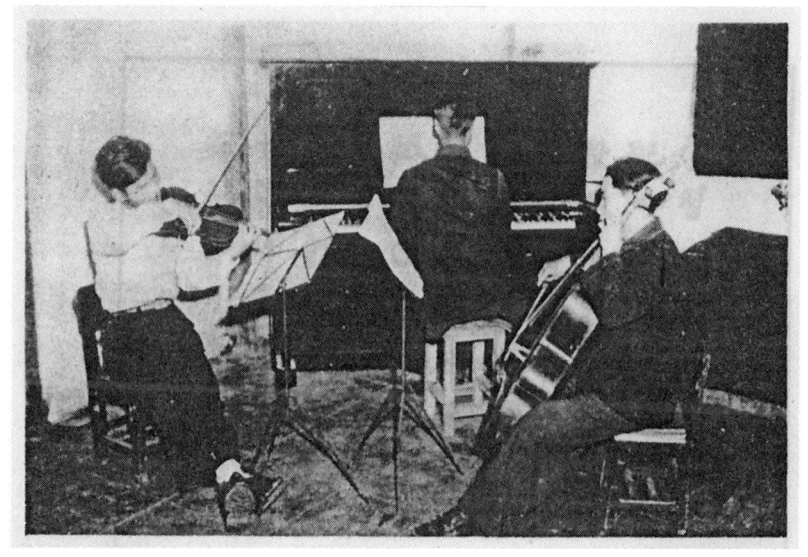

育才学校音楽クラスの学生の練習風景

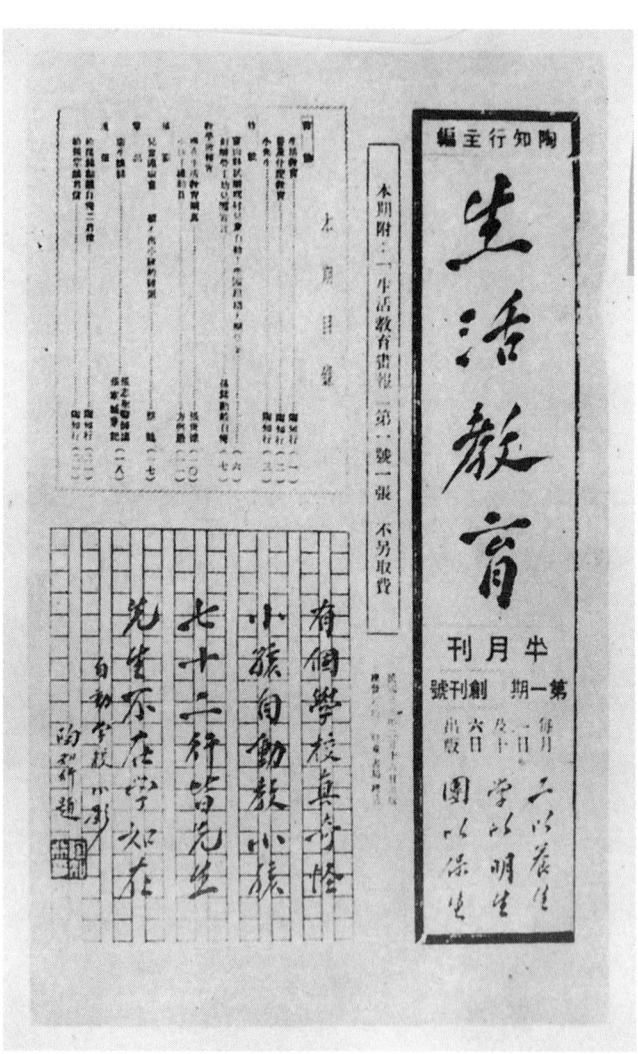

陶行知が編集した『生活教育』（隔月刊）の創刊号（1934 年 2 月 16 日出版）

（上）陶行知は「工学団」時代、日本の東京池袋生活学校の子どもたちと交流した際に、
　　　同校に短編童話『カラスの歌』を寄贈した（1935年）。その寄贈書の最初のページ。
　　　「カラスの歌」は本書139ページ参照
（下）陶行知作の短編童話『カラスの歌』表紙

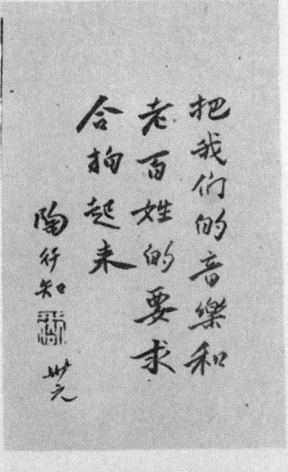

（右上）天才児・育才学校音楽組の生徒陳貽鑫への揮毫
「私たちの音楽を百姓の要求に合わせよう」（1941年）
（右下）陶行知編集の『児童祭歌曲集』の一冊（1934年）
（左下）『義勇軍進行曲』（後に『国歌』になった）のメロディ
を使って、陶行知が作詞した『勝利マーチ』『民主マーチ』
（1945年8月22日重慶『新華日報』より）

はじめに

　中国は長い歴史を持つ国である。だが、教育近代化のスタートは、すでに 20 世紀に入ってからのことであった。当時は、二千年以上の封建専制が辛亥革命によって打倒されたが、平穏でない国内の政治情勢の下で、「内乱」と「戦争」が頻発していた。第 1 部での筆者の関心は、当時来華したアメリカの哲学者・教育学者 J．デューイ（1859 ～ 1952）と、彼の弟子で近代中国の教育学者・陶行知（1891 ～ 1946）の二人によって提示された民主主義的教育改革論がどのように近代中国に貢献したのか、陶行知はデューイの民主主義教育思想をどのような形で受容して、それをどのように変容させたのかということである。このため、第 1 部では、デューイの中国滞在中に盛んであった「デューイ熱」および発表された論文、講演の精華——民主主義的教育改革論は、どのようなものであったかを明らかにしたい。

　まず、当時の中国の時代背景と情況の概略を述べたい。

　中国史上、封建制度が徹底的に打倒されたのは 1911 年であった。翌年、中華民国が成立し、そこに、国家の新しい主人公は、人民たるべきことが確認され、人民こそ、国の権利を行使するべきであることが、「民の国」という語の意味であった[1]。

　長い封建制度の下で、根強い封建的思想が、広大な中華内陸でひろまり、これはもちろん、教育にも相当な影響をおよぼした。儒教思想はもともと中華民族の血と肉となる重要な一部であったが、1910 年代から 20 年代にかけて、「新思想」によって、厳しい批判の対象になった。すなわち、「新思想」派の主張によれば、儒教思想は歴代王朝の支配者が、

天下を安穏させるため、偉大な哲学者・教育者孔子の教えを利用したものであり、孔子主義は現時代にとって「残骸枯骨」[2]（肉が腐って、残った骨）（1916年）のようなものだとされた。一部の知識人たちは欧米から伝えられてきたデモクラシーとサイエンス思想を用いて、新中国の教育を建設する道を開拓しようとした。このような動向は戊戌変法（1898年）[3]と比べ、さらに多くの人および思想（孔子主義、マルクス主義、プラグマティズムなど）が参加できる壮大な文化革命であったととらえることができる。そして、後の中国新文化運動（1917年）と五・四運動（1919年）の精神基盤ともなった。

1919年3月、デューイの来華一ヶ月前、『教育週刊』（第6号）に陶行知の「介紹杜威先生的学説」が、『新教育』（第2期）に鄭宗海の「杜威氏的教育主義」が掲載された。筆者の調査によれば、少なくとも、それ以前、中国において、デューイについてのまとまった紹介文章はなかった。しかし、日本において、最初のデューイ紹介文は1888年（『六合雑誌』第93号の元良勇次郎「米国心理学ノ近況」という文章にある）であった。これと比べて、中国は30年ほど遅れた。

4月30日、デューイは日本から上海に上陸した。デューイ自身、この時は予想もできなかったかもしれないが、彼はアジア史の大きな分水嶺となるその瞬間に訪中したことになったわけである。その後、五・四運動の発端として知られるようになる、北京の学生たちによる「ヴェルサイユ講和会議において日本の山東利権を承認していた民国政府の態度を不満として」[4]の抗議デモの勃発は、彼の到着のわずか4日後のことであった。デューイにとって、日本と中国の政治的・社会的状況は対照的に映ったはずである。一方では、彼が言うリベラリズムは存在するものの、軍部とそれが利用する天皇制によって封じ込められている国があり、他方では、帝国主義支配からの自由を求める中国民衆の愛国運動があった[5]。デューイは2年の滞在期間中、講師として、北京大学、南京大学で講義したほか、北から南までの太平洋岸ほとんどすべての都市を訪ね、内陸の11ヶ省に足跡を残した[6]。同年の『新教育』雑誌3期（1919

年4月）「デューイ号」はデューイの哲学、倫理学、論理学、教育原理を中心として編集されたものであった[7]。後に、胡適訳の『杜威五大講演』（北京晨報社）、鄒恩潤訳の「デモクラシーと教育」（『新中国』雑誌[8]より）、「平民主義的教育」（『教育潮』雑誌[9]）、呉康、羅家倫訳の「思想的派別」（『新潮』雑誌[10]）、許志清訳の『哲学の改造』（商務印書館）などのデューイの著作、また『学校と社会』についての評論[11]、デューイ倫理学・論理学・教育哲学の研究論文[12]などが出版された。これらはすべて、当時の知識人、大学生に新たな精神的源泉をあたえ、新文化運動の一部である教育改革にとって、一番モダンで、しかも最も有力な思想であると見られていた。

　一方、陶行知がアメリカから帰国したのは1917年であった。同年、南京師範学校の教育学専任教師になって、翌年、「試験主義と教育」「生利主義の職業教育」などの文章を発表したが、そこには、彼の学んだ西洋のプラグマティズム的精神が見られた。彼はデューイの学生として見られており、デューイの来華を学友の胡適、先輩の蒋夢麟と共に迎え、デューイ教育思想の宣伝者、実践者として活躍していた[13]。陶行知は前述の「デューイ先生教育学説紹介」の中で、デューイが教育目的を民主主義とし、教育方法をプラグマティズムとするという考えを紹介した。彼は、デューイのアイデアを近代中国へ導入しようとするならば、まず原著を読もうと主張し、そして1886年から1916年までに書かれたデューイ論文と著作16種を紹介した。中でも、陶行知は『民主主義と教育』『明日の学校』『思考の方法』『実験的論理学論集』の4冊が一番重要だと考え、中国教育界の人々の必読書としてほしいとした。

　後に見るように、陶行知の一生は、デューイの下での学習、師・デューイの接待・通訳などの仕事を通して思想的訓練を受けた上で、民族解放という目標と民主主義教育思想とを結びつけ、中国教育への民主主義実現のために闘ったのであった。彼は繰返し挫折に遭ったが屈服しなかった。信念、勇気を保ちつつ、中国にふさわしい民主主義教育の道を開拓し、独自の性格をもった教育理論・実践を創造していった。後の人たちは、彼の教育理論は新民主主義教育理論であると見なしている。この新

民主主義教育理論は、彼の編集していた雑誌『新教育』および他の場所で発表された多くの文章に表現されている。彼の生前よりも死後において、民主主義的教育目的・方法は全国に影響をおよぼした。それは例えば、当時、国全体の80％を占めていた非識字者の労働者、農民の文字教育の普及に示された。しかし、同時に最も重要なことは、彼はその教育実践によって、民主主義とは何か、特に、中国教育の民主主義とは何かということを語ったことである。

　民主主義が最初中国に移入された時、それは「徳謨克拉西」「平民主義」
と訳された。しかし、この民主主義は、西洋の民主主義を学びながら、中国本土の独自な性格をもつようなものに変容された。つまり、人間中心・庶民中心のブルジョア的民主主義ではなく、近代中国人口の多数に占める貧しい農民思想的基盤に位置付けられたものになったのである。このような中国的民主主義は、やがて1949年以後、中華人民共和国で実現された。いわゆる新民主主義とは、受容されてきた旧民主主義の変容物であることを見逃がすことができない。旧民主主義（ブルジョア的民主主義）と新民主主義（中国的民主主義）のそれぞれの教育学者、デューイと陶行知は、中国の民主主義的教育改革論についての、どのように考えたのであろうか。

目 次

はじめに……………………………………………………………………… vii

第一部　　陶行知による民主主義的教育改革論　　3
──デューイ教育思想の受容と変容の意味──

第1章　デューイの民主主義教育論と中国教育問題……… 5

第1節　「デューイ熱」と近代中国の教育改革の発足　5

　1．デューイの教育思想への支持　7

　2．「民国」初期の諸教育改革の模索　8

　3．知識人たちによるデューイ民主主義教育思想の理解　10

第2節　デューイの民主主義的教育改革論と半植民地

　　　　半封建的中国との結び付き　12

　1．デューイと民主主義教育　12

　2．デューイによる中国の民主主義教育論　15

第3節　デューイの教育学改造の視点から見た中国教育　19

　1．デューイの教育哲学講演　20

　2．道徳の問題　23

第4節　デューイの中国教育学改造としてのプラグマティ

　ズムの効用　26

　1．プラグティズムという学説　26

　2．科学的方法への問い　29

　付録：デューイの中国滞在スケジュール概要　33

第2章　陶行知の民主主義教育論と彼の見た中国の現実情況……37

第1節　陶行知とデューイとの出会い　37

xii

　　1．陶行知の生い立ち　37

　　2．陶行知の思想形成　42

　　3．デューイの民主主義教育思想との対峙　45

　第2節　陶行知の大衆教育論と生活教育論　46

　　1．「読書作官」という現実　46

　　2．大衆教育論への始動　47

　　3．帝国主義への批判と独自の教育実践　51

　第3節　陶行知の大衆教育における「教学做合一」と「小先生制」　52

　第4節　中国における新民主主義教育論の誕生と発展　56

　　1．辛亥革命の勝利　56

　　2．新民主主義の教育　57

　　3．陶行知の民主主義教育思想　59

　　付録2：陶行知年譜　63

第3章　デューイ、陶行知の中国民主主義的教育思想の本質……69

　第1節　デューイの民主主義的教育の目的——教育哲学講義　69

　第2節　陶行知の中国民主主義的教育の目的　71

　第3節　デューイと陶行知の中国民主主義教育思想の展開　74

　第4節　アメリカ的民主主義教育と中国民主主義的教育の比較　78

　　1．アメリカ的民主主義教育の特徴　79

　　2．中国的民主主義教育の特徴　81

　第5節　民主主義的教育改革論における東西教育思想の融合　83

　おわりに　90

第二部　陶行知の芸術教育論——生活の中の芸術　　93

第4章　「生活即教育」——陶行知の「教学做合一」における「做」の概念 … 95

　第1節　陶行知教育思想の真髄　95

　第2節　暁荘試験郷村師範学校の「做」の実態　97

目次 xiii

　　1．「做」の全体像　97

　　2．中心小学校の「做」　100

　　3．陶行知の「児子教学做」　104

　第3節　「做」の概念　105

第5章　偽知識の批判——陶行知の「真知識」論 ……………109

　第1節　偽知識批判の由来　109

　第2節　「偽知識」と「偽知識階級」　110

　第3節　「真知識」および「無階級」　114

　おわりに——「真知識」の探求と発見　120

第6章　陶行知における生活教育と芸術の結合 …………123

　第1節　「普及教育」と芸術　123

　第2節　生活教育の中の歌　125

　　1．新民謡　125

　　2．陶行知の新詩歌　130

　　3．重慶育才学校学生による作曲　137

　第3節　童話と劇を通じての児童教育　139

第7章　新教育一般における芸術の位置づけ——「美育」の発見 …143

　第1節　蔡元培と聞一多の「美育」　144

　　1．蔡元培と「美育実施方法」　145

　　2．聞一多における芸術の位置づけ　150

　第2節　魯迅、茅盾、葉聖陶の児童文学における美の重視　151

第8章　陶行知の生活教育における芸術……………………157

　はじめに　157

　第1節　民主的「芸術性格」　158

　第2節　『読書』『教人』『做工』に見る大衆性　164

第3節　科学性の教育的役割　167

第4節　永遠の創造性の開発　168

第9章　現代中国における陶行知の教育思想の応用………173

第1節　現代中国における陶行知教育思想の再評価　173

第2節　現代中国の「行知学校」　176

第3節　流動人口子女教育の概況と「行知学校」　178

　　1．北京市大興区「行知学校」　179

　　2．「北京行知打工子弟学校」　183

第4節　陶行知の教育思想から見る現代の陶行知学校　189

注　195

参考文献　227

あとがき………………………………………………………241

事項索引　244

人名索引　246

銀行和の芸術教育篇――生活教育と芸術との総合

第一部

陶行知による民主主義的教育改革論

──デューイ教育思想の受容と変容の意味──

第1章　デューイの民主主義教育論と中国教育問題

　デューイは自身の言う young China[14] の初期に中国へ来訪したわけである。哲学、教育の世界的権威者である彼を、中国エリートをはじめとする人々は熱烈に歓迎した。デューイの思想が young China の建設にとって最も期待されていたことがそこにうかがえる。

第1節　「デューイ熱」と近代中国の教育改革の発足

　デューイは、蔡元培（1868～1940、北京大学学長）、胡適（1891～1962、北京大学教授）たち、デューイの下で学んでそして帰国した人たちによって招かれたのである。彼が中国に着いたのは、4月30日であったが、その四日後、五・四運動、そして六三運動[15] が勃発した。デューイは中国に2年2ヶ月滞在し、11ヶ省を訪問する折、常に講演を行っていた。北京、上海をはじめとする各地の新聞には、デューイの講演が毎日報道され、連載されていた。彼の学術講義は北京大学、南京大学のほか、北京高等師範学校と南京高等師範学校でも行われた。北京の講義を胡適らが、南京の講義を陶行知らが通訳した。1920年代になって、北京・南京の学生のとった「デューイ講義ノート」が「現代教育名著叢書」の名の下で、『杜威教育哲学』『平民主義与教育』として出版され、胡適訳の『杜威五大講演』は、2年間で十六版を重ねた。デューイの哲学、教育学についての書物は、多部数印刷され、全国的に広まっていった。

　マルクス主義者の陳独秀[16] さえも、デューイ思想の影響を大きく受

6   第一部　陶行知による民主主義的教育改革論

けたという[17]。陳独秀はデューイの連続講演「社会哲学と政治哲学」(1919
年 9-10 月）を中国現実問題への有利な武器とした。陳は Democracy を民
治主義と呼び、デューイの民治主義[18]——①政治的民治主義、②民権
的民治主義、③社会的民治主義、④生計的民治主義に賛同の意を表する
とともに、中国で、デューイの言った社会的民治主義と生計的民治主義
を実現することができるだろうと論じていた。しかし、陳独秀はデュー
イの政治的民治主義と民権的民治主義に対して、「少々、不徹底的な所
がある」[19] と説いた。つまりデューイは中国の半植民地、半封建的性質
に触れなかったが、中国の政治・民権の問題はアメリカとは大きく違う
からなのである。陳独秀は「8 年間にわたり、『中華民国』という偽の
名が付いた薬が売られてきた。実際は『中華帝国』という薬が販売され
ているのである……。『政治的民治主義』の七文字を見て、皆さんはま
だ慣れていないだろう。……私は政治的民治主義と社会経済的民治主義
が、将来、中国で大きく発展できると信じている。……」[20]と『新青年』
(1919 年 12 月）に書いた。『新青年』の創刊者の彼は、アメリカの近代思想、
特に民主主義における民主自治という問題について、アメリカの実行例
を参考しようと主張したのであった。

　彼の議論は、『新青年』同号の「杜威講演録　社会哲学与政治哲学」
に掲載されており、さらに同雑誌次号には「美国城市自治的約章制度」(ア
メリカ都市の法定制度）などが載せられていた。民主国家を建設するため
に、いかにアメリカの民主主義を学ぶかという学術的熱潮が盛んであっ
たのである。

　清朝末期に、中国の教育制度は日本からの影響が著しく見られたが[21]、
その後の 1922 〜 1949 年の教育制度は、ほぼアメリカをモデルにした。
近代中国におけるアメリカからの影響を考える時、デューイにやや遅れ
て訪華したモンロー（Paul Monroe　1869-1947）を無視することはできない
であろう。さらに広く英米哲学の影響ということでは、デューイと同時
期にやってきたラッセル（Bertrand Russell　1872-1970）も重要である。し
かし、デューイ思想は近代中国の 30 余年の間に、最も影響力をもった

のである[22]。

1. デューイの教育思想への支持

なぜデューイの教育思想は最も人気があったのか。

(1) デューイはモンローより二年早く中国に来た。中国の新文化運動が盛り上がった頃であった。デューイの学説は新文化運動と一緒に考えられていた。

(2) 中国で行った講演の内容について、デューイの場合、政治哲学・社会哲学・教育哲学・倫理学など哲学問題と関係あるものであったが、モンローの場合は、欧米教育制度の具体的問題を中国はどう応用し、対応するかについてのものであった。当然、デューイの学説の伝える範囲は広かった。

(3) デューイ講演では、マルクス主義にも触れた。マルクス主義については、1917年ロシア十月革命以降、中国知識人の間で盛んに議論されたので、デューイの講演に対する関心度はいっそう高まったわけであろう。

(4) デューイは、たんに欧米の哲学を伝えるという姿勢ではなく、常に中国の文化的・経済的・政治的現状に耳を傾け、そこから学びつつ、同時に、哲学者としてこのような現状にどのような発言ができるのかを模索したことであった[23]。

中国改造者の多数は、デューイの思想に強く賛同した理由があった。戦乱の中国を救うためには、自由民主主義論が一番平和的、理想的な思想であり、まず、教育を通して「救国」するなら、民主主義的教育思想を用いなければならない。これは急進的知識人に望まれた道でもあり、軍閥と列強に分裂された貧困な祖国が民主主義的教育によって、亡国にならないだろうし、また裕福に変わるだろうと信じられたからである。

8   第一部　陶行知による民主主義的教育改革論

2.「民国」初期の諸教育改革の模索

　　創立されたばかりの「民の国」には「思想解放」によって、西洋思想が洪水のように入り込んできた。西洋近代的な民主国家は、Old China[24]にとって全く「新事物」であった。エリートたちは目にまぶしい西洋思想に刺激され、そのために、様々な意見を出した。もちろん、教育改革も進めていた。

(1)「五項目教育」と政治を超える教育

　　中華民国が成立した 1912 年に、教育総長（文部大臣に当たる）蔡元培は、封建王朝の専制主義の教育を批判し、それに対して、「五項目教育」を主張した。清朝末期の学部（朝廷に属す教育部にあたる）は「忠君、尊孔、尚公、尚武、尚実」の教育宗旨を制定したが、蔡元培は、「忠君」、「尊孔」が共和国の政治体制・信仰の自由と相入れないものだと考え、この教育宗旨を、「軍隊・国民教育[25]、実利教育[26]、民衆道徳教育、世界観教育、美学教育」に改めることを提唱したのである。「教育には二大類別がある。一つは政治に属すもの、もう一つは政治を超えるものである」[27]と彼は主張し、封建専制時代の教育家はたんに政治に従う者にすぎなかったが、共和国時代の教育家は人民の立場に立ち、政治を超える教育を行わなければならないと彼は考えた。蔡は封建制度に基づく「政教一致」、強制的な書物の暗記、平板な活気のない教育内容に対して強く反対した。

(2)「実用主義教育」と生活的・実業的教育

　　1913 年、教育部委員黄炎培は実用主義教育を提唱した。彼は、学校から出た学生が社会に必要とされる仕事を何もできない状態に対し、その対策としてまず小学校から、生活の知識や普通の技能をカリキュラムに入れることを主張したのである。これについて、教育界では、旧教育の弊害が批判され、教育の正当な目的が討論された。その結果学校教育の目的は、学生が直接あるいは間接的に、生活する力を獲得することであり、彼らが将来の物質的・精神的な生活の準備をすることである[28]。

実用主義教育法は、当時社会にとって、一つの原動力になったと思われる。

(3)「教育要旨」の発布

1915 年、臨時大統領袁世凱[29] が『教育要旨』を発布した。「愛国、尚武、崇実、法孔孟、重自治、戒貪争、戒躁進」[30] という要旨であった。新共和国では、政治・経済そして教育をまず安定させるのは難しかった。国を安穏しようとする一切の努力は、実際は消えつつある帝政を復活させるためのものであった。

(4)「四大主義」[31] と今日の教育方針

同年、北京大学教授・陳独秀は、先進国に比べて遅れた中国の教育が、「偏向と弊病を直し」世界で生存できるようにと呼びかけた。彼の主張は後に「四大主義」と概括された。すなわち、

一、現実主義──科学を用いて、実際生活を視野に入れ、復古的で迷信的な「理想主義」[32] 教育を変えるべきである。

二、唯民主義──民主主義の教育を用いて、専制主義の教育を変えるべきである。

三、職業主義──職業教育を用いて、空しい倫理説教の伝統教育を変えるべきである。

四、野性主義──「意志が強く、時代と共に進歩し、退屈はしない。体が健康で、力がある。自信をもち、他人に頼らず。性格が正直、うわべだけの飾りをしない」などの訓練を重視すべきである[33]。

陳独秀の「四大主義」は中国教育の病と弱々しい民衆の状況に対応したものであり、欧米の実用主義的要素を含んでいるのであった。陳は徹底的な反孔子主義者として、尊孔派の「孔教」を「国教」とする主張に強く抵抗していた。「西洋式の国家を建設し、西洋式の社会を組織しようと思えば、あるいは、今日世界に生存することを求めるならば、西洋社会の国家基礎──いわゆる平等人権の新信仰を、まず輸入しなければ

IO　第一部　陶行知による民主主義的教育改革論

ならないという根本問題がある」[34]。民主国家と孔教とは互いに融和できず、封建主義を打倒しない限り、新国家に必要とされる新思想は輸入できないと彼は考えた。

(5)　孔教を中心とする教育の主張

　1916 年、戊戌変法の中心人物であった康有為が、「孔教を大教として、憲法に編入し、『祭孔』の際は、正座で参拝するべき」[35] と 『致大総統書』を出した。それが陳独秀、李大釗などの革新派に反対され、「民主国家の祭孔とは、封建専制国家における 『ルソー祭』（ルソーを記念する祭り）や 『ワシントン祭』（ワシントンを記念する祭り） と同様に荒唐無稽なことであろう」[36] と指弾された。陳独秀と李大釗は、反孔子主義と新国家の建設とは、ともに祖国の運命に直接に繋がっており、この 2 つのことを切り離してはいけないと主張したのである。

　以上のように、民国初期、国家の建設における新と旧の思想の対立、列強に対する防衛、自国の生存・繁栄など、一国の運命に関する問題は、緊急を要していた。こうした時に、先進国アメリカから、最も権威のある哲学者デューイの到来したことは、一つの助け船として歓迎され、中国教育の未来の明確な目標として強く期待された。デューイは歓迎に応え、彼の生涯で最も意義のある思想的洗練、最も興味深い生活が、この中国で、夫人のアリス、娘のルーシィとともに始められたのである[37]。

　高まる 「デューイ熱」 の時期に、デューイ思想についての研究論文は多数書かれた。彼の民主主義教育思想は young China の知識人にとって、まだ理解できないことが多かったかもしれないが、同時代の日本においてのデューイ研究と比べると、中国の知識人たちはデューイの学説をそのまま紹介するよりも、むしろ各個人がデューイ思想の理解を大胆に論じていたと言える。

3．知識人たちによるデューイ民主主義教育思想の理解

　デューイの民主主義教育思想を中国の知識人たちはいかに学んだの

第1章　デューイの民主主義教育論と中国教育問題　II

か、そしてどのように理解したか。以下に、彼らの言説を引用しながら
見てゆきたい。

(1) 民主主義とは、社会主義と個人主義の両方を包容できる思想である[38]

　社会と個人とは、共同体における二つの違う側面である。デューイの
民主主義は、社会と個人という係わり合いをもちながら矛盾し合う問題
への対応策である。デューイの民主主義教育は、一方で、個性をもつ知
能を養成すると同時に、他方では、社会の共同生活に対する興味と社会
生活における協力的作業の才能を育成することを目的とする。つまり、
知性は個人主義化にするが、社会生活・仕事は社会主義化するのである。

(2) 真の民主主義教育とは、才能を引出す活動的教育である[39]

　「デューイはいつもこう言う。『哲学とは一般的教育学説である』。す
なわち、哲学は教育哲学とも言えよう」[40]。教育哲学は真の教育を探求
する学問である。そしてわれわれは、真の教育は何かを問わなければな
らない。真の教育はただ一つしかない。つまり、児童が様々な社会環境
で発揮される才能を引き出す活動、それこそ真の教育であるという。

(3) 民主主義教育とは、「社会的効用」のための教育である[41]

　教育の根本的目的は、個人的才能を増やしていくと同時に、社会的効
用をも増加させることである。「米国の大教育家デューイが言う。『学校
は社会の組織であり、教育者は社会の経営者である。社会における教育
の経営は必ず学校に集中するだろう。そこで児童が文化伝統を吸収し教
化され、彼らの才能も育成される。そして、彼らは社会に尽力できるの
であろう』[42]。「今日の米国公立学校は、ほとんど工場・調理室・食堂をもっ
ている。また洗濯屋や実験室や博物館や閲覧室や銀行……がある。非常
に具体的に縮小された社会なのである」[43]と朱進は感嘆し、賛同の意を
表した。

（4）民主主義教育は、生活であり、絶えず経験を新しく組織することである[44]

　生活と経験とは同じことである。われわれの生活は人間の環境に対応する不断の経験の総合であり、その総合の新しい組織である。また今までの経験は、将来の経験の参考資料と道具になる。「デューイ教育学説と他の学者との根本的区別は、『目的』と『過程』を一緒に考えているということである。……この教育学説の哲学的根拠はデューイのプラグマティズムであろう」[45]。

　デューイが中国滞在していた間、中国の学者たちは、彼の民主主義教育思想を勉強するため、寝食を忘れるほど努力の連続であったという[46]。その大部分の人はデューイの学生であり崇拝者であった。彼らはデューイの教育理論の熱心な宣伝者であったが、その教育実践はとぼしかった。20 〜 40 年代の間、中国の民主主義教育の体現者として挙げることができるのは、陶行知をはじめわずか少人数の学者たちでしかなかった。

第２節　デューイの民主主義的教育改革論と半植民地半封建的中国との結び付き

　デューイと陶行知の民主主義的教育改革論について比較する前に、まずデューイの民主主義的教育改革論について考察しておきたい。

１．デューイと民主主義教育

　周知のように民主主義（democracy）という言葉の語源は、ギリシア語の demos（人民）と kratia（権力）の結合語である。これは人民による政治を意味し、一人あるいは少数の特権者による支配形態と区別される言葉である。しかし、ギリシア時代のポリスにおけるデモクラシーは、多数の奴隷を含んでいる実質的には貴族制であった。本質的なデモクラシーは、人間個人が自覚されたルネサンス以後であるが、18 世紀におけるイギリス、アメリカ、フランスの革命は「民主政治の原理と形態

とを確立するための決定的な前進であった」[47]。民主主義の理念は1776年アメリカ独立宣言および1779年フランス人権宣言に見られる。

「全ての人間は平等につくられ、他人に譲り渡すことのできない一定の権利があたえられている……これらの権利を確保するために政府がつくられ、その正当な諸権利は、被治者の同意にもとづく……」（アメリカ独立宣言）[48]。「人間は生来、権利において平等である。政治社会の目的は人間の自然の、時効にかからぬ権利であり、これらの権利は自由、財産、安全、および圧政への抵抗である。すべての主権の原理は、本質的に国民に存する……」（フランス人権宣言）[49]。以上のように民主主義の内容として、人間の自由、平等、主権在民、革命の権利を認識することができたが、しかし19世紀から20世紀にかけて、デモクラシーの思想が急激に広まったにもかかわらず、人民主権の空洞化および民主主義の逆機能の新しい問題が出てきたことも知っておかなければならないだろう[50]。デューイは民主主義発展段階のこの時期に中国に来たのである。

ソビエト政権ができた第1次世界大戦以降になると、民主主義は政治的イデオロギーの色彩をもつようになった[51]。帝国主義段階に入ったアメリカはブルジョア的な民主主義の典型をとされ、ソビエトは社会主義的な民主主義の型として表現された。

デューイの民主主義思想は、工業社会化の時代におけるアメリカ民主主義文化から成立したものであり、弱肉強食の競争社会における危機の克服から考え出されたのである。19世紀の末期、すでに経済大国に達したアメリカは、帝国主義の道へ発展しつつあり、世界資本主義の中心地になっていた。資本主義発展上の諸々の深刻な矛盾も、ますますアメリカで見えてきた。すなわち、個人主義を重んじ、資本主義を発達させてきた19世紀のアメリカ社会が、個人主義の発展を大きく阻害する要因となってきたのである。要するに、アメリカに土着化した民主主義思想は、競争社会の中で個人主義の発展とを混同する傾向が顕著になった。これは、いわゆる民主主義の逆機能である。個人主義はかえって個人を阻害する。民主主義は民主を壊す危険性をもつ。資本主義における自己

14 第一部 陶行知による民主主義的教育改革論

矛盾が、人々の生存に関わる第一の重要な問題になっていた。そこから
デューイは、アメリカ社会を改造する民主主義教育理論を提出したので
ある。彼の民主主義教育思想の原理は、次の三点に分けて概括すること
ができよう。

(1) 歴史的観点の立場に立つ教育思想

　デューイの民主主義教育思想の中に、歴史的立場に立つ教育学を見て
とる人々は少なくない。過去の文化遺産を利用することは、人間のより
よい生存、前世代より幸せに生活できることの前提である。歴史におけ
る思想・文化の遺産は、先人の生活環境に対応し生き抜く知性の総括と
記録である。後人はそれを継承しなければならない。しかし、その継承
は、たんに過去を遺伝させ、祖先を模倣させるのではなく、現実環境に
適切に対応する意味をもつ。デューイの歴史的観点の立場に立つ教育思
想は、人間的歴史を正しく記録することと、先人の偉大な思想を現代に
生かすことと、現代の環境で歴史の経験を生かすことという三つの要点
があると思う[52]。

(2) 近代社会の急速な発展を背景とする教育思想

　アメリカは19世紀の1850年代から20世紀にかけて、鋼鉄、電気、通信、
事務機・農業機械の革新および横断鉄道の完成によって、交通要地の都
市が急速に発展した。工業人口の増加、都会の繁栄を目の前に展開し、
小地方社会・小企業が、大都会社会・大企業に市場は全国化したのであ
る。それにつれて、学校教育は完全に、国家・地域社会の管理下に置か
れる義務教育制度になった。機械文明で生じた飛躍的な進歩に社会の教
育上の思想、方法も適合されなければならなかった。また、社会の発展
における様々な問題も教育に反映してくるため、その解決も教育にゆだ
ねられねばならなかったのである。デューイは広い社会における生徒の
現在および将来の生活・仕事上の必要なものを学校のカリキュラムとし
て取り入れ、教室の中で小さな社会を再現したのである。従来の学校に

おける書物だけの勉強と異なって、デューイは社会型、実用型の教育を考察し実行した。この民主主義教育思想の原理に基づく新しい学校の教育内容の構想は、アメリカ社会をはじめとする近代社会の教育により大きな役割を果たしたと言えよう[53]。

(3) 自然科学の発達における未来指向的な教育思想

デューイの民主主義教育思想には、生物学的な進化論的観点で教育問題を分析するという特徴をもっている。急速な発展をとげるアメリカ社会は、自然科学の発展によって形成されてきたが、技術文明の更なる革新と、子ども世々代々の絶えざる成長は、依然として自然科学の力に負うものと言える。民主主義教育思想は社会発達段階の一つとして、長い年月を経ていく。そのうちに変化していく民主主義の概念と意味も変わっていく可能性もあるであろう。デューイはその未来の民主主義社会に向かう現段階に、具体的なある方法を指導したのである。それは、今まで社会にある文化の成果および現在社会に一番使われるものを学校カリキュラムに取入れたのであり、それによって学校は社会に有用な人材を送り込まなければならないということである[54]。

以上は、デューイの自国の社会発達における問題対策に取り入れられた民主主義教育論についての筆者の浅い理解であるが、中国という「特徴をもつ国」の将来の教育に対しては、彼はいかに考え、どのように対応したのか。

2．デューイによる中国の民主主義教育論

当時の中国は半植民地半封建的な国であった。沿海と辺縁領土には戦争で負けて結ばされたいろいろな条約により、イギリス、フランス、ドイツ、日本など外国の租界地が多く作られ、内陸では、各軍閥が領土を分割して、その勢力範囲を分けて各自が封建的専制主義政治を行っていたのである。

16   第一部　陶行知による民主主義的教育改革論

　デューイはそのことを承知した上で、民主主義原理に基づいた中国の民主主義教育論を次のように主張していた。

(1)　中国における自由と平等に基づく民主主義の教育は平民主義教育である。

(2)　中国における民主主義教育思想は、方法的道具的な性格をもっている。

(3)　民主主義教育思想の実行は、封建主義思想の脱出と改造に役立つ両立的性質をもつものである。

　「なにを平民主義の教育と呼ぶか。それは人民全体のための教育の思想を練り、社会のあらゆる構成分子のために教育計画をたて、それによって、平民一般に有益な教育を行うことであって、決して少数の貴族階級的なもの、特殊勢力を有するもののために教育を実施するのではない」[55]とデューイは言った。義務教育制度は 1915 年に大総統袁世凱が提案して以来、実行されずに、なおざりにされてきた。労働者、農民、特に女性たちの非識字者問題を、デューイは無視していなかった。「われわれが平民教育を実施する趣旨は、もっぱら個人がおのおの自身に適合せる教育を受け得るようにということである。平民教育を実施する意味は、学校生活を真に社会生活たらしめようとすることにある。その結果、人民が学問の道理を求めることは、とりも直さず、生活の道理を求めることであって、これこそが平民教育の真実の目標である」[56]。デューイは次のように考えた。近代中国なら、真の民主主義教育はまず学校教育を大衆のために作ることであり、生活の方法は学校教育に一致するものにすることである。学校が大衆とは疎遠であった中国では、学校と社会とを密接にしなければならない。彼は、中国の教育は幼児から始める必要があり、初等教育前の段階における幼児教育をまず重視するべきだとした[57]。

　人間は他の動物と大分異なって、嬰・幼児期という成人に頼らねばならない弱い時期がかなり長く、この生長する期間は人類にとって大事である。すなわち、発達はたえず、止むことなく、進んでいく可能性を十

分にもっているのである。成長の機会はこの長い時間によってあたえられ、人間は教育を利用し続けてゆくという優れたところをもっている。教育は、幼児の先天的本能に順応すればするほど能動的効果が上がってくる。成果があがらなければ、教育は根拠のないものになってしまい、教育の方法も実施されることもなくなるのである[58]。

　中国ではなぜ、幼児の本能に従う教育を重視するのか。デューイは以下の理由をあげた。「もし、はたして教育の目的が貴族の専制主義国家を造成することであるならば、それならば、こうした詰込み主義の方法でも十分である。というのは、学ぶ人たちは少なくともいくらかの知識を獲得することができるから。しかし、民主政治的共和制国家であるならば、それならば、教育は各人に平等に発達の機会をもたせ、真の民主主義社会にいる国家の一成員となさねばならない」[59]のである。成人の性質をすでに固定して、変更することは難しくなるが、児童の本能は柔軟であって、変わりやすく、「私らはそれを利用して、彼ら（児童）に最新的最適当的方向に向かって発展させるべきである」[60]。

　児童の本能を引き出すのは 4 つの方法、すなわち、遊戯、集団的運動、演劇、作業であるとデューイは考えた。このような活動は、子どもの本能にも順応できるし、彼ら自身における心身の成長・発達にも向けられるであろう。その組織的な活動は外部からあたえてくれたものを、内的自発性の創造才能に引き返すことになる。子どもたちは、社会において人間の力を合わせるという協力的な才能を、自然に身につけるであろう[61]。

　以上、デューイの児童教育観はルソー、フレーベル、ペスタロッチーの教育思想を継承しながらも、それらを超えて 20 世紀という時代に大きな意義をもつものであった。デューイは初等教育には女性教師の登用を提唱した。女性は幼児発達心理学でいう養育と教育を一体化するのに最も適当であるからである[62]。

　体力と知力が一定年齢に達すると、子どもたちは中等教育段階に入る。この段階は生徒に「自然界および人事界を熟知させる」[63]目的がある。そのことについて、デューイは 2 つの理由をあげた。

18　第一部　陶行知による民主主義的教育改革論

「(1) 学生に自己の能力はいかなる種類のものに近いかを分らせ、もって将来の自己の職業を準備するに一つの標準をたてる」[64]。中等教育段階は過渡期であり、自然界のこと・人間のことは知らなくて、ただ内省するだけでは自分将来の職業についての最適な判断はできない。「西洋に『四角い柄を円い孔に入れてもうまく合わない』(You cannot fit a round peg in a square hole.) ということわざがある」。人生の中で、人間として、苦痛や不経済なことに遭遇するのは、職業の選択にかかわることであろうとデューイは述べた[65]。

「(2) 中等教育は、早く学問的になり過ぎる弊を避けるべきである」[66]。まだ高等学校に入っていない中学校時代、すなわち職業に従事していない時代には自然界と人間事についての常識を必要とするからである。なぜなのか。デューイは人類のまわりの環境をこの時代に学ばなければいけないと考えていたのである。つまり、人類が住んでいる環境は山、川、海だけではなく、いろいろな文化・知識に囲まれている。これは学校のカリキュラムで言えば、文科系と理科系の勉強である。しかし、旧式の教育方法はあれやこれやを無理やりに覚えさせていたが、学生と身近なことから始めれば、興味で自然に早く身につくであろう。例えば、「天文を講ずるに、書物の上で、地球の回転軸は少し傾斜しており、その度は何分何秒であり、これによって、南半球と北半球の受ける日光は同様でない……と」[67] 覚えさせる。デューイはこのような教育方法は今は使わない方がいいと考えた。「我々は教科と文化とを連結させなけねばならない。北方は気候が寒く、日光が少ないためにどのような民族が生じ、その文化はより低く、遅れたりする。しかし、厳しい天候こそ、自然と戦い、文化を作ったのである。火の発明、衣服の発明、北氷洋の漁業など……」[68]。この講義の方法は学生の視野を広々とさせ、彼らは次第に社会の政治問題に引っ張っていかれる。「英国のごときは、どうしてあんな小島国、よく商業上にかような大勢力を有し、多くの植民地を有し、運輸事業を発達させえたであろうか……」[69]。デューイは知識の平板な伝達に反対し、一つの文化に成り立つ講義、例えば歴史や地理や国語な

ど知識を関連させて講義することを提唱した。このような講義は学生の興味を引き出すものなので、デューイは中国の新教育の中に入れようとした。young China には、過去の文化をどういうふうに生かして後の世代に教えるか、西洋の進んでいる文化を中国の情況に合わせて伝えていくか、という問題をデューイは職業教育に結び付けて論じた。

　職業教育の問題は、当時アメリカでも、活発な討論が行われていた。デューイは中国の現状に職業教育が重要視されるべきだと思った。「正式の教育は全く有閑階級のために設けられたものであるから、大多数の労働者は、自然にそれを受ける機会をもたないのである。彼らは仕事しないと、生活ができないから、受ける教育はすべて師父が徒弟に対しての訓練のみである」[70]。そして、労働者階級の教育はほとんど職業教育になってしまったのである。その点においては、手仕事だけの教育（trade education）と誤解してはいけない。つまり、「職業教育は、一方では手足肢体を用いて本能を発達せしめ、他方では知識を重視し、科学的なものをしらなければならない。すなわち、随時に革新進歩を求めることができる」[71]。デューイは中国の教育環境を知っていた上、すでに普及している西洋社会の教育は中国の発展段階ではによって、すぐにもできないので、西洋で経験してきた職業教育——その重要性に注意すべきことを中国人に教えていた。

第3節　デューイの教育学改造の視点から見た中国教育

　哲学者であると同時に教育学者であるデューイは、中国で、哲学の講演を教育学のそれよりはるかに多く行った[72]。彼の生涯を通して見ると、大学時代から哲学的関心が始まって、卒業した直後出版された処女作「唯物論の形而上学的仮説」「スピノザの汎神論」という論文が、『思弁哲学雑誌』に掲載された。次いで、ジョンズ・ホプキンズ大学の大学院に入って、本気で哲学の勉強を始めた[73]。デューイ独自の哲学思想の形成は、

20　第一部　陶行知による民主主義的教育改革論

シカゴ大学の教授になってから、「実験学校」（1896）を設立した後の教育実験から成り立つものであった。これ以来、出版された『学校と社会』（1899）、『民主主義と教育』（1916）、『実験的論理学論集』（1916）などの論著は、世界的名典として知られており、中国でも、この 3 冊の本、特に前 2 冊が、教育学者の必読書として使われていた。デューイの民主主義教育思想を中心とする彼の教育哲学講演も、16 回行われたのである[74]。

1．デューイの教育哲学講演

(1) 教育哲学はどういうものであるか

このことを明白にするため、デューイは 2 つの問題を並べた。

①教育はなぜ重要であるか

②教育哲学はなぜ重要であるか

「簡たんに述べるならば教育がなくてならない理由は『生』と『死』[75]があるからである。例えば、子どもは「嬰児の時期において自ら生存することができない。もし父母がそれを教育しそれを扶助しなかったならば、彼らは成人となることができない」[76]。また、人間は死ということは避けられない。彼らは死んだら「生前のいっさいの経験および知識を全て失落したなら、後世の子孫がもし再び頭を傾けて研究しようとするとき、甚だ不経済のことになるであろう。甚だしきに至っては、文化はこれがために断絶する」[77]。後の世代はその知識などを継承するため、教育は意味をもっている。そのゆえ、教育はぜいたく品ではなく、必要品であると、デューイは言った。

さて、教育哲学は学問としてはまだ歴史が浅い。保守的社会では、教育哲学は必要とはされない。なぜならば、保守的社会では教育学を事業として研究したり、時代と共に進歩させる必要がないからである。近代民主主義国家になってから、教育哲学は重要な地位をもつようになった。それによって、教育の流弊——盲従、古い慣習の束縛、無進歩を克服できる[78]とデューイは考えたのである。彼は教育的成長と進歩を強調して、中国というこれから工業国に発展していく国は、ちょうど、アメリカの

共和制が成立したばかりの状態と非常に似ていると見ていた。しかも、中国もほかの文明古国と同じように、文字教育の長い歴史によって特殊階級が形成されたため、文化と共にある教育は、社会と階級を分離させることになってしまった、とデューイの教育哲学は、特殊階級を養成する教育に反対したである。中国二千年の封建社会では、「学而優則士」[79]（勉強して優秀なものは官吏になる）のため、教育は少数貴族だけの独占であった。デューイの民主主義社会では、個々人の内在的能力を十分に引き出し[80]、各々の人間は社会に有能な一員になっていかなければならない、と考えられたのである。デューイの民主主義の教育は、3つの段階から成っている。

　　ａ．教育の出発点──児童

　　ｂ．教育の過渡期──学校

　　ｃ．教育の最終点──社会

　つまり、以上のプログラムを逆に言えば、教育の最終点（目的）は「学者・読書者の養成、ただ書物上のことを分れば済むのではなく」、成長・発達の理想社会を作っていける有用な「要素」を養成することである。人間はその要素の主体であり、高度な道徳・知恵・創造力をもつものである。このような人間は、社会的生産能力をもつものだけではなく、彼らは正式な教育機関──学校を通して、立派な人間にならなければならない。学校は教育の過度期となり、未熟な児童と社会とを連絡する橋である。また学校は社会に役に立つ有用なものを選択して、児童に教えなければならない。子どもたちは学校の教科を通して、人間社会の実際的能力を得るべきである。学校教育は児童の内的なもの──彼らの本性、性情、願望、興味に応じて、個々人の能力を育てていく[81]。

（2）教育では何を改造するのか

　「中国古代の学問は人生哲学の方に多く偏って」、自然科学にはあまり注意が向かなかった。それが原因で、科学の発展が遅れているとデューイは分析した。近代に入った中国は「中為体、洋為用」[82]の思想の下で、

「用」のため、外国のものを勉強しても、もとの自然科学を注意を向けないという思想は根本に変わっていなかった。デューイが見たように、アメリカに留学する学生は、ほかの学科でなく技術を勉強するものがはるかに多い。しかし、社会の進歩は技術が必要であるが、最も重要なことは、科学の思想をもつことだ、とデューイは考えていた。科学とは何であるか。

scienceは、ラテン語のscietiaから始まったのである。元来、感情や信仰から区別された言葉で、人間の知的活動および事物の構造や法則を探求する理性的な認識活動、またその所産としての理論的・体系的な知識を意味するのである。科学は、この世界に存在するあらゆるものをその対象としており、人間の認識活動の一形態としては、科学的方法である。合理性と実証性とが、科学的認識論の二大特質として現れている[83]。デューイは中国の情況に応じて、合理的・実証的な方法を取り上げた。「簡たんに言うと、いわゆる帰納法的であって、すべて事実よりはしめ、試験より始めるものである」[84]。16世紀から科学が発達した後、社会生活・組織に含まれる教育にも大きな影響をおよぼした。この大変化は、次のような思想界の大革命（Intellectual Revolution）を招いた。つまり、

①科学の性質的な転換

科学の進歩と発展によって、その科学は実質的な意味も変わってきたとデューイは言う。「……新きものを旧きものに替え、正確かつ事実に近いものを不正確事実に遠きものに替える……」[85]。この科学の進歩は、方法的変換にある。「従前においては、古い不正確な方法で学問したから、新しき知識が生れなかった。科学が発展して以来、思想の方法が根本より改変された。この新方法を、あらゆる学科にしたため、自ら学問上に大なる影響を受けたのである」[86]。

②自然法則と能力による科学

「科学の発展・進歩の影響は、方法を変換する以外に、2つの重要な観念をあたえ、われわれの人生観をも変化させた」[87]。それは、自然法則（law of nature）と能力（energy）である。この2つの重要概念は、古代

の「静」という自然観を打破し、「動」という自然観念を重視するようになった結果である[88]。

　「もし学校の新教育を現社会によろしく適合させようとすれば、必ず教育たるものは、科学進歩の真意義の如何、また思想方法の変遷および新方法の建設の如何、また社会・人生・政治・宗教におよばせる影響の如何、を知らなければならない」[89]。そして、教育が単なる模倣、流行だけで終わってしまうことが克服できるであろう、とデューイは考えた。

(3) 教育の「社会的目的」[90]とは何であるのか

　教育哲学とは、哲学的態度や方法で教育研究を行うことだが、そこでは、教育目的が重要視されている。デューイは教育目的について、中国で行った講演の中で多く触れていた。教育の社会的目的は教育の最終点というデューイの論点は、前の節で提起した。この社会的目的の最高・最後の目的は他にもある[91]。デューイはこれについて、はっきり言及した。すなわち、教育の最後の目的は道徳的なものである。デューイの見た「道徳的な目的」は、学校の民主生活を含む民主制の下にある「知識」と「行動」、「個人」と「社会」という一元論における二つの側面のことであった。

２．道徳の問題

(1) 道徳の目的は個人の知識と行動とを通じさせること

　「教育の最高最後の目的は道徳教育である……」[92]とデューイは言う。この最高最後の目的を達成するために、学校における修身という科目は無駄なのであるとデューイは考えた。修身の教科書に書いてあるものは、人々の願望と欲望を引き出すことができない。そして、どういうふうにそれを行ったらいいのかはわからない。そのため、修身の教科は人生における行為に影響をあたえることが不可能である。普通の道徳教育はほかの教科と一緒に並べて教えられている。実際は、道徳教育は各教科に密接している。そうすると、独立した教科として道徳教育を勉強しても、

24　第一部　陶行知による民主主義的教育改革論

行動するときは、自然にできないであろう[93]。この個人における道徳的な知識と行為の問題は、一つの重大難問であるとデューイは思考した。人間の行為に一番関係するものは、よい習慣を身に付けることであるとデューイは考える。世の中にあるたくさんの習慣は表面的ではなく、内面的なものである。われわれは、学生の内面的な良好習慣を養うべきである。内面的にある思想上の願望が、道徳と密接に関係するからである。虚心（open-mindness）、知的誠実（intellectual honesty）、責任心（responsibility）という3つの知的・心理的における習慣が最も重要である[94]とデューイは言った。

　虚心とは、物事を行うに当たって偏見・自身の利益にかたよるのはいけないということである。旧式の教育は教師が学生に強制的に講義を暗記させており、それは、虚心ではない態度であろう[95]。

　知的誠実とは、事実の価値を認めることである。自分が間違ったら、それを承認しなければいけない。競争している敵が正しかったら、それも承認するべきである。善悪の転倒・過ちを隠すことは知的不誠実である[96]。

　責任心は道徳的であると言えるが、その中に、知的なものも入ってある。「自分がすべきであると認めた上は、他の人に推しやらないこと」[97]である。また、「効果を知り、自己に有利か有害かを知り、それからなすときにこそ、責任心がある」[98]。そこから、デューイは責任心の中に知的要素が重要であると強調していた。

　以上の問題は「現在の教育の最大問題である。……教育はやはり心理的習慣——虚心、知的誠実、責任心のごときに注意するべきであろうか？または読書の多きを要求し、成績展覧会の中で一頭地を抜くことを求めるべきであろうか？」[99]最後の目的は「ただ一種の方法であって、これを用いて虚心や誠実や責任心のある人格を養成すべきである。これは一つの最大問題である」[100]。

　(2) 道徳の目的は個人と社会とを統一させること

第1章　デューイの民主主義教育論と中国教育問題　25

　道徳教育と社会の目的はなぜ一つのこととして考えられるか。この思想は、デューイの一貫した「教育の目的は社会の有用な分子を養うこと」[101]にある。「社会の有用な分子」になることは、道徳の目的である。哲学の深い意味で解釈すると、道徳教育の重要問題は「個性」と「社会」との関係にある。この両面性は、「一方、個性を重視し、発展させていく。そして、もう一方には、その発達した個人は、社会に対して忠を尽くしたく、その犠牲にしたいという点にある」[102]。民主主義は同様にこの2つの側面をもっている。何ゆえかというと、社会の共同意識は何よりも最高であるものだとデューイは考えた。

　「学校教育では、この道徳上と同時に民主主義的な問題を解決することが助けられる」[103]。学校は将来の生活を準備する場所よりも、本当の現実の真実な社会の一つであることを考えてもよい。デューイは民主主義社会における学校教育の構想を多く考え出した。それは、具体的な仕事から始まらなければならない。young China の若い民主主義教育に対応する具体的な方法は次のようなことである[104]。

　①階級を打破し、男女共学の公立学校制度を重視すること。

　②学校を地域社会のものとして、学生を正式に学校管理に参加することによって、経済的実業心と責任心をもたせること。

　③教室の中で十分に討論させ、互いに助け合わせさせ、課外での習得にもコミュニケーションの時間をあたえること。

　思えば中国という広い国土に衆多な民族の国家は、人間個性を従来無視してきたせいで、国全体の発達にも悪い影響があったと言えるであろう。この人口の多い国家は何千年も続いてきて、これからまだ何千年、何万年の歴史で発展していくのであろう。人々は、古い時代から国家という共同体で生活することによって、統一的な管理（治安　police）が重視されてきたことは人々の要求とも言えるのである。中国の歴史を見れば、この統一的管理はいつも大多数の大衆に対する少数支配階級による管理ということで、大衆の反発を招いたのである。民主主義思想はなぜそのような位置にある民衆の覚悟を喚起したのか、それは一人一人に内

26 第一部 陶行知による民主主義的教育改革論

的に存在している自由・平等の心理状態に応じていたからである、と
デューイは見ていた[105]。

　デューイは、中国の２年間で、精神と肉体・知識と行為・個人と国家
における二元論の克服に、かなり力を入れていた。しかし、この人類の
永遠でしかも共同の課題ともいうべきことは、社会の不断な改革・更新
の中で、もっと錯綜複雑の様相によって表現されるのであろう。

第４節　デューイの中国教育学改造としてのプラグマティズムの効用

　ここで、デューイのプラグマティズムの教育思想は、近代中国で、ど
ういう役割を果したかをたどってみたい。

１．プラグマティズムという学説

　まず、プラグマティズムの学説とは何であるかを見てみよう。

　周知のように、プラグマティズムはギリシア語の行動（pragma）から
発した言葉である。それは、人間の観念の本質を、自分自身の感覚およ
び行動によって、知識、理性を産出する立場を意味する。プラグマティ
ズムの名付け親はパースであるが、これは、18世紀イギリスに始まっ
た近代的経験論の伝統をついでいる。しかし、パースのプラグマティズ
ムは古い経験概念に付着した感覚中心の偏向、受動的色彩、主知主義的
な性格を脱却した。つまり、経験における理性や知識が、経験の素材・
構成要素の位置に転化したのである。これには進化論を出発点とする
19世紀の新しい生物学、生理学、心理学の影響が著しく見られる[106]。
デューイのプラグマティズム教育思想は旧来の教育のもつ画一的な形式
主義、権威主義を批判して、児童の自発的個性的な学習活動を教室だけ
ではなく、実際の社会で実地に展開するのであり、所与の文化財を記憶
するだけではなく、創造することのできる人間を、育てることを重視す
るのである。

プラグマティズムは、20世紀の始め頃、蔡元培の紹介によって中国に入ってきた[107]。「実利主義」、後に「実験主義」「試験主義」「実用主義」と訳された。中国教育の病弊——失業者の多い状態、学習したものが社会と離れて、応用できないことなどを直すため、蔡元培、黄炎培等は、職業教育に力を入れた実用主義を発展させた。20年代頃、胡適によるデューイのプラグマティズム思想研究は中国の知識界で、一つの大きな嵐になった。胡適のデューイ・プラグマティズムは、主に中国の病弊を一つ一つに対して、解決し続けていくことであった。

デューイの弟子——中国著名な哲学者の胡適、教育者の陶行知、陳鶴琴らは、当時、二種類の学者タイプ——書斎派、実践派——に当てはめてみたら、いずれも後者に属する。民主主義社会の改造は、多数の実践派の改革によって、プラグマティズムの中国への移入が求められたのであった。

(1) プラグマティズム精神とは何か

デューイは中国新文化運動および五・四運動を賞賛していた。庶民の話し言葉で文書を書くことは全国で行われるようになった後、すぐに学校の教科書にも白話文が普及した。デューイはそれに感心して評価した。学生が五・四運動に参加したことについて、彼らは書物での学習はできなかったが、そこで一つの社会勉強が行われたとデューイは言った[108]。この2つの出来事を見れば、経験論に基づくプラグマティズム的な発想が、中国にはなかったとは言えないであろう。

プラグマティズムの精神は、簡単に言えば、doing ということであろうか。デューイはそれについて、経験（experience）と実験（experiment）に別けて次のように論じた。

経験とは、以下の3種がある。

①盲目的な試みで、労力ばかり費すが、偶然に精巧な方法に出会うこともある。盲目的な試みは、実験の一種類ではあるが、ただ科学の方法とは言えない。なぜなら、計算をしていないからである。

28　第一部　陶行知による民主主義的教育改革論

②①の結果、畏縮し、あえて経験をやらないものとなる。なるべく、物事をするのを避けること。

③有意識的な試験。この態度は①と②とは全く違う。例えば、ある新しい主張の正否の判断を、実験の結果で説明することを行う。

実験とは、次のことをいう。

①目的と計画をもつ。

②現実の事実を根拠とする。

③仮説を立てる。

実験の中で一番重要なことは、仮説の定立であるとデューイは言った。「仮説」を用いて実験を行う。実験したことはすべて仮説自身の性質で証明される。例えば、この実験をしたらどういう変化が起こるかについて、仮説を立てる。予想通りの結果が出たら、その仮説は正しい。そうではなければ、仮説は間違っている。科学的な実験の結果は、永遠で不変なものではなく、ただ一時的な妥当性がもっているしかない。それゆえ、不変の真理はないため、実験を絶えず行うことの中で、新しい環境に応ずる真理を絶えず作りあげるということは、デューイが言う実験の価値であろうか。

以上の論述によると、科学的方法を用いて、積極的に物事を発見したり、発明したりすることは、デューイのプラグマティズムの精神であろう。

(2) 方法的科学実験とは何か

プラグマティズムは方法的、道具的な性質をもっているため、近代社会の発達に貢献した。つまり、科学の実験によって、その方法的・道具的な面がよく現わしたのである。アメリカにおけるデューイのプラグマティズムは、中国で非常にモダンな思想であると受け取られていた。

古来、ある種の思想に対して、おおよそ二つの態度があった。一つは、理性でよしあしを決める――独断的態度（dogmatic）、もう一つは、何でも疑いをもつ懐疑的態度（skeptic）である。この両派はいずれも建設的・

実験的な方法はとっていない[109]。しかし、両派の優れた点は、新時代の実験的な方法によって検証される。「試験的方法の長所とするところは、真に古きを守り、真に新しきを求める点にある」[110]。新と旧の両方に対して一概に認めない態度も取らないし、最後の真理を実験の結果によって、認めることにする。

　近代の工業革命が産出したこのような方法的な進歩は、社会全体の根本的変化をもたらした。デューイは実験的方法を通したこの理論を、社会進歩を求める中国に提供していたのである。

　では、教育における実験の方法は、どうするべきなのか。例えば、

　当時、まず学校の規則を決めて、それから学校を作っていた。その結果は、形式上だけの完成だとデューイは指摘した。形式上の完成に対して、デューイは精神上の完成を提唱していた。ポイントは、柔軟性のもつ教育精神を作ることである。学校は実験の計画を立てるべきである。学校の管理者、教師たちは、みんな随時随所で実験をして、そして、いつも検討をする。また、皆で実験の結果をディスカションしたり、お互いに修正したりするべきであるとデューイは強調した。

２．科学的方法への問い

　以上のデューイの方法における科学的な実験とは、民主主義社会という共同体の中で、個々人の実験に対する積極性を喚起し、互いに力を合せて、最も合理的・進歩的な目標———よりよい教育——のための改善をしていくものであろう。

　では、生きた科学的実験の意味とは何か

　近代科学の日進月歩の発展は、知識・思想界に重要な影響をおよぼした。そして、教育は、社会の知識人とその理論と共に進歩していく。科学は書物に集められた知識——化学・物理・天文…などの学問——ではなく、科学とは、それ自身——科学実験の過程にある。その過程はいわゆる方法である。「科学の方法を知らなかったら、科学を知っているとは言えない」とデューイは言った[111]。

30 第一部 陶行知による民主主義的教育改革論

　また、デューイは、次の仮説を立てて、科学とは何かを説明した。「もしも世の中に一種の奇怪な変遷が現れて、人類の知識そして知識を求める方法が全部破壊され、わずかに一塊のいわゆる科学を残すのみであったならば、それは真の科学ではなくて、ただ一塊の奇怪な死せる知識というべきものである」[112]。それは、「ただ外面的結果であるにすぎない」[113]。なぜその生きた科学が重要であるかということを、デューイは、未知の将来に関して言った。科学自身は、「知識を求める方法、および既知のものを根拠として、さらに未知のものを推究し、深くした方法にある」[114]。デューイは次のように指摘した。学校があった歴史の始めから、科学がすでにあった。しかし、学生に化学・物理など知識は教えたが、成果はあまりなかった。学生が獲得したのは、たくさんの「古董品」――真理を発見する科学ではなく、結果としての科学――であった。だから、学生が研究・発明・管理・自然界を改造する能力を身につけないのは、当然であろう。このように、デューイは、旧教育の無駄を批判して、生きた科学の必要性を唱えた。彼の言った科学の「死」は、行動、経験、実験を何も行わないような書物至上主義の旧教育方法である。この「死」科学は、人類社会の発達に反動していると言いたかったように思われる。宇宙の一点にある地球は自然界と共に過去があって、しかし次々と先へ動いている。自然の一部である人間は、ほかの生物と違って、思考力をもっているため、自然の中で生存するには、自然の本質である絶えず先へ進むことに適合しなければならない。そうすると、自然界自身の本質・性能を捕まえなければ、何も発達の方法を手に入れないので、「死」に対しての「生」の科学は、そういう自然界の本質に合っている論理だと思う。デューイの「生」の科学理論は、当時の中国における新と旧の思想闘争が激しく展開されたことを考慮すれば、何も不思議なことではないのであろう。彼は、ヨーロッパの三百年戦争の原因は、新と旧の思想闘争より始まったことを講じた。デューイは戦争に賛成しないが、思想における論争は真理の発見、誤りの訂正に大変いいことであろうとアドバイスをした。

さて、「新中国教育建設」におけるプラグマティズムとはどういうことか。デューイの論点をまとめると、次のようになる。

(1) 「自然教科」のカリキュラムの充実。

(2) 科学的「自然教科」と精神道徳上の「人文学問」の両方の有機的結合。

(3) 教授方法の改革——知識よりも、科学的方法を身につけさせること。

ヨーロッパでは、激しい教育思想上の衝突が人文学科派と自然学科派との間にあった。どちらの側も、自分の重視する学科だけを見ていた。デューイは、人文学科と自然学科の長所・短所の両方があるが、実際は、人文科学と自然科学とは相互に依存していて、どちらも人間社会に役に立っている [115] として次のように整理した。

両派論争の焦点は次のようである。

人文学科を主張する人の根拠は、

①文字・言語・歴史・文学・哲学などを扱う学科は、人間に関係する学問である。しかし自然科学における酸、気体、力などは、人間と何も関係ないゆえに、当然重要ではないであろう。

②文学は人類の最高理想と希望を代表する最高の文化結晶である。

というものである。この種類の学者は、自然科学に実用的価値のみ認めて、精神とは少しも関係ないと認識している。もし関係があったとしても、精神道徳上にある人文学問とは比べられないものであるとデューイは観察した。

自然科学だけを強調している人たちは、科学が真理であるという理由で論じた。

①人に知られた事物は、幻想ではなく実在である。実在している物の研究は当然、最高の道徳の目的である。

②自然科学の訓練は、文学的の訓練より価値がずっと高い。

彼らは形式的、記号で代表された実在の事物——文字的な人文学問教育——は、虚偽の性質を養う結果を招くと批判して、自然科学教育は人間の真の姿を取り返すと主張した。

32　第一部　陶行知による民主主義的教育改革論

　この人間と自然の関係における重要な問題を、デューイは、教育哲学の観点から洞察した。人間と自然は分離しようとしてできるものではなく、「自然は人間の媒介物である」ため、人文学問のみ、または自然科学のみ強調するのは、片面的・独断的である。

　自然界は人間に少なくとも三種類の貢献がある、とデューイは見ている。

　①基本生活の材料。

　②生活における仕事をする種々の道具。

　③仕事をする一切の能力。

　人間と自然とを別々に考えて、学科の一方を強調することは、社会の病弊をもたらす。文字教育を基礎とする人文学問だけでは、少数の貴族を養うことになる可能性が大きい。自然科学だけであれば、人間と事物を分離する極端にも至るとデューイは分析した。

　今は、学校の教科は学生の将来生活の準備に備えることより、中国の現状に応ずる教科は現実の社会生活と繋がることを重視するべきである、とデューイは警告した。

　西洋の教授法は固定されているが、中国の教育はそれをまねしない方がいいとデューイは言った。彼は、木、花、五穀を植えて、児童の生活経験と共に科学的知識を教えようと主張した。それゆえに、デューイのプラグマティズム教育思想のもう一つの特徴は、貴族よりも、基本生活に親しんでいる労働者・農民、いわゆる庶民に向く重要な一面をもっていることであろう。

付録：デューイの中国滞在スケジュール概要

1919 年 4 月 30 日	上海に到着。
5 月 3〜4 日	江蘇教育協会で最初の二つの講演を行った。
5 日	上海から杭州へ
7 日	杭州で講演会を開いた。
8 日	デューイ夫人が杭州で講演をした。
12 日	上海で孫文と晩宴会
18,19,21,24,25,26 日	南京師範高等学校で講演。
28 日	南京で論説が書かれ、後に「東洋における二つの立場」として、1919 年 7 月 16 日の *New Republic* で発表された。
6 月 1 日	北京に到着。
7 日	「清華大学懇親会」でスピーチをした。
8,10 日そして 12 日あるいは 13 日	中国教育部会館で、「学術講演会」の主催によって、はじめて北京で公開の講演「アメリカにおける民主主義の発展」が行われた。
24 日	「中国の学生運動」という論文が書かれ、後に *New Republic* の 1919 年 8 月 6 日に発表。
7 月 8 日	論文「中国における国際的決闘」を完成、*New Republic* の 1919 年 8 月 27 日に発表。
25 日（おおよその該当の日）	北京で開かれた教育会議に出席。娘のルーシィが北京に到着。
28 日	論文「中国の軍国主義」を完成、*New Republic* の 1919 年 9 月 10 日に発表。
8 月 4 日（および同週の間）	天津で開かれた教育者会議に出席。
9 月 1 週目	中国東北地方（満州）を旅行、そして北京の連続講演が始まった。
9 月 12 日	「中国におけるアメリカ人の好機」を完成、*New Republic* の 1919 年 12 月 3 日に載せた。
20 日	訪問教授としての任期開始、国立北京大学の新学年開始にあたって、演説が行われた。
10 月 6 日	「アヘン中国における我々の役割」を完成、*New Republic* に掲載。

34 第一部 陶行知による民主主義的教育改革論

10 ～ 15 日	山西省、太原市において、当地の大学で、また、中国教育連合協会の年次大会で講演。
20 日	60 歳の誕生日を、北京で祝賀。
11 月	「中国精神の変化」を *Asia* に発表。
	「学生運動の成り行き」を完成、*New Republic* の 1920 年 2 月 25 日に発表。
12 月	「中国の国民感情」を *Asia* に発表。
1920 年 1 月 5 日	山東省を回り講演。
	「内側から見た山東省」を、*New Republic* に発表。
春～夏	南京師範高等学校での訪問教授を務める。
	連続講演は『杜威三大講演』として泰東図書館 1920 年に出版。
	江蘇省の講演は 6 週間で回っていた。
4 月	「中国政治における新しい潜在力」を *Asia* 1920 年 4 月に発表。
5 月	「何が中国を引き止めているのか」を *Asia* 1920 年 5 月に発表。
6 月 30 日	「中国の悪夢」を *New Republic* に発表。
1920 年の秋～ 1921 年の夏	北京師範大学大学院の教授を務める。
1920 年 10 月 6 日	「中国における政治的大変動」を *New Republic* に発表。
27 日	江蘇、湖南を訪問、教育会議に出席、B．ラッセルと会見した。
	香港、江西省を訪問。
11 月末	国立北京大学から名誉博士の学位があたえられた。
12 月 8 日	「産業国中国」を *New Republic* に発表。
1921 年 1 月 12 日	「中国は国家か」を *New Republic* に発表。
2 月	「自然科学における理想主義」を『改造』（日本） 1921 年 4 月に発表。
3 月 16 日	「極東の行き詰まり」を *New Republic* に発表。
31 日	北京を去って、福州、安徽、広東を回って、講演をした。
	「東洋文明は精神的にして、西洋文明は物質的なりや」を『改造』1921 年 3 月に発表。

4 月 13 日	「中国の財団」を *New Republic* に発表。
5 月	定期的に、福建省で講演。
5 日	「科学と現今の産業」を『改造』に発表。
24 日	「中国の内陸」が完成され、*New Republic* に発表。
	福州、安徽、広東から北京に戻った。
6 月中旬～7 月	山東省、済南市の二回目の講演。
7 月	「中国における新しい文化」を *Asia* に発表。
11 日	中国から帰国。

出典：

1. Barry Keenan The Dewey Expetiment in China（杜威与中国）Harvard University Press 1977,pp.229-233

2. G．ダイキューセン著　三浦典郎・石田理訳『ジョン・デューイの生涯と思想』清水弘文堂、昭和 52 年、276-302 頁

3. 安部洋編　『米中教育交流の軌跡』霞山会、昭和 60 年、419-432 頁

4. http://www.siu.edu/~deweyctr/CHRONO.pdf

4 は、南イリノイ大学にあるデューイ研究センターが制作中のデューイの年譜であり、現在、望みうる最も詳細なものである。

第2章　陶行知の民主主義教育論と彼の見た
中国の現実情況

　前の章では、デューイが近代中国に対応して、どのような民主主義教育思想を論述したかを述べた。当時の雑誌、研究論文によって、デューイの民主主義教育思想の受容は、いかに盛んなものであったかがわかる。国土の広い中国では、デューイの民主主義教育思想をどう実現するかは、蔡元培、蒋夢麟、胡適、陶行知など当時中国社会のエリートたちの懸案であった。民主主義教育の普及と実行は、中国にとって、まだ新しい課題であったであろう。民主主義教育がこの戦乱の中国を救う最高の手段と認められたことが、孫文の辛亥革命以来のことであり、中国の教育者を中心とする努力によって、中国人の生活にますます深く浸透していったのである。

　この章では、陶行知だけを取り上げて、デューイ教育思想の受容および変容はどう展開したかを見ていきたいと思う。まず、陶行知の略歴とそこでのデューイへの傾倒について述べ、そして、陶行知はいかに中国で民主主義教育思想を実行したか、どのようにして中国らしい新民主主義教育思想を生んだかを明らかにしたい。

第1節　陶行知とデューイとの出会い

1. 陶行知の生い立ち

　陶行知（1891〜1946）は、醤園（みそ、醤油の経営）小商人の家で生れた。

38 第一部 陶行知による民主主義的教育改革論

しかし生家倒産のため、父親は農業に従事していた。陶行知が六歳の時、家は貧しかったが、同郷の秀才方庶咸が彼を弟子として学費なしで受け入れた。方秀才に啓発されて8歳になったとき、呉爾寛という人の私塾で聴講。学業成績が優秀で、先生と学友に歓迎された。2年後、経済的理由で退学し、家で父親から古文と習字を習った。15歳から17歳にかけて、崇一学堂（Worship One School）で学習することになった。同学堂は、中国奥地伝道団（China Inland Mission）が設立したミッション系学校であり、そのカリキュラムは、中国・西欧双方の学問から成っていた[116]。

　近年の陶行知研究者である何榮漢、尭禹生はいずれも、この時期の学習が陶にあたえた影響力を重視している。すなわち、ミッション系学校で西欧の歴史に触れたことが陶の中に、世界の中での中国の位置にある種の危機意識を呼び起こしたこと、さらに、みずからが貧しい農村で育ち、給費生として学ばざるを得なかったことで、同じように貧困の中で苦悩する大衆やその文化というものに対して深い共感を覚えることになったこと——これらはいずれも、後の陶行知の思想形成の基盤となったとしている[117]。

　学業が優秀なため、学費免除、3年の課程を1年早く卒業した。ついで、杭州広済医学堂に合格、その学校はキリスト教団によって開かれたものであった。陶が医学を志したのは、一つには、この時代の青年たちにとって、西洋医学は近代科学の最先端と同一視されていたこと、さらには、彼自身の家庭的環境——彼の姉は夭折し、父は常に健康が優れなかったこと——も関係しているのであろう[118]。この医学堂は、基礎課程を終えた者に医学実習をさせていたが、キリスト教徒学生の実習費を免除する規則があった。その時期に近づくと、非教徒学生が争って、洗礼をうける。キリスト教徒でなかった陶行知は、学校の非教徒学生への差別に対して憤慨して退学した。

　故郷に帰り、1年間、英語の学習に専念した後、陶は再度の学習の機会を求めて、彼の従兄弟を頼って南京に赴くが、志を果たせず、従兄弟とともに極貧に喘ぐことになったが、偶然、崇一学堂のギッブ元校長に

再会する。ギッブ元校長の斡旋で、彼は 19 歳で同じくミッション系の南京金陵大学人文学部に入学する[119]。大学時代に明代の理学家王陽明の「知行合一」の学説に深い感銘を受け、もとの名前「陶文濬」を陶知行と変えたのであった[120]*

> ＊陽明学が教える「知行合一」という考え方にたって陶知行と改名した陶にとって、さらに大きな転機が後に訪れる。彼は、「知」（認識）と「行」（行動）の順序について、「行」が先で「知」が後であるとの考えに立つようになり、1934 年には、現在の私たちが知るような「陶行知」に、再度、名を変えることになる。以降の記述では、基本的に「陶行知」で通すことにしたい。

4 年後、彼は一番の成績を取り、金陵大学の学長・アメリカ人のバォウンの指導で、大学・親戚・友人の支持をえて、私費で渡米、3 年間留学した。まず、イリノイ大学で政治学を学んで、半年後、コロンビア大学で教育学を研究、政治学修士学位と教育文監学位を取得して帰国したのである[121]。

陶行知は、前後して南京高等師範学校教授、教育科主任、中華教育改進社主任幹事を務め、『新教育』雑誌を蔣夢麟たちと創刊した[122]。

1923 年、陶行知は各所の仕事を辞退して、「中華平民教育促進会」を起こし、晏陽初、陳鶴琴の協力を得て、『平民千字課』を編集。南京、安徽、北京など地方に平民学校を創立した。1927 年春、陶行知は南京郊外で実験郷村師範学校（暁荘学校）を開設、1932 年秋、上海市市内と郊外に「山海工学団」「晨更工学団」「報童工学団」（労働者、農民の識字班）を設立、1939 年重慶で育才学校を創立した。1944 年『民主教育』と週刊『民主』の編集を担当した[123]。

陶行知は、教育学者であったと同時に民族解放運動の先駆者でもあった。30 年代後半からの抗日戦争中、陶行知は積極的に民族の独立解放運動に努めた。外国教育を視察する際に、それをチャンスに、帝国主義に反対、民族解放をしようとした。多くの演説を行い、それらは欧米、東南アジアにまで広まった[124]。

以上の陶行知の略歴を通して、3 つのことが注目される。

40　第一部　陶行知による民主主義的教育改革論

①陶行知は著名教育学者たちと違って、厳しい経済条件の下で勉強した

　初等、中等教育段階では、彼は幾度も経済的原因で、休学・独学になってしまった。彼の父親が一生懸命に息子の学習に助けていた。アメリカに留学する直前、父親は、家の物をほとんど売ってしまって、息子の学費と旅費を作るために奔走した[125]。陶行知は留学中に、父親の死を知って、何より大きなショックを受けたのである。改めて父親の大きい期待を悟って、「その時、大変悲しくて、勉強や仕事で紛らわして、なるべくその悲しさを忘れる事にした。放課後、宿舎へ帰ることが恐ろしく、深夜まで図書館で本を読んでいた。しかし、夢の中でも、悲しんで目が覚め、とても寂しかった」[126]。父親の思い出は、陶行知の「学有所成」、全力で中国を救おうという奮闘的精神、また、中国民主主義教育への動力になったであろう。

②アメリカに留学し、デューイの強い影響下で学んだ

　陶行知はコロンビア大学で、モンロー、デューイらのクラスを履修した。デューイに重んじられて、「大師デューイは、彼の学問・才能を大いに認め、これを激励した」（陶行知の友人・後輩の言葉）[127]とされる。この出会いによって、デューイと陶行知のそれぞれの民主主義教育思想の、少なくとも、中国とアメリカでの広まりにとって、よい機会があたえられた[128]。

　陶行知は「デューイの教育学説」を紹介したほか、『民主主義と教育』の中国訳（鄒恩潤訳）を校正し、民主主義的教育思想を理解した上で、中国の現実に応じて、実践を通して、ついには、中国の新教育を作ったのである。

　当時、世界各国の人々が互いに文化交流で接触する時代であったが、思想としての民主主義は、強大な影響力をもっていた。しかし、それを現実のものとして根付かせるのは、困難であった。陶行知は自らの行動で、恩師の思想を中国に適用したのであった。成功と失敗があった上に、彼自身の独特な思想を生みだしたのである。その貢献は、東洋的な言い方をすれば、陶行知は「大師デューイ」に恩を返したということになろう。

第2章　陶行知の民主主義教育論と彼の見た中国の現実情況　41

　陶行知は鮮明な政治的立場に立ったために、国民党右派政治勢力から
の圧力を受けていた。1946年7月25日突然脳溢血の病でなくなった。
このことを知ったデューイの弔電が同年の10月8日に届いた。「陶行知
博士が突然死去されたことを伺い、哀悼の念を申上げたい。彼の功績、
その貢献、中国大衆教育には何より偉大なことである。我々は彼を永遠
に記念し、その事業も支持するべきである」[129]。とデューイなど三人
のアメリカの著名な学者の連名によるものであった[*]。

　　　[*]陶行知がデューイからの強い思想的影響を受けたことは間違いないところで
　　　　ある。では、デューイは陶行知をどのように見ていたのか。デューイの訪中
　　　　の間、陶行知は、彼と同様にデューイを恩師と仰ぐ人々とともに、デューイ
　　　　に付き添い、彼の講演等の通訳をしたのであるが、この間のデューイ書簡の
　　　　中では、陶行知についての言及はほとんど見られない。陶行知は、デューイ
　　　　が少々困惑するほどに恩師を熱烈歓迎したらしく、例えば、1920年4月5日
　　　　付の書簡には、「北京を発つときには当地（山東省の泰安県——引用者注）に
　　　　立ち寄るつもりはなかったのですが、本校（南京高等師範学校——引用者注）
　　　　の学科主任の陶博士が（中略）、山東の聖なる山、泰山に登りましょうと下車
　　　　を決めてしまった」とある[130]。この他、陶行知が登場するデューイ書簡は、
　　　　哲学や思想に関したものではなく日常茶飯事に関するものであり、わずかに、
　　　　南京大学で男女共学が導入され物議を醸しているので、アメリカ合衆国にお
　　　　ける共学制の歴史について講義をしていただけないかと陶行知から依頼が
　　　　あったという話題が——ただしこれは、デューイにではなく、デューイ夫人
　　　　であったアリス・チップマン・デューイへの依頼であった[131]——指摘できる
　　　　のみである。むろんこのことは、デューイが陶行知を軽く見ているという意
　　　　味ではなく、実際、陶行知の逝去にあたって、デューイは本文でも言及した
　　　　ように弔電を打つとともに、ニューヨークで行われた陶行知を偲ぶ集会の発
　　　　起人の一人に——ハロルド・ラグ、ウィリアム・キルパトリックらとともに
　　　　——なっている[132]。しかし、「陶行知はデューイの直弟子であった」という
　　　　ような表現は、あたかもデューイと陶行知が思想的にも日常的にも不二一体
　　　　であったかのような印象をあたえる誤解を招くものといえよう。

③自らは解放されるべき労苦人民の友達であり、決して「高等華人」ではなかった

　一般的に、アメリカで留学してきた人は「高等華人」の意識が高かっ
た。彼らは基本的生活から政府での役職に至るまで、すべての面で特殊
の人間であるように見られた。陶行知は帰国した後、いつも自分を批判
する立場にいた[133]。特に1923年以降、陶行知は大学における一切の仕

42 第一部 陶行知による民主主義的教育改革論

事を辞退、平民教育運動に専念してから、教授の背広を農民の平服に変え、学校を建てる草創期の様々な労働に人々と一緒に参加した。

彼は識字班、平民学校を創立する以外に、随時に、道で会った貧しい子どもや、レストランで会った乞食の児童に字を教えた[134]。それゆえ、陶行知の民主主義教育思想は、「高等華人」の思想ではなく、中国大衆の基本生存とかかわる農民と労働者のための教育思想であった。

2. 陶行知の思想形成

陶行知は彼の友人であり、後に思想の論敵である胡適と比べて、哲学理論の研究より、むしろ民主主義の実在的意味の探求者であった。彼は、平民教育運動の成功のために努力しつつ、中国民衆教育を創建しながら、自らの教育思想を形成したのである。

陶行知の思想形成は大体三つの段階に分けられる。

(1) デューイの民主主義教育思想に基づいた「学校中心論」(教育救国論)

主に、1917～26年の間、陶行知は教育救国の願いを抱いた。彼は多くの文章を発表して、アメリカ教育思想の代表者デューイの民主主義教育思想に、すっかり傾倒してしまった。世界で一番モダンなアメリカ的教育思想を用いて、中国の遅れている教育状況を徹底的に改善しようと彼は思い込んでいたのであろう。陶行知の理論によると、社会の政治・経済・文化のあらゆる面の改造は、教育を根本とする先頭的改造を行う必要がある。教育の改造は、まず師範教育を中心とする「中心学校」を作るべきである。この学校は、学生の生活の中心環境であるべきであり、学生は、この環境の中の一人なので、環境に助けられもすればそれによって阻害されもする。このような環境人間説は恐らくデューイの学説と一脈通じるものがあると思われる。「中心学校」は自然社会と繋がっていて、社会生活に適応したり、社会を改造したりする。「中心学校」は学生の生活能力を育て、学生たちは、体の丈夫な、一切の心身的苦痛・精神的悩み・環境的困難に負けない人間にならなければならない。「中心

学校」を卒業した人は、新しい学校を建設し、生活力のもつ国民を養成することを陶行知は期待した。人口の多数に占める労農教育の普及を彼は平民教育と言い、平民教育の実行は中国を救う有効な方法であると考えたのである。ばらばらに分裂している中国の状態から、平民教育によって、ひとつの互いに話を通じ合う平和な民主社会が建設されるという理想を、陶行知はもっていた。彼は、各地の農村に行って、適当な所を選び、すぐに学校を立てた。学校が建設できない地方には、識字班を組織し、非識字者の先生になりたい人を募った。例えば、彼の妹も一生、非識字女性の生活教師として、兄の民主主義教育事業を支えていたのである[135]。

　平民教育の対象は、12歳以上の非識字者であった。(12歳未満の子どもは義務教育の範囲に属する)教育者としての責任をもつ陶行知は、こう言った。12歳以上の字を読めない人たちの人口は2億に達している。「2億の中の一人が新聞が読めなければ、我々が一つの責任を負う」[136]。と陶行知は、国の改造における教育の力に対して最大の期待をもっていた。

　しかし、陶行知の学校中心論はデューイの学校教育を中心とする社会改造の目的を達成する理論とは、根本的に違っている。陶行知が直面していたのは新中国の建設にかかわる教育の未普及の問題である。デューイの場合は、教育普及の前提のもと、発達した資本主義社会問題を解決するための教育理論である。

(2) 中国教育実況に応じた「学校社会論」から「社会学校論」への変遷
　「どういうふうに教える？何を教える？誰に教える？」[137]という1920年代後半から1930年代後半にかけての彼の問題は、民主主義教育の実施のために一番解決すべき重要な問題であった。
　デューイが学校と社会の繋がりを重視することには、伝統的旧教育を批判する一面があった。こういう批判を陶行知も行っていた。中国伝統にある儒教思想が「労心者治人、労力者治於人」[138]と言いながら、肉体労働と頭脳労働と分けたことは、結局、頭脳労働者が支配者になり、

44　第一部　陶行知による民主主義的教育改革論

肉体労働者が被支配者であることを肯定したのであった。陶行知は頭脳労働と肉体労働を分ける考え方は、旧教育の悪徳だと認識して、この二元論に反対しないと中国の教育現状は改善できないと考えた。官吏を養成する旧教育の「労心者治人、労力者治於人」を、陶行知は「在労力上の労心」[139]（労力上に労心をする）に変えた。彼は精神と肉体を統一する一元論を主張した。一人の人間を考えた場合、「労心」と「労力」を分けられないと彼は考えた。また、「労心」と「労力」とで、どちらを偏重するかということについて、陶行知は「労力上の労心は真の一元論である」[140]。「労心と労力を同一視することは一元論のように見えるが、実際には、一人の生活は二つに分けられている。一つは労心生活、もう一つは労力生活である。この心と体の働きはみんな『労』であり、しかし、あまり意識しないのである」[141]。と述べた。一切の真知は、経験から生じるのである。

　1928年、彼は「行は知の始まり」という文章の中で、以下のように述べている。

　中国古来の知識の積み重ねは、「親知」（経験による知識）、「聞知」（伝達による知識）、「説知」（教えによる知識）から成っている。これまでは学校でただ「聞知」を教えてきたが、書物上の「聞知」と「説知」は「親知」から出てきたものである。そのゆえ、「行は知の始まりであり、知は行の成すものである」[142]。

　デューイは、中国がこれからの教育を自分自身で作り出すことを主張した。アメリカは正式な学校制度を確立した段階になって、さらに学校を社会化する必要に迫られていることをデューイは見通していた。しかし、戦乱で、工業化されていない中国は、健全な教育制度が未完成であった。そのため、まず80％の非識字者状態を解決するべく、民主主義思想に基づく教育の普及が緊急にしなければならない仕事である、とデューイも陶行知も考えたのである。そして、そのような考え方から「教学做合一」が陶行知によって、提唱された。

　広い畑を教室として、そこで、先生たちが新教育方法を工夫した。教

え方は学生の日常的・実用的なところから出発した。労働者・農民の学生たちは、農村・工場の仕事をする経験をもったからである。この「教学做合一」[143] は、デューイの教育と生活の結合という理念を中国の情況に適応するようにしたものと言えよう。

　陶行知は「野蛮人生活からの出発」(1927) [144] という文章の中で、以下のように言っている。中国当時の生活は早急には改善できない情況であるため、自分の作った農村師範学校は、悪劣の条件の下の全寮生活である。この最初の野蛮人生活を通過しないと、現実の生活を改造することも不可能であろう、と彼はユーモアをまじえて述べている。中国という経済が遅れている国では、アメリカのようにしっかり学校教育制度を立てて、民主主義教育思想を実行することは不可能である。中国の現実を踏み越えて、中国に適したやり方で民主主義教育を行わなければならない。だとすれば、デューイの「学校社会論」[145] を「社会学校論」[146] に変えざるをえないのであった。

3．デューイの民主主義教育思想との対峙

(1) 半植民地、半封建的中国での新民主主義教育論

　1940 年代にはいると、陶行知の教育実践は二十五年の経験を積み重ねていた。しかし、彼は、自分の「教育救国」という理念だけでは半植民地、半封建的中国にとって、十分に満足できるものではないと感じていた。さらに、何か中国自身の民主主義教育思想を作り出さなければならなかった。蒋介石の国民党政府支配の中国において、いわゆる「偽政権」の毛沢東を中心とする中国共産党の指導の下での教育こそが、人口の多数に占める労農を最大限に解放できる、明るい前途をもつ教育だと陶行知は見通したのである。毛沢東の新民主主義思想は、中国にはもともとなかった、西洋の民主主義思想を受容して、中国の風土に適するように変容させたものである。これを作り出すこと自体は、民主主義思想の本質に基づくものであろう。

　デューイの民主主義教育思想は、アメリカ風土に適応する庶民的なも

46　第一部　陶行知による民主主義的教育改革論

のだと見られるが、それを中国にそのままに持ってきて、そのまま応用すると、ブルジョア的なものになってしまう。この先進国と後進国の差は、政治・経済・文化のあらゆる面に反映されていて、アメリカと相等な教育環境・条件はどうしてももてないため、デューイの教育思想の実践は様々な困難に遭って、結局、「洋八股」（繁雑で、実用的ではない科挙試験文章を「八股」と言い、「洋」を付けると、適応的ではない外来思想などを使うこと）と非難される恐れがあったのである。

　陶行知自身は無党派人士であったが、後にマルクス思想に興味をもつにいたった。それは、彼が混乱している中国で、80％の人々に歓迎される一つの平和・安定な民主政権を望んでいたからに違いない。彼が見通したとおり、この政権は人口の多数を占める労農の力によって作られた。すなわち1949年にできた中華人民共和国のことである。

第2節　陶行知の大衆教育論と生活教育論

1.「読書作官」という現実

　デューイの民主主義教育思想を継承した陶行知は、民主主義教育理論を中国大衆の生活に合わせて、大衆教育と生活教育を考え出したのである。

　歴史のある農業国中国では、学校へ行く者が官吏になる者であった。農業をするには、字が読めなくても、何も不自由でないという考えが中国の伝統の中にあったものと言える。このようなわけで、「読書作官」[147]が常識になった。字の読める「官」という支配階級と、字の読めない被支配階級とはますます分化され、「貧」と「富」との対立は、深刻な問題であった。そのゆえ、ブルジョアとプロレタリアとは、仇恨の深い対立的な階級であって、これはすなわちプロレタリア革命が成功した土壌である。

　民国ができたこと自体、階級対立の問題は解決されるはずであった。

第2章　陶行知の民主主義教育論と彼の見た中国の現実情況　47

しかし現実には、解決には至らなかったのである。というのは、国内の状態が安定していなかったからである。特に、袁世凱の死去後（1917）、各軍閥が自分の軍事力を備えて、自分中心の「中国」の支配を望んでいた。また、強い外国の武力に圧倒され、自国の生存も危なかったのである。

　陶行知の中国的民主主義教育思想は、この半植民地、半封建的情態の下で展開したのであった。彼は、中国伝統にある教育は、民主国家を標榜しながら、実は不民主・不平等であると批判し、旧教育制度は民主主義を掲げる近代中国に不適切なものであるとした。少人数の「坊ちゃん嬢ちゃんの教育」を、彼は「小衆教育」[148]（支配階級の養成教育）と名付けた。これに対して、全国人口の多数に占める労農およびその子女の教育を、陶行知は大いに提唱し、「大衆教育」[149]（人々の生活力養成の教育）と言い、この「大衆教育」こそ、真の民主主義的意味を表す教育であると認識して、すべての力を注いでいたのである。

2．大衆教育論への始動

(1) 大衆教育論は民主主義教育思想を中国に土着させる方法論である

　大衆教育とはいったい何であるか。

　若い時に西洋学問に憧れた陶行知は、ただ西洋の書物上の知識を勉強したのであった。後になって彼は、彼自身の教育実践によって、西洋先進思想を中国に土着化することに努めていたように見える。

　1926年、彼は『新教育評論』に中国教育改革の病を鋭く批判した。「現在国内の幼稚園が『三種大病』がかかっている」[150]。一は、外国病。二は、金銭病。三は、富貴病とした。幼稚園には貴族しか入らなかった。民主国家なのに、このような教育機関は実に大衆と無縁な教育を行っていた。

　教育上の外国病、金銭病、富貴病は次のようなことである。学校では中国の物が見あたらず、外国の教科書・教材・玩具・食品を利用し、これで結局、どういう効果があるというのか。このような教育機関は輸入品の販売場になって、教師が商品のセールスマン、学生がお客さんになっているに違いなかった[151]。この病気にかかっている教育は、子どもた

48　第一部　陶行知による民主主義的教育改革論

ちに、中国という特殊の社会情況の中で生活する能力を養成する機会を決してあたえてないのであると、陶行知は指摘した。次に「中国的、節約的、平民的」[152]教育を主張し、それこそ、中国現状に合う西洋教育思想の応用であり、真の民主主義教育思想の実行であると彼は言い、自らも実施したのである。

　民主主義教育について、陶行知はまず次のように分析した。民主の教育は民有（民衆が教育をもつ）、民治（民衆が教育を作る）、民享（民衆が自分の必要によって、教育にする）の教育である[153]。

　民衆の教育は民衆個々人の能力を十分に発揮させるべきである。一人一人が自分の学習に対して責任をもって、また、貧しい人を教育する計画を立てなければならないのである[154]。

(2) 大衆教育論は国の80％を占める貧しい人に向く「生活教育」[155]である

　生活教育とは、どういう特徴をもつ教育なのか。「生活教育の第一の特性は生活的である」[156]。生活と教育とは不可分に繋がっているし、教育は生活が反映した影である。そのゆえ、教育を生活に合せるように改造できると陶行知は考えていた。

　生活教育の第二の特性は行動的ということである。実際は、行動のために読書し、行動した上で読書する。このことについて、陶行知は「本がどういうふうにできたか」[157]と発問した。そして、本に書いてある知識は著者の行動によって作られたものであり、行動は理論を産出・発展させる。この理論はまた行動を理論化・系統化・組織化すると陶行知は概括した。

　生活教育の大衆化について、陶行知は生活教育論と大衆教育論とを繋げて考えた。大衆の生活方法は教育方法を作ることができるし、大衆自身の生活行動が生活解放のための教育方法を発明できる。すなわち、陶行知によって作られた「教学做合一」「小先生制」の方法である[158]。

　生活教育は進歩的性格をもつ。同一の社会にいる人々が進歩的生活で日々を過ごし、進歩的意識が生活を指導しなければならないからである[159]。

生活教育は世界的である。旧教育の教室には、苦労している民衆の姿はなく、生活的なものが見えなかった。旧教育は人間の前進を遅れさせる。だから、我々は社会に我々の教室を認めざるを得ないのである。道路、農村、工場、店、監獄、戦場、人間のいる一切の場所が生活教育の教室になる[160]と陶行知は言った。

(3) 大衆教育論は社会的学校を建設することである

陶行知はデューイの学校社会論を変え、社会学校論にした。彼は当時の中国社会に対して、大変不満をもっていた。つまり、教育改革が順調に行えない現実にぶつかったからである。1922年壬戌学制以降、国全体の教育改革は、政府の微弱な力で完成したが、民間で行った教育改革もかなり進展していった。

陶行知の言っている社会的学校は、形のあるものと形のないものとに二分される。

有形の社会大学とは、夜間大学、早朝大学、通信大学、旅行大学、ラジオ大学であり、これらは、当時重慶において、農民と労働者に歓迎される大学であった。無形の社会大学は大学という名がないが、社会がいろいろ教育を提供しているものを意味していた[161]。

陶行知は中国では後者ののような無形社会大学をたくさん開いた方が中国の現実に適当であると考えた。無形社会大学の校舎は社会の中であり、青い空が天井、大地が床、人間はみんな学友であり、できる人ができない人に教えて、みんなは互いに学生であり、先生である。社会大学の教育課程は新世界の改造である。無形社会大学は最も偉大な大学、最も自由にできる大学、最も貧しい人の必要に応じる大学である。貧しい人たちは何ももっていないので、もし作るとすれば、このような社会大学しかないのである[162]。陶行知は社会大学の創立・建設・発展は全く人々自身が作り出すものであるとした。

社会大学の管理について、陶行知はさまざまな党派および無党派人士が協力することを歓迎していた。国民党、共産党、中国民主同盟の各党

派、および無党無派などがそれである[163]。

　無形社会大学と有形社会大学は正式の大学レベルという意味ではなく、広くて、大きな学校というほどの意味である。中国現実の条件に従って、まず夜間大学を開いて、昼間には仕事をしないと全家族の生活がなりたたない人たちを救済しようとした。みんな字が読めて、文章が書けるようになったら、次に、通信教育大学を開いて、みんなで手紙によって、文化交流をする。その上に、新聞大学を開設し、貧しい人たちが自分の作った新聞で、コミュニケーションをする。そして、放送大学を開設し、ラジオで、家にいるおばさんたちも、外に出なくても教育が受けられる。映画教育は、最も生き生きとしているイメージを作る教育であるが、農業・工業などさまざまな基礎知識を映画で宣伝するようにと陶行知は理想を描いた。最終的に、旅行大学を作って、人々は中国全国の旅行によって、学習できるようなものが必要である。国内だけではなく、海外へも行って、海外の大衆から学ぼうという陶行知の夢もあった。この社会大学はまた、演劇隊や映画隊をもち、各地方に行って、劇と映画を人々に見せるである。このような社会大学は、中華民族を「安居楽業」させるためのものである。だから、社会大学の先生と生徒は多ければ多いほどよい。全国の人々、世界の人々をも含む。みんなの力で、社会大学を一緒に建設しよう。この大学は人民の大学堂であり、民衆的世界大学堂であるとされた[164]。

　1930年代、アメリカの新聞記者、作家サイモン・ライトやエドガー・スノーなどが陶行知の創立した山海工学団を見学した。山海工学団の小先生であった張健が接待して、陶行知が通訳した。彼らは陶行知の新教育に敬服し、それはアメリカの雑誌によって報道された[165]。

　デューイは1936年、ソビエトを視察して、『ロシア印象記』を書いた。彼はアメリカの教育的実験は資本主義個体生産という限界があるため、大規模な実験は社会主義の国家体制でできると見ていた。社会全体の統一は、民主主義の発展を阻害することではなく、かえって、一つの重要な発展要素である[166]とデューイと陶行知は考えた。

3．帝国主義への批判と独自の教育実践

　陶行知の大衆教育論は旧教育と植民教育を批判し、民衆の解放を求める内在的潜在能力を引き出す中国的民衆革命的教育思想である。

　陶行知は社会大学建設中に、仕事がいくら辛くても、我慢できた。しかし、彼にとって最も忍耐できないことは、この近代に入った中国で、封建支配をどうしても脱出できず、帝国主義の圧迫がいつ終わるのかわからないということであった。彼はこのような嫌悪感をもちながら、中国的民主主義教育を開拓し、その献身によって、中国新教育を建設したのである。

(1) 中国民主主義教育実践の萌芽——暁荘師範学校の誕生

　1926年暁荘師範学校の設立は、陶行知の教育思想の成長上に大きな一里塚と見ることができる。彼は学校を創立する前、農村の教育状況を調査し、暁荘師範学校を人口の多数を占める中国労農のために設立した。陶行知の民主主義教育思想の本質はそこからも見てとることができよう。

(2) 科学的教育思想の実験場——中国の大衆

　暁荘師範学校および付属小学校の建設は、最も少ない費用で、大衆の力で作ったものである。彼は大学教授の体面を捨てて、農民の衣服を着て、暁荘学校の教員と学生一同とともに、校舎を作る労働をしたのである。1931年、「国共分裂」の時、暁荘学校は共産党員の先生と学生が多かったため、国民党政府にロック・アウトされた。陶行知は無党派であったのに、逮捕を通令された。そこで、仕方がなく日本に亡命したのである。一年後帰国してきた時、暁荘師範学校は禁止されていた。彼はすぐに山海工学団など識字班を組織し、人民大衆のなかで教育実験を続けていた。また、労農の子どもに知識を普及するため、児童読書シリーズを出版して、科学的少年になってほしいと説教した。彼は貧しい条件の下で中国的民主主義教育を作るためには、科学の指導ということを終始忘

52　第一部　陶行知による民主主義的教育改革論

れていなかった[167]。この民衆教育の道を貫いていくことは、陶行知の中国的新教育の精髄であろう。

(3) 西洋・東洋の旧教育批判からの中国的新教育の創造

　伝統中国の教育は科挙制度に基づいてきたのであって、その中の八股文は新文化運動以来、批判を受けていた。前述のように、陶行知は当時、西洋思想の受容は中国の現状に合わず、「洋八股」だと批判した。中国のものであれ、西洋のものであれ、その「八股」は中国大衆教育普及の障害物であると彼は見ていた。この要害が非科学的であり、中国現実に合わないものであると陶行知は実践を通した上で指摘した。

　陶行知の中国的新教育は先生と学生と一緒に勉強し、教える側と学ぶ側をはっきり区別せず、「教学做合一」と「小先生制」を実行することである。

第3節　陶行知の大衆教育における「教学做合一」と「小先生制」

　陶行知の大衆教育の実践は、まず平民学校を創立することから始まった。彼は新中国建設のためのデモクラシーとサイエンス的思潮に共鳴し、科学的方法を使ったのである。「教学做合一」と「小先生制」はその中の代表的な方法である。その特質は、次の五点で説明できよう。

(1) 「教学做合一」と「小先生制」は「異体同質」の新教育方法である

　「教学做合一」と「小先生制」は違う教育方法であるように見える。「教学做合一」は、正式の学校教育制度で使われる教育方法である。一方、民衆教育運動で展開された識字班など非正式の学校は「小先生制」を実施したのである。

　この2つの教育方法はどういうものであろうか。

　「教学做合一」とは、教えること、学習すること、作ることを一体化

することである。陶行知は旧教育の伝統にあるような教師はただ教える
だけ、学生はただ教えられるだけという「教」と「受教」の関係を批判
すると同時に、先生が学生に学び方を教え、物事をどう行うかを教える
べきだと主張した。また彼は学習というのは実際の物事を行うことであ
ると強調した。「做上教」[168]「做上学」[169]というのはこの意味である。

「小先生制」とはどういうことであろう。小さい子どもが先生になって、
仕事をもつ非識字者の大人に、その都合によって学習時間を決めて教え
るのである[170]。

以上の２つの教育方法は大衆教育の実践の中から発明されたもので、
陶行知の民主主義教育思想の本質を示すものだと言えよう。その本質は、
次のような彼の言葉で言い表わされている。「我々の教育者は、三種類
のものである。一、民衆の教育建設をただ見学している者である。二、
民衆のかわりに一切のことをやってあげる者である。三、民衆と一緒に
新教育を建設する者である」[171]。「教学做合一」と「小先生制」の新教
育方法はその「三」に属するのである。つまり、民衆の自己教育力を養
成し、民衆の中に文化的教養を高めるものである。

陶行知のこの方法は、もちろん、当時、批判も受けた。しかし、現実
の諸問題を克服するための陶行知の新教育方法は、やがて人々に評価さ
れるようになった。コロンビア大学の博士教授で陶行知もその教えを受
けたキルパトリックは、暁荘師範学校や暁荘師範学校付属幼稚園を参観
し、陶行知の生活教育の方法を高く評価した。そして、世界で一番新し
い教育の発想ではないかという判断を下して、さらに、アメリカの教育
に反省を促すものであろうと言った[172]。

(2) 旧教育に対しての新教育は、国民に国家の主人公としての意識をもたせるた
　めの教育である

「教学做合一」と「小先生制」をはじめとする新教育の方法は、旧教
育における先生と学生の限界を打破した。先生と学生が共に勉強するこ
とが、新しい時代の要求であった。先生と生徒は互いに啓発しあい、助

54　第一部　陶行知による民主主義的教育改革論

け合い、教育改革を一緒に行ったりすることができた。一人一人の力は限られたものであるが、大衆が団結して一つの目標に向かって前進する時、大きな力をもつものであると陶行知は強調していた。彼は大衆から内的な積極性を引出すのが上手で、人々を感動させることも常であった。彼は彼自身の苦労と努力によって、大衆の賛同を得たのである。

　農民学生の多かった暁荘師範学校付属小学校の学生たちは、教育における経済的困難のため、政府に受理されるはずのない要求を出したり、決められた規則を破ったりする行動をとった[173]。また、政府の対内、対外政策への不満から、デモをしたりした。このような自分の政治的主張をすることを陶行知は、「国家の新しい主人公の姿だ」と褒めたのである。

　暁荘学校には、貧者を受入れるため、プロレタリア階級を支持する中国の革命を徹底しようとする共産党の党員（その当時、まだ秘密的な共産党員が多かった）が、数多くいた。暁荘学校設立四年目の「第一次国共合作」の失敗の時（1931）、国民党政府は、共産党に対する大惨殺を開始した。暁荘学校は共産党の根拠地だとされ、封鎖された。陶行知も逮捕を迫られて、日本に亡命、そこで一年間生活した。そして上野帝国図書館に通う機会があって、民主主義教育思想を探求することができた。デューイ、アインシュタインなどアメリカの五人の著名人の要求を受理し、国民党政府は陶行知の逮捕令を撤回したという[174]。

　陶行知は、その後帰国したが、暁荘師範学校の回復を政府に阻害されたため、工学団を組織し、上海郊外を中心としての平民教育運動を展開した[175]。

　陶行知はただ大衆教育を普及するばかりではなく、1939年四川省重慶市で、育才学校を創立、自ら校長になった。育才学校は貧しい人の子どもを引受け、幼い時から、英才教育を実施した所である[176]。

　半植民地、半封建的中国という条件の下では、民主主義と民主主義教育は、反帝国主義運動とつながって、特に民衆の自由・解放を非常に重要視していた。陶行知はもともと無党派的な愛国者であった。しかし、

国民党政権は、民族自立の態度があいまいだし、有力な行動もあまり行わなかった。特に、国を安穏にするため、多数の共産党員を殺し、その中には少年、青年も多かった。これは、無党派の彼にとっては、中国の暗黒さをしみじみと感じさせ、偽政権と言われた共産党政権に偏る必然性をもつものであった。以上のことは、陶行知の民主主義教育思想の形成・発展と無関係なものではないであろう。

(3) 新教育の方法は女性教育の普及に役立つものである

暁荘師範学校、山海工学団では、それまでの中国の女性教育に対して革新をもたらす教育思想・実践が行われた。古代の『大学』にあった「親民」という言葉は、この時になって、ようやく現実のものとなった。封建社会が長かったため、女性は十代になると、家を出なくなる。この封建社会の礼儀によれば、家でおとなしく家事をする女の子は美徳をもつ人間とされ、こうして、女子は人と会うことをなるべく避けていた。平民教育運動が展開されるようににになってから、学校の入学制度が男女平等になっても、女性はなかなか家を出にくかったため、女性の識字運動はかなり遅れていた。

「小先生制」が始まってから、小さい男の子は、二十代の女性の部屋で一緒に、識字教育を行った。このことに、陶行知は大変感心し高く評価した。彼は「小先生」のこのような一定程度の強制教育を賞賛した。封建的観念をもつ人にとっては、教育の強制性がなかったら、文化教育の優れた面に啓発されないからである。女性たちの中には、封建社会の強い影響で、積極的に勉強する人が少なかった。陶行知が行ったような女性教育の新方法は、中国史上に珍しいことで、しかも有効な方法であった。女性が人間の半数を占めるからという数量的問題だけではない。彼女たちは民主社会の基礎付けになっている。陶行知はこの国家の主人公、妻と母親の役を演ずる女性のための教育を、デューイ思想から学んだとも言えよう。中国大衆は女性教育が実行されてから、はじめて、女性教育の重要性を認識したのである[177]。

56　第一部　陶行知による民主主義的教育改革論

第4節　中国における新民主主義教育論の誕生と発展

　この節では、陶行知の新民主主義教育思想について説明したい。

　まず、新民主主義とは何かを明らかにしておく必要がある。新民主主義とは、五・四運動以来、西洋から伝わったデモクラシーが、近代中国という半植民地、半封建的性質の国家と結び付いた、中国的な民主主義思想であると言えよう。この思想は、「国共合作」の時代にその出発点があったと言われている[178]。

1．辛亥革命の勝利

　辛亥革命の勝利は、封建保守勢力の代表・北洋軍閥の巨頭袁世凱に奪われた。民主革命軍の力は、袁世凱のそれと比べようもないくらい貧弱なものであった。民主主義の国家を開拓する理念の実現は、内陸におけるこの軍閥の分割によって阻害され、これを克服するには再び革命を起こさなければならない、と国民党(1911～)の創始者孫文は考えた。一方、共産党(1921～)は、革命における農民の役割の重要性を認識し、1923年、広東で農会を組織した。さらに、1924年、広州農民運動講習所を設立、農民運動の指導者を養成することにした。次いで広州を中心とする南方の農民運動が盛んになっていった。孫文は、革命の成功が「扶助労農」と切離すことができないと認め、同年、国民党一全大会では「国共合作」(国民党と共産党とは手を組んで、黄埔軍校を作り、革命の軍事幹部の養成などを行う)の決定を通過させた。農民運動講習所と黄埔軍校は、後に封建専制政権の軍隊と闘って、再び南方の民主革命政権に変えようとした武力革命──「北伐」(北伐戦争 1926)の予備校であると見てよかろう[179]。

　農民運動講習所は、全国で80％を占めていた農民、労働者の学校であった。革命の最も大事な目的は、この人たちが解放・自由・民主を獲得することであり、この目的のために、彼らの学校が作られた。農民運動講習所では、文字を教えると共に、民主主義革命ための知識も教授された[180]。

次に、中国民主主義革命の過程と新民主主義思想の概念について述べたい。

「中国革命は二つの段階に分かれて達成される。第一段階は封建主義から資本主義へ転化するための民主主義革命であり、第二段階はこれを社会主義へ移行させるための社会主義革命である」。1910～40年代の「中国は民主主義革命の段階であるが、この民主主義は新旧両様のものがある。旧民主主義革命とは、西ヨーロッパに普通にみられるブルジョア民主主義革命であって、その革命は、ブルジョアジーが指導する。中国の革命で五・四運動のはこれであった。しかし、帝国主義国家と封建地主階級に圧迫されている中国では、ブルジョアジーはある時は革命的であるが、ある時には帝国主義・封建主義と妥協するという二面性を持っていて、強力な階級勢力とはなり得ない。だから彼らだけでブルジョア民主主義革命を遂行することは困難である。中国のような半植民地、半封建社会では、ブルジョア民主主義革命はプロレタリアによって、指導されるか、プロレタリアがブルジョアと協力して行われねばならず、プロレタリアの前衛である中国共産党が指導するものでなければならない」[182]。以上は新民主主義革命運動のリーダー毛沢東が中国の新民主主義とは何かを説明して、定義したものである。新民主主義の教育はこの新民主主義運動と一体となって、新民主主義思想の一部をなすものであり、新民主主義思想とともに発展してきたのである。

２．新民主主義の教育

その新民主主義の教育の特徴は次のようなものである。

(1) 民族性

新民主主義教育は「帝国主義の圧迫に反対し、中華民族の尊厳と独立を主張する」[183]。しかし、反面に外国思想のすべてを排斥するのではなく、外国の教育思想を、「洋為中用」（西洋文化・思想を中国のために使う）のものとして吸収するのである。つまり、西洋思想を一律排斥すること

58　第一部　陶行知による民主主義的教育改革論

でもないし、全面に西洋化することでもないのである。

(2) 科学性

　新民主主義教育は、一切の封建・迷信思想に反対し、事実を重視し、客観真理を求め、理論と実践との一致を主張する。中国古代の教育思想は、近代中国という状況にとって、非科学的なものがあった。しかし、古代の教育思想に対して、全面的否定をしても、あるいは全く古い慣習を守る保守的な態度にしてもいけない。封建性の「粕」を排出して、民主性革命性の「精華」を吸収することが新民主主義教育の思想なのである。いわゆる「古為今用」(中国古代文化・思想を近代中国で利用する)である。

(3) 大衆性

　新民主主義の教育は大衆的であり、この大衆的性格、すなわち民主的性格がある。90％の労苦の労働者・農民のためでなければならないのである。また、この教育は労・農自身の教育になるべきである。

　この、民族的・科学的・大衆的な教育は、人民大衆が帝国主義、封建主義に反対する中華民族の新教育である[184]。

　20世紀の二回にわたる世界大戦の中、弱体の中国は、必然的に侵略を受けた。この悲惨を招いたのは、全く武力の問題ではなく、何百年積重ねた文化教育における「小衆教育」の災いがあったからであろう。陶行知はこの小衆教育の弊害を看破し、民主主義教育思想の本質は、大衆教育であるとした。

　1946年、陶行知の追悼大会ではじめて、彼の民主主義教育思想は毛沢東の新民主主義教育思想と一緒に並べられた。共産党中央代表陸定一は、陶行知の追悼辞を会場で発表し、全国に陶行知の新民主主義教育思想の原理を研究するよう呼び掛けた。「私は今日、中国共産党中央委員会を代表して、陶行知先生を追悼いたします。……陶行知先生の教育は、特別の目的がある。……この目的はすなわち人民を喚起し、彼ら自身が解放することを求めることであります。陶行知先生は……人民自身の解

放を主張し、人民の力と知恵を信じていますので」[185] と述べた。民主
という言葉は、人民が主体となり、自ら行動するということである。

　この時、既に新民主主義革命の段階に入っていたので、陶行知は「共
産党の正確な路線を前進し」[186]、共産党の指導の下で、反帝国主義、反
封建主義の闘争は必ず勝利を収めると確信していた。しかし実際には、
動乱中の中国では、真の民主主義教育の実行はほとんど戦争で阻害され
た。陶行知は、中国の大多数人民の利益に貢献する共産党の反帝・反封
建の強い力を認定したのである。

3．陶行知の新民主主義教育思想

　では、陶行知の教育思想はなぜ新民主主義教育思想といわれたのであ
ろうか。

　本書の初めに、中国民国時代の教育思想の闘争を描いた。知識人たち
が、西洋から伝わってきたデモクラシーとサイエンス思想に、熱烈な興
味をもち、それらを新思想と呼んだ。デューイの民主主義教育思想も歓
迎され、「新思想」と理解された。しかし、陶行知の中国でのさまざま
な実験によって、デューイの民主主義教育思想は、中国の封建的教育思
想に対して「新」であるということはもちろんなのだが、中国で実行で
きないところもたくさんあり、このため陶行知は自国の民主主義教育の
独自の道を探求しなければならなかった。陶行知の実践による中国的な
民主主義教育は、中国で新民主主義教育と呼ばれた。この「新」は、中
国伝統にある封建思想、また西洋教育思想への全面傾倒を批判すること
であり、近代中国の独自性をもつ思想の現れである。この独創は、中国
の環境の下で生まれたものであり、中国の民主政治を望んでいる最大多
数の人間の要求を反映するものである。つまり、陶行知の教育実践で生
まれた新民主主義教育思想は、最大多数の人民の希望と要求を反映した
ものであった。彼の死は、さらにもっとたくさんの中国人を感化し、民
主主義政治つまり、共産党の指導の下での中国の新しい国家——中華人
民共和国——に献身していく人々を輩出していったのである。

60 第一部 陶行知による民主主義的教育改革論

いったい、陶行知の民主主義教育思想は、どこが一番重要であろうか。どこが「新」なのであろうか。以下、中国の当時のおよび以後の教育にどのような影響があったかを見ていきたい。

(1) 中国民族独立・解放は、新民主主義教育思想の裏付けである

陶行知は半植民地、半封建的中国における大衆は、実に帝国主義者の奴隷であると考えていた。教育によって国を改造してくれる外国の教育学者は、中国で学校を建てて、中国の貧乏者を救済する形で、教育事業を展開していた。陶行知もそのような学校で教育を受け、外国の先進的科学文化を学んでいた。しかし、このようにして中国が利益を受け続けていく可能性はだんだん薄くなった。つまり、帝国主義段階に入った先進国家間では、競争の兆況が出てきたからである。先進国は先を争って、中国を分割して侵略したのである。沿海の租界地・東北の満州国は、中国分割時代の産物であった。第二次世界大戦の時代には、中国の全民族は日本帝国主義と戦い、自国の領土主権を求め、自己の政治主権を求めて闘った。弱小民族を支配し、奴隷として使うことはデモクラシー思想への背反である。世界的なデモクラシーが到来した時代に、陶行知は、自分の祖国——半植民地、半封建的中国——で、デモクラシー教育思想を実践したが、そこから出てきた中国のデモクラシー（徳謨克拉西）思想の結論が次のようなことである。

中国独自の民主主義教育は、植民者・帝国主義の圧迫から祖国を解放し、主権を自己民族の手に握って、自国の民主主義政治を実現させる、という条件をまず創造しないと、樹立できないのである。

(2) 新民主主義教育の建設は、経済力ではなく、「人心」に支えられたものである

陶行知は暁荘師範学校、山海工学団など、平民学校を創立した時、最低の予算で、学校を建てた。人々は自己解放のため、いくら劣悪の条件でも、我慢して勉強を続けてきた。人口の多数を占める労農は、自分自身の学校を大切にし、学校の拡大に努力してきた。貧者の学校は、坊ちゃ

ん嬢ちゃんの小衆学校と比べられない劣悪な設備、校舎であった。しかし、この大衆のための平民学校は、中国の新民主主義革命の揺藍であったことは、多くの人民によって知られている。

陶行知の民主主義教育思想に基づく平民学校は、新民主主義教育の中心地になって、共産党組織活動の基盤になった。彼は、中華民族の独立を担うべき党として共産党に希望をもっていたと思える。

(3) 民主主義教育は、政府と人民とが一体となって協力することを必要とする

ブルジョア革命の下で、中華民国の政権は、中国ブルジョアの手に握られた。第二次世界大戦の帝国主義侵略に対して、国民党政府は、全国人民の要求下、第二次国共合作を一時的に実行したが、共産党の根拠地がますます拡大することを恐れて、結局反共政策を採らざるを得なかった。国民党の政策は、帝国主義を駆逐するため、まず、匪党（共産党を指す）を排除しなければならなかったのであった。その結果、数えられないほどの共産党員を殺し、「安内」の代償として、大衆の反発を招いた。デモクラシーが、人権の下に立たないいわゆる偽の民主主義になってしまったのである。大衆の反対側に立つような立場は、いつも失敗する結果に終わってしまうのであろう。

民主主義教育の実現は、こういう混乱した社会の中ではあり得ないことである。一つ人民の利益を代表できる民主政権は、民主主義教育を実行できる場となる。だから、陶行知は毛沢東の『新民主主義』(1940)を読んで、その思想が中国を救うことができると言ったのである。

(4) 新民主主義教育は、大衆に支えられたものである

新民主主義教育を、陶行知は、あまり金銭を使わずに、人々の知恵と能力を借りることによって実行したのである。1930年代後半に設立されたエリート学校の育才学校も、その原則に従うものであった。国内と国外から、いろいろな支持をもらって、一部の寄付を除いて、ほとんど、教師・生徒の労働（校舎、宿舎、共同活動室を安い材料を使って、自分の義

務労働によって建てられた）で学校を建てたのであった。また、陶行知自身は「一つの心を（人民に）捧げて、一本の草さえも、（大衆から）奪わない」という理念で民主主義教育の事業に貢献していた。

（5）陶行知の新民主主義教育は、単なる教育の普及を越えて、教育の質の全面的
　　向上を目指したものである

　陶行知にとって、教育の普及は、教育の質的向上のために行うものであった。陶行知は基礎的読み、書き、算の平民教育運動をやってきたが、教育の質的向上は、後の育才学校の教育内容にも見られる。国のエリートは、いつでも必要とされるし、人間成長の過程も様々である。陶行知のエリート教育は、人間の不平等を求めるのではなく、かえって、人間平等における権利の平等を重視するのである。人間同士の間における様々な意味の差異や能力の差を捨象した教育はかえって不平等であり、その意味からエリートの養成が、空白とならないように陶行知は努力したのである。

第2章　陶行知の民主主義教育論と彼の見た中国の現実情況　63

付録2：陶行知年譜

西暦	年齢	年譜事項
1891年		安徽省歙県西郷黄潭源村に生まれる。
1897	6	方秀才に学費を免除され私塾に入る。
1899	8	家族と万安に引越し、呉爾寛私塾の聴講生となる。
1904	13	家庭の経済的原因で退学、農業をしながら独学する。
1906	15	西洋学問に憧れ、崇一学堂（ミッション系）の校長が学費免除で入学許可を下ろした。
1908	17	崇一学堂を卒業、杭州の広済医学堂（ミッション系）に入学、非教徒学生の不合理待遇に不満、退学。
1910	19	南京金陵大学（ミッション系）予科に入る。ついで南京金陵大学文学部に入学。
1913	22	金陵大学の校誌は英語版しかなかったため、中国版校誌『金陵光』を創刊、中文編集者となる。汪純宜と結婚、南京へ転居。
1914	23	「民国三年の希望」を『金陵光』に発表。卒業論文は『共和精義』。秋、大学の支持を得て、アメリカのイリノイ大学修士課程に自費留学。
1915	24	春　長男陶宏が生まれる。夏　イリノイ大学政治学修士学位をあたえられた。
1914〜1915		イリノイ大学大学院で以下を学ぶ。 　第一学期：政治学・公法ゼミ、市政学、アメリカ国家の本質、教育行政 　第二学期：政治学・公法ゼミ、ヨーロッパ大陸の政治体制、アメリカの外交、アメリカの対外、植民地貿易 秋　コロンビア大学師範学院に入学、教育科学を研究、デューイとモンローの授業を履修する。
1917	26	コロンビア大学師範学院を卒業、教育長モンローが陶行知の博士試験を8月2日と決めた。陶行知は帰国、南京高等師範学校教育学専任教員になる。

64　第一部　陶行知による民主主義的教育改革論

1915～1917年		コロンビア大学師範学院
		一年次に次を学ぶ
		第一学期　アメリカ公教育行政、学校と社会、教育史、教育哲学、財政学
		第二学期　アメリカ公教育行政、教育史、教育哲学、財政学、進歩社会教育、中等教育原理を学ぶ
		二年次に次を学ぶ
		第一学期　教育史、教育社会学実習、外国教育制度の社会基盤
		第二学期　教育史、教育社会学実習、教育社会学ゼミ、外国教育制度の社会基盤を学ぶ
1918	27	南京高等師範学校専修科主任になる。
		次男陶暁光が生まれる。
		「生利主義と職業教育」を発表。
1919	28	「試験主義と教育」を『新教育』に、「教学合一」「第一流の教育家」「デューイ先生教育学説紹介」を『世界教育新思潮』に発表。
		4月30日に上海でデューイを迎え、翌日デューイ夫妻と『申報』館を参観。
		南京高等師範学校で「教授法」を「教学法」に改正することを提唱。
		南京学生連合会が陶行知を顧問に。
		夏休みに学生と成人失学補習教育問題を調査・研究、そして南京高等師範学校で平民学校を設立、『平民識字テキスト』を作る。
		南京高等師範学校教務長になる。
		南京金陵大学第一回学術大会が陶行知の司会で開かれる。
1920	29	南京高等師範学校の初めての女子学生を募集することに助成、北京大学と約束して、「開放女禁」、女子入学を受け入れる。
		南京高等師範学校の火事で博士論文「中国教育哲学と新教育」が焼ける。
		鄒恩潤の依頼によって、彼の訳したデューイの『民主主義と教育』を校正して、一部改正の上「大学

第2章　陶行知の民主主義教育論と彼の見た中国の現実情況　65

		叢書」として出版される。
1921	30	南京高等師範学校を東南大学に変えて、教育科主任になる。
		安徽の学生が軍閥政府を反対する運動を支持。
		モンロー来華、彼と南京、広州、蘇州、福州、杭州、北京、天津、太原、東北へ行って、モンローの教育調査と講義の通訳を務める。
		年末に『モンローの中国教育論』を編集。
1922	31	中華教育改進者主任に就任。
		南京平民教育促進会を結成。
1923	32	南京から北京に転居。
		「連環教学法」を発見、そして提唱する。
		平民学校を三つ創立、どこに行っても平民教育を大いに宣伝。
1924	33	平民学校の生徒と友達になり、通信で交談する。
1925～31	34～40	平民教育運動に各地方を奔走、北京、天津、上海の郊外、華北・華東地区の農村地帯で平民教育についての講演会などで宣伝する。
		燕子磯郷村幼稚園創立。
		暁荘師範学校を小学校師範院、幼稚師範院、また中心小学校、中心幼稚園、民衆学校、茶園など設立。
		上海で「科学『下嫁』運動」を起こし、『児童科学叢書』『大衆科学叢書』を編集。
		編集している雑誌『新教育』に「幼稚園の新大陸―工場と農村」「郷村幼稚園創設宣言書」「南京中等学校訓育研究会」「中国師範教育建設論」「試験郷村師範学校答客問」『郷教叢訊』に「行は知の始まり」「労力における労心」「教育者はまず被教育者にする」「生活はすなわち教育である」を発表。
		『中華教育界』に「教学合一の教科書」を発表。
		『京報』に「第二年の暁荘」を発表。
		他に「生活道具主義の教育」「野人教育からの出発」「偽知識階級」を発表。

1932～35	41～44	陶行知は読書会を発起、自ら学生になって、共産党の友人からマルクス、レーニン主義を教えてもらう。
		上海郊外に「山海工学団」「報童工学団」「流浪児工学団」「晨更工学団」「光華工学団」「新安旅行団」「労工幼児団」「労働者夜間学校」「鉄道労働者学校」など沢山の労農・夜間学校を建てて、その影響は全国に及ぶ。
		米国作家・記者シモトライが山海工学団を参観、陶氏思想に敬服する。
		シンガポール、マレーシア、インド、アラビア、フランス、イギリス、ジュネーブで救国を宣伝、全欧華僑抗日救国会を成立。
		ロンドンでマルクスの墓に参拝、「小墓葬偉大」と書く。
		アメリカのニューヨーク、コロンビア師範学院などで講演、救国を宣伝。
		国民党政府が海外へ陶行知の「第二逮捕令」を出す。
		陶行知の依頼によって、デューイやアインシュタインなどアメリカの著名な16名が中国政府に電報を送って、中国国内の反戦愛国知識の釈放を要求する。
		メキシコ、カナダ、キューバで救国講演をする。
		著書『児童科学指導』。
		『生活教育』に「貧者教育を貧乏国教育への連想」「すごい『会考』と創造性の『考成』」を発表。
		『新生』に「教育の新生」を発表。
		『中華教育界』に「中国普及教育法案商討」
		他「郷村工学団試験初歩計画説明書」「普及教育小史」「小先生にどうなるか」を発表。
1936～46	45～55	『大衆教育』雑誌を創刊。
		社会青年に民主主義土曜日講座を開設。
		重慶で社会大学を創立、自ら学長となる。
		『生活教育』に「民族解放大学校」を発表。

第 2 章　陶行知の民主主義教育論と彼の見た中国の現実情況　67

		『戦時教育』（後に陶行知によって『民主教育』に変えられた）に「生活教育目前の任務」「私の民衆教育観」「生活教育談」「育才学校創立趣旨」「創造的児童教育」「民主教育大綱の実施」を発表。『民主教育』に「民主教育」「民主教育の普及」「大衆の芸術」を発表。『新華日報』に「民主的児童祭」「社会大学運動」を発表。『時事新報』に「児童地獄を打ち破り、児童楽園を創造」「創造的児童教育」他に「中国大衆教育問題」などを発表。
1946	55	7 月 25 日、上海にて多忙と過労のため急死。

出典：

1. 朱沢甫『陶行知年譜』安徽出版社、1985 年

2. 斉藤秋男「陶行知年譜考」『専修商学論集』、1984 年 9 月

3. 曹先捷編『陶行知全集』第 1 巻 - 第 6 巻、湖南教育出版社、1984 年

4. 中央教育研究所編『陶行知教育文選』教育科学出版社、1981 年

第3章　デューイ、陶行知の中国民主主義的
　　　教育思想の本質

　第1章と第2章はデューイ、陶行知の近代中国における民主主義的教育改革論はいかに中国で応用され、民主主義教育は中国の広い国土でいかに展開されていたかを述べた。全く違う国家背景・歴史の発展段階・個人的見地をとるデューイと陶行知の二人の中国民主主義的教育改革論を本章で分析し、比較する。デューイと陶行知との民主主義的教育改革論は、なぜ違うか、また、その発展の形は、なぜ異質なのかを見ていきたい。

第1節　デューイの民主主義的教育の目的──教育哲学講義

　教育哲学とは、教育の目的を最も重要視している。デューイと陶行知の中国民主主義的教育改革論も教育哲学の意味をもっており、すなわち、教育目的を強調する教育理論である。その理論は、教育の実践による結果を含んでいることもあると考えられる。

　既述したが、デューイは北京での16回の教育哲学講義を通して、教育の目的は何であるのかをはっきりと述べている。すなわち、
　①教育の出発点──児童
　②教育の過渡期──学校
　③教育の最終点──社会
である。デューイの言っている教育の最終点──社会──とは、教育の

70　第一部　陶行知による民主主義的教育改革論

目的である。

　この目的を達成する重要な手段は、教育を通して人間の道徳を養成することである。そこで、デューイは人間が社会の主導性——自然的社会、物質的社会を統制する能動的力を客観的にとらえ、人間の成長・発達に応ずる伝統をもつ教育を、時代の進歩にともなって、前進しなればならないと考えた。彼は民主主義社会を「大同社会」[187]への発展、そしてそのような社会を保つためにも、教育の機能を発揮し、上手に利用すべきだと言いたかったのである。

　デューイの言っている道徳は、「知識（個人と社会の関係）、感情（社会に対しての同情心と忠誠心）、能力（実行の能力）」[188]という三つのことである。

　なぜ、教育の最終的目的は人間的道徳を養成しなければならないのかの理由は次のように考えることができよう。

(1) 人間集団の機能を保持するために道徳が必要である

　道徳は個人が作ったものではなく、人間集団の生活によって、発生・発達したものである。世間には、世俗のものがあれば、聖なるものもある。世俗のものは人間の生活と繋がっていて、聖なるものは人間の願望や理想にかかわるのである。道徳とは、世界の全体を支配する法則、聖なるものであるとすれば、集団の生活は、聖なるものを必要とする。それゆえ、道徳は、人々の互いの利益をより配慮する機能をもち、個人と集団とを有機的に調和する作用をもつものである。世界はただ一人の世界ではないので、集団的生活は人間生活の基本パターンで決められている。道徳は、社会によって作られたもののため、社会の正常な秩序を保ち、人間の互いの利益を守るより大きな役割をもっているからである。

(2) 道徳は社会発展の内面的要素である。

　人間の心理的・習慣的なものは道徳とつながっている。この心理的・習慣的なものは表面的なものではなく、内面的思想願望より発生したも

第3章 デューイ、陶行知の中国民主主義的教育思想の本質　71

のである。だから、道徳は人間のよい内面的心情をもたらすことができ、社会の有機的発達を促進させる。しかし、人間はもともと利己心をもつ動物である。利己心は人間相互に衝突を生じさせ、ついに社会の正常な発展を妨害する。個人は社会に弊害を起こさせないように、よい心情・習慣を養成しなければならない。デューイは、民主社会における個人と社会との問題を最も重要視している道徳の必要性をいっそう明白にした。

(3) 道徳は進歩の希望と勇気である

　科学が速く発達する時代で、道徳もついに変化しつつあるようになる。特に中国は外国の近代的産業・技術を輸入してきて、もとの旧道徳における旧観念・旧習慣を変えなければならなかった。なぜならば、道徳は人間進歩の希望と勇気であるから、旧道徳と新技術とあわないため、弊害をおよぼすに違いないのである。デューイは日本の例をあげた。「日本もこのような状態である」[189]。「物質方面は非常に新しくなっても、道徳方面は依然として昔のままである」[190] と、デューイが言った27年後、日本敗戦の事実は、ある程度まで旧道徳と新技術の矛盾から生じた深刻な問題を反映していた。

　デューイの中国民主主義教育の最終的目的——道徳を見れば、彼の言った道徳とは、実に人間の各個人における心理的深層の思考であり、肉体全身にしみこんだ無意識的習慣であることがわかる。したがって、中国民主主義教育におけるデューイの道徳的教育目的は、中国自身の思想的革命であり、輸入してきた西洋の産業技術に合わせる道徳を革新することであったろう。

第2節　陶行知の中国民主主義的教育の目的

　さて、陶行知の中国民主主義教育の目的は、何であろうか。

　20世紀に入って、民主主義は世界的な普遍的価値と見なされ、たん

72　第一部　陶行知による民主主義的教育改革論

に政治形態だけの意味ではなく、社会的・経済的・産業的民主主義など派生的な用法も生じていた。陶行知は民主主義教育思想の発生地アメリカでの留学、デューイに師事をする機会を経て、後の民主主義教育思想の形成と発展の基礎付けを行った。陶行知には教育目的について、明確に論じた文章はないが、彼の書いた著作や雑誌論文や教育実践などから、彼の教育目的を探る手がかりがある。

　陶行知は半植民地、半封建的中国の原因が貧乏・愚鈍・病気であることを認め、その解決策を立てた。まず、当面の急務は、教育を有効的に全国大多数の貧しい人々に普及することであった。しかし、アメリカなど経済力をもつ資本主義社会のような大規模の学校制度の方法をまねできない。貧者の生活状況に応じながら、新しく中国的民主主義教育を作るしかなかったのである。彼の作ったこの民主主義教育の目的は、デューイの教育理論とは別の角度から解釈できよう。

　①教育は貧者から出発する。

　②様々な形式を教育過程とする。

　③教育は民衆の最高的利益のためである。

　陶行知にとっての貧者とは、児童と大人の両方である。様々な形式とは、学校だけでなく時間・場所・教材のあらゆる選択と状況に応ずることであった。

　以上が陶行知の民主主義教育の目的である。1920～40年代の植民地国家の独立に立脚している彼の教育目的論では、民衆の最高的利益とは、植民者・侵略者を中国より追い出すことであった。彼の教育目的はまさに中国の民族運命と繋がっていて、国家という社会と切り離していなかった。1920～40年代、世界的デモクラシーの高揚と共に民族自決・独立運動も各植民地国家で盛んであった。もしも、陶行知のいた当時の中国社会道徳が帝国主義と闘う道徳で十分とすれば、陶行知の教育目的とデューイの説く道徳とそれとは全く正反対ではなかったであろう。しかし、この二人の教育目的は、やはり先決条件をもつことが間違いない。先決条件と言えば、時代的背景・具体的国情・個人的見地ということで

ある。

　陶行知の言っている民衆の最高的利益は、どのような思想の裏付けが
あったのかを見てみよう。

(1) 儒教思想に対しての反発

　陶行知は近代中国の多数の革命家と同じように、儒教思想における不
合理の部分に積極的に反対した。儒教の始祖孔子は、主に「為政」（政
治を行う）の学問を教えたので有名であった。「為政」とは、統治術の
ことである。孔子は六芸（礼・楽・射・御・書・数）に精通して、農業に
ついては、何もわからなかった。儒教思想における「為政」と「労民」
の限界はきわめてはっきりしていた。陶行知は中国という古い農業社会
を振興しようとすれば、伝統的儒教思想の「軽農」思想をまず一掃しな
げればならないと主張した。

(2)「労力」と「労心」の分裂を補う一元論の支持

　封建思想の説教によって、「労力」と「労心」をそれぞれに分かれ、
厳しい対立的関係になった。この矛盾を一元論で解決しようと陶行知は
努力した。

　二千年にわたる文化人と農民たちとの分裂は、中国的精神における重
大な災難であると陶行知は思った。彼は、従来の「肉体と精神」「経験
と知識」の統一、したがって、この二元論的矛盾を解決しようと努力し
た。この一元論的思考は、おそらく、デューイ思想の継承であると筆者
は考えたい。

(3) 民族愛国心で、中国大衆を解放する思想

　陶行知の教育の最終的目的は、中国大衆が生活に困らないような生活
をおくるための教育であった。この生活は社会生活と個人生活の両面が
あると考えられる。彼はいつも中国の普通の人々の一員であることを自
覚し、中国大衆の徹底的解放に必死に努めた。陶行知はアメリカに留学

した際、「学友の皆は、私が最も中国人らしいと言った」[191] という言葉で楽しんでいた。彼は平民教育を専念して以来（1923 ～）、常に農民の格好をし、農民の「土話」（地方なまり）で話した。これらのことは、陶行知の高い民族自尊心と民族自決心を反映している。

　以上のことによって、陶行知の民主主義教育は中華民族のためにあるということは間違いない。中国が世界に立ち上がってほしいという思想は、国家を中心とするよりも、むしろ中華民族を中心とするということであると考えられる。だから、筆者は陶行知の中国民主主義教育は、実に中国民族主義教育であることを否定しないのである。

　以上で、デューイと陶行知の中国民主主義教育の目的の違いは、はっきりしてきた。つまり、デューイの教育目的は道徳であり、陶行知の教育目的は民族主義教育である。

　この二つの中国民主主義教育の目的はなぜ違うであろうか。まず、時間的には、デューイの中国民主主義教育目的説は 1919 年であったが、陶行知の中国民主主義教育目的説（デューイの来華時には、まだわずかの教職歴しかなく、教育学的思想がしっかりとできていなかった頃であった）は 1920 年代から 1940 年代まで、特に 1930 年代の以降であった。また、中国本土おける外因と内因の変化は、1920 ～ 1940 年代の間は、かなり激しかった。だからこそ、デューイの中国民主主義教育論における教育目的論が、教育哲学的普遍・妥当性をもつ理論であったと言えよう。陶行知の中国民主主義教育目的は、個別・具体的教育思想であった。デューイは異国異民族に対しての慎重な哲学大家の態度を示し、また、彼の教育における根本的目的——人間の生存とは、自分の思考が環境に作用するとともに環境に応じて変わらなければならない——を提示している。

第3節　デューイと陶行知の中国民主主義教育思想の展開

　中国民主主義教育は西洋教育思想の移入物であるが、デューイおよび

第3章　デューイ、陶行知の中国民主主義的教育思想の本質　75

陶行知の中国民主主義教育思想の展開を見る場合、まず、西洋教育思想と中国との結び付きの源はどうであったかを簡単に述べる必要がある。

清朝末期、中国国内のミッション・スクール[192]や、国外留学生の派遣等によって、西洋思想および教育思想を移入し始めた。その時の移入は、主に、教育に関する雑誌に載った西洋教育思想家の伝記・学説などに限られていた。西洋教育思想がより適当に中国国情と結び付いたのは、デューイ、Ｐ．モンローなどの外国学者が来訪した1920年以降のことであった。

まず、デューイの中国人学生が西洋教育思想を中国に紹介および導入した。例えば、アメリカ留学中、デューイにも師事した陳鶴琴[193]（1882～982）は、帰国した後、1919～24年に、南京高等師範学校の教授として、児童心理学の研究と教育測定技術の開発に従事し始めた。その後、彼は南京鼓楼幼稚園を開設、幼児教育の研究を続けた。また、中国的児童中心教育を提出し、活気のない「死教育」に対して、いきいきとした「活教育」を提唱、実践を行っていた。そのころ、彼は、陶行知らと手を組んで平民教育にも尽力していた[194]。

デューイが中国からアメリカへ帰国した後、中国の平民教育運動は一時的に盛んであった。陶行知、晏陽初[195]（1893～1990）らの平民教育運動の実践は、1923～30年の7年間、内陸で大きな影響を及ぼした。彼らは1923年8月、中華教育改進社を組織した。当時、各省、市の代表が北に集合し、「全国平民教育大会」を開催、中華全国平民教育促進会総会を行って正式の成立を宣言し、総幹事晏陽初、理事会書記陶行知が選出された[196]。

ところで、デューイおよび陶行知の中国民主主義教育思想はどう展開したかを追究しよう。まずデューイの中国民主主義教育の展開および彼の思想展開における障害となったことを見てみよう。

1922年、蔡元培、胡適、蒋夢麟などの中国教育界の人々の努力によって、アメリカ式の6・3・3制が中国で試行され始めた。このことは、デューイを中心とするアメリカ教育思想が導入された一つの印であった。また、

76　第一部　陶行知による民主主義的教育改革論

それ以前の複線制が中国の状況と合わないことについてのデューイの判断は正しかった[197]と証明できよう。

　デューイが滞在していた時の中国、平民主義教育のほかにプラグマティズムの熱潮が大波のようであった。しかし、デューイの帰国後、プラグマティズムへの関心は冷却した[198]。その原因は、当のデューイが不在であったことや、プラグマティズムの熱心な宣伝者胡適とマルクス主義者李大釗の筆戦が激しくなったからであるという[199]。中国におけるデューイとマルクスの論争の第一弾である二人の論争は注目された。論争の焦点は、中国の難問を解決するのに、どちらの思想を信じて採用するかということであった[200]。

　ところで、陶行知はデューイの民主主義教育を中国で真剣に実行した、ただ一人であったと言えよう。というのは、胡適はデューイのプラグマティズムの信奉者ではあるが、教育実践にほとんど触れなかった。蒋夢麟などの学者は、デューイ思想についての著書がわずかであり、教育現場にもいなかったからである。

　陶行知におけるデューイの民主主義教育思想の受容と変容は、デューイ批判に立つものだと見てよいと思う。彼の言葉で言えば、デューイの教育思想は単極電路のようなものなので、中国に入っても導電しないのである。導電するためには、陶行知自ら回路を作らなければならなかった。陶行知によればその回路とは、以下の6つである。

(1) 生活はすなわち教育である

　デューイの言った「教育はすなわち生活である」の言葉は、陶行知によって、中国の回路に合うように「生活はすなわち教育である」と変えられたのである。また、陶行知の言った生活や教育は、デューイのとは異なる。つまり、アメリカ風土と中国とは、全く別の世界であるからであった。中国の生活とは、アメリカの進んでいる資本主義的工業社会とは対照的に、農業人口が多数を占める不安定で、変化の多い、戦乱の起こる社会であった。そのため、学校教育の場は、道路・農村・工場・戦

場、監獄になったわけである[201]。

(2) 社会はすなわち学校である

　かつて、デューイには「学校を社会にしよう」という名句があった。陶行知は「社会を学校にしよう」と直した。というのは、アメリカの経済力では、学校の中に小さい社会を作ることができたことに対して、それは中国社会の条件では許されないことであった。陶行知は、社会を学習することを強調した。従来、中国知識人は人口の少数を占めるだけであったが、彼らは、官吏になるほか何もできず、貧富や腐敗、また「本の虫」と言われたと。彼らは五穀を作る農民に軽蔑され、知識階級と農民階級の対立は激しかった。もし、農民階級が字を読むことができるようになったとしても、読書階級のもつ古くからの欠陥を防がなければならないと陶行知は考えたのである。「社会はすなわち学校である」という意味は、このようにいっそう深かった[202]。

(3) 学校教育における「教学做合一」

　デューイの環境学習論、環境改造論、learning by doing、児童太陽論が、陶行知によって「教学做合一」に総括され、教育現場で応用された。陶行知の意味したことは、教授・学習・実行の三者が互いに結び付かなければならない、教授と学生とは互い学びあいながら、実行的作業を重視しなければならない、教授法は、学生の現実的生活から出発しなければならない、ということであったのである。

(4) 平民教育における「小先生制」

　陶行知は、デューイのアメリカ的子どもの発見に対して、中国的子どもの発見者であった。「小先生制」の発明は、彼の子どもへの信頼・尊重であり、中国的子ども発達観の発表であった。民主主義教育思想の本質の応用として、陶行知の「小先生制」より優れたものはないと筆者は考える。

78 第一部 陶行知による民主主義的教育改革論

(5) 自らの力で形にこだわらない学校を作って、「洋化教育」を反対

当時、西洋教育と比べて、近代中国の教育は田舎ものだと評価する人が少なくなかった。陶行知は中国はもともと農業国であり、田舎風であるのは中国らしく、当たり前であると考えた。彼は、中国の現状に相反して無理に「洋学堂」をまねすることに反対した。「洋化教育」は中国大衆の徹底的解放ができない結果になると考えたのである。

(6) 大衆を解放するのが目的である

陶行知の民主主義教育思想は中国で成功したと言える反面、全民衆の解放という意味では失敗も多く経験した。彼は、農民の間に入り込んで、多くの具体的仕事を処理したが、農民のリーダーたちとの接近が足りなければ、自分の主張を十分に実現できなかった原因になるとも考えた。

第4節　アメリカ的民主主義教育と中国民主主義的教育の比較

アメリカ社会の民主主義的要素がイギリスの植民地建設のはじめ（1620〜）にあったという。元来、アメリカには、封建的・貴族的・君主的伝統が乏しかった。というのは、アメリカの君主はイギリスの国王であり、アメリカの貴族は本国に住む不在貴族であった。アメリカが独立に踏み切ったとき、封建遺制の廃止、君主制・貴族身分制の廃止は当然の帰結となった。だから、アメリカ建国期（1776年）、議会制度の伝統や個人の自由の尊重はすでに確立されていた（1861年から65年までの南北戦争以降、廃止された南部の奴隷制度は別論として）。この土着の民主主義思想をもつ新しい国が、民主主義教育をいかに国の体制に合わせ、進行させていったかという問題は、中国人の知識人にとって、魅力的であった。デューイの来訪が一つの契機となって、young China の建設者たちはアメリカ的民主主義をさらに知ることができた。

一方、古い君主制度の歴史をもつ中国は、封建制度が二千年以上あっ

第3章　デューイ、陶行知の中国民主主義的教育思想の本質　79

たが、数えて15余人の歴朝代の建国皇帝によって、その封建的統制は
長く継続させられた。忠君・親民などの封建主義思想は中華民族の中に
しっかりと染み込んだのは事実である。封建制の威圧に不満をもった農
民は、暴動を行って、反圧迫の意を表した。暴動の徹底的な勝利とは、
農民のリーダーが前王朝を滅ぼし、自ら旧皇帝の代わりに新皇帝になる
ことであった。この封建専制の長い歴史は世々代々、このサイクルで循
環していた。やがて、民主国家を建設する覚悟は、戊戌変法（1898）に
よって始められた。それは、日本の明治維新の激動にも比すものであっ
た。しかし、中国封建制におけるこの「維新」は、保守的権力によって
弾圧されたが、中国のもともとあった民主主義は、この弾圧によって沈
むことがなかった。というのは、封建時代の中国は、「上部には極専制
的な政府がいて、下部にはなかなか民主的な大衆がいる」のである。民
主主義を、辛亥革命によって建国された中華民国で実現できると期待さ
れたが、この young China は、封建王政を復活する勢力の殺意にぶつかっ
た。厳しい封建思想と民主思想との戦いが、そこにあったのである。

　ところで、このアメリカ的民主主義教育と中国民主主義的教育を比較
する一節は、デューイと陶行知との中国民主主義的教育改革論を比較す
る目的なので、論理上における混乱を防ぐため、これからは主にデュー
イ訪華時代（1919～1921）の前後19世紀末から1920年代にかけてのア
メリカ的民主主義教育と、1920年代から1940年代の西洋から受容して
変容された中国的民主主義教育とを論ずる対象とする。

1．アメリカ的民主主義教育の特徴

　アメリカに土着的にある民主主義思想は、アメリカ社会の政治・経済・
文化の成長を大きく促進したのである。既述したが、この反面には、資
本主義の典型としての競争社会アメリカで、民主主義は民主主義を壊す
自己矛盾が避けられないという現実を現していた。そこから、アメリカ
的民主主義教育は、自己矛盾の危機を乗り越えていく力をもたなければ
ならなかった。その教育はどういうものであろうか。

80 第一部 陶行知による民主主義的教育改革論

(1) 民主主義教育思想的根拠

20世紀のはじめに、デューイは、中心となって、アメリカの哲学、もちろん教育哲学を動かしていた。彼は、19世紀からフロンティア精神・科学の力を借りて資本主義そして帝国主義を歩んできたアメリカの学校教育に対して、改造しなければならないという意図を表した。その理由は、主に、生物学的進化論思想に基づくものであると考えられよう。

①自然淘汰の法則による有機体と環境とを一致させる理論

生命過程はますます複雑な形態へ続いて発達する原理をもつので、生命を継続させる場合、生物体が環境に絶えず再適応していくわけである。この環境に再適応する過程は更新と呼ばれた。個人および社会集団は更新によって、生活を連続させられるのである。この意味において教育は、不断に自己更新しなければならない。そうすると、教育はいつまでも生命をもち、淘汰されないものである。

②生物個体の発達の法則による衝動的理念の内在性

生物本来は衝動的理念をもち、その衝動は発達の契機として諸能力を発揮することができるのである。人間もそのような本能ももつが、教育者は人間自体における自発的発達を重視する必要がある。しかし、これと放任することとは異なる。衝動や本能を教育上どのように組織するかが問われるのである。

③人間と自然社会を統一する法則による一元論的思考

自然・人間・事物の三者を統一することでなければ、教育はその効用を失う。教育の最大の目的の一つは、自然（目的をあたえた自然と自然に従う自然の二つの意味を含む）と人間との分裂しつつある状態を改善し、統一させることである。すなわち、教育は民主主義の人間的心理と民主主義の自然社会との一致、およびこの原理に類似する民主主義の理念を越える実在的行動などのことである[203]。

(2) デューイの民主主義教育思想

デューイの民主主義教育思想は近代教育思想における子ども観、発達

観を継承した上での独自のアメリカを中心とする資本主義的新教育思想である。すなわち、従来の教育上の子どもの受動的学習を能動的に変えさせ、外部からの教育の視点を子どもの内部に注目させるようになった。デューイのこの教育的新発見は民主主義的な立場であることは間違いなく、すなわち、体が小さくて、まだ幼い精神と肉体をもつ子どもを、一個の完全な大人のような人格をもたせ、しかも、将来に未知をもつ子どもに対して、一定な目的をもって、有効的方法で指導するという子どもの発達観を提示した。デューイの民主主義教育は、人々に還元する教育であり、大衆の相互の幸福の中で生きていく教育である。

(3) アメリカ的民主主義教育思想

　アメリカ社会の教育をどう発展すればいいかという問題の討論は、デューイのほかに、多数の学者によって展開された。デューイはもちろんその中心人物の一人であったが、彼らのアメリカ的民主主義教育を次のように説明することができよう。

　①学校教育は発達しつつあるアメリカ資本主義社会に合わせることのほか、絶えずに発展していくその社会に新しく創造的人材を送ることに貢献する。

　②学校教育は現実社会を踏みしめて、現時代の生活としっかりと結び付けることに貢献する。

　③最多数の人に満足させる教育にし、その将来にも役に立つ教育にする。個人が他人に迷惑をかけず自立することができると同時に社会に貢献することもする[204]。

2．中国的民主主義教育の特徴

　中国の民主主義教育は、導入・模倣・展開の過程を経て、自国の独自な民主主義教育になったのである。中華全国平民教育促進会総会が開催した時（1923）まで、平民教育を導入、模倣の段階があり、陶行知をは

82   第一部　陶行知による民主主義的教育改革論

じめとする平民学校を草創の情勢が現れた。1923 年以降、平民教育運動は、盛んになった。特に、陶行知・晏陽初らは平民教育運動の指導者として成長した。彼らはデューイの民主主義教育思想に基づいて、モンローから指導を受けた。また、平民教育運動には国内の民衆からの支持を得て、国外からの援助――主にハワイ華僑――の寄附もあった[205]。

　資本主義が発達したアメリカの民主主義教育は、義務教育制度の保障下で、学校を社会生活の場にし、同時に、書物至上主義を是正、被教育者が一定の社会的環境とを結び付ける形を示した。これとは対照的に、中国の民主主義教育は、人口の多数に占める農民・労働者を対象とし、「最も短い時間・最も少ない経費で、一般の人民が、よい書物を読むことのできる、立派な人間になる」ように意図した[206]。

　アメリカ的民主主義教育と中国的民主主義教育との差異は、科学技術の発展について、二、三百年の時差[207]があったが、それはここでは論じないで、社会全体に覆われた文化背景との関係に触れようと思う。なぜならば、アメリカ的民主主義教育の代表者デューイを中心とする「学校社会論」は、当時、新興国家アメリカの非常に速い発展がもたらす不安定な社会状況に対応した元来の人間・社会・自然における善なるものに基づく教育思想であり、弱肉強食の競争社会における個人と社会との相互輔完・相互発展を目指すものであった。同時代における中国は、弱肉強食な社会であったのは否定できないからである。

　人間の内部にもともとあるエゴイズムは、西洋人、東洋人にかかわらず、人間同士の互いの利益の衝突を引起こす根源になるものである。しかし、中国の封建的弱肉強食な社会と、アメリカの資本主義的弱肉強食とでは異質の問題があった。アメリカの社会問題と比べて、中国の社会問題は、腐敗した封建王朝末期の社会全体にわたる政治・経済・産業の効用の有機的機能を失うことであった。中国自身の速く対決したい難問は、人口の多数を占める貧しい労農の生計問題であった。そのゆえ、民主主義教育は平民主義教育としてとらえられたのである。

　19 世紀末から 1910 年代までのアメリカ的民主主義教育は、アメリカ

第3章　デューイ、陶行知の中国民主主義的教育思想の本質　83

社会の政治・経済・文化とを融合し、いわば教育がそれらに先立ち、それを超克するように期待された。

　近代中国の 1920 年代から 1940 年代の中国的民主主義教育は、古来政治からの制限を越えようとしたとともに、当世政府の政治に対する大きな不満も反映し、民衆を啓発すると同時に現実の政権を打倒し、新しい真の民主主義的政権を立てることをねらったものであった。

　アメリカでも中国でも歴史を批判的に継承することはあったが、アメリカの場合は、ヨーロッパの伝統が基礎としてあり、歴史の浅いアメリカ風土に適応できる民主主義教育思想が残り、その上に吸収と批判があった。

　一方中国では、自国の歴史的伝統の影響がかなり強く、しかも、西洋のさまざまな思想の伝入が混じっていたが、民主主義教育思想は変質し、個人主義との対決と関わりのない民族解放の前提としての教育思想になった。

　それでは、デューイの民主主義教育思想と陶行知の民主主義教育思想の本質は何であるのか。

第5節　民主主義的教育改革論における東西教育思想の融合

　本節では、デューイの民主主義教育を受容させ、自らの民主主義教育を創り上げた陶行知の思想の本質は何か、またなぜ、中国で広範囲に広がっていったのかを見てゆきたい。

　再三記しているが、1919 年から、中国民主主義的教育改革論は、デューイの来華を契機として始まったと言えよう。当時、中国は、世界的潮流になった民主主義に乗って、何人かの民主主義教育家が出てきた。陶行知はその中の最も優れた教育実践家であった。

　既に述べてきたが、陶行知は幼年時代から、中国封建制度の下に、「四書」「五経」の教育や、キリスト教系統の西洋式教育を受けたことがあっ

た。彼は東洋と西洋における古代から近代までの知識が豊富であって、デューイに師事して以来、世界的先端にあった民主主義教育思想を吸収し、中国民主主義的教育改革論に貢献した。以下では、陶行知の民主主義教育思想と中国古代、近代の思想家の民主思想とを簡略に対比させてみたい。

(1) 陶行知とデューイとの民主主義教育思想

　教育実践家である陶行知は、デューイの思想についての長篇研究論文を書く時間がなかった。しかし、陶行知は、1919 年から自らデューイの教育思想を勉強するとともに、同僚や教師たちにも「デューイの『民主主義と教育』を読もう」と呼びかけた。本書第二部で見るように、彼は、1920 〜 40 年代の中国民主主義教育の実践の中では、デューイ批判の教育家として現れたが、常にデューイの教育理論を用いて、民主主義の国アメリカに対して、また恩師デューイに対して、愛情と敬意をもっていた。

　陶行知は、デューイの教育理論における「学校と社会」「学校と生活」「学校と人間」という関係を掴んで中国の実状に応じ、その理論に基づいた新しい中国的教育理論を作り出した。陶行知の教育実践は、実に、デューイの民主主義思想に背反することではなく、巧みにデューイ民主主義思想を継承し、守ったと言える。デューイのデモクラシーの根底には、個人が社会に創造的力、改造的力をもたなければならないという思想があったのである。陶行知の教育実践によって、デューイの民主主義教育思想が中国でいきいきと再現することができたのであろう。

　陶行知はデューイと比べて、世界的大哲学者ではないが、彼は、アメリカ風土が生んだ民主主義教育思想家デューイに対等できるような、近代中国に生まれた民主主義教育実践家である。

(2) 陶行知とマルクス派の民主主義教育思想

　1920 年代間、中国学者エリートの胡適と李大釗によって展開された

マルクス主義とデューイ主義の論争は有名であった。以来、マルクス主義が急速に広がりを見せ、中国の国民党統制政権を驚かした。

　既述のとおり、陶行知の民主主義教育は、民族主義の意味が強かったため、中華民族を救う力のある共産党に接近（特に1930年代以降）、マルクス主義に対する尊敬の意を現したのである。彼は中国に伝わってきたマルクス主義の書物を読んで、「レーニン伝の感想」[208]を書いて、マルクス主義者のレーニンへ敬服の意思を示した。

　ソビエトの教育学者・レーニン夫人クルプスカヤはマルクス派教育学者である。彼女は亡命中、ヨーロッパ諸学校の実際を見た上で、1911～15年の間、資本主義的教育の深刻な矛盾を研究し、ロシアの現実にそくして、教育が成長しつつある世代の内面に入って行うことを提案した。『国民教育と民主主義』（1915）の中で、ルソー以降の教育思想・教育運動において労働の教育的意義がいかに変わってきたかをさぐったのである。後のソビエト全国に広まった「土曜日義務労働」は、クルプスカヤの教育と労働の考え方を結び付ける思想でもある。

　陶行知の生活教育は、生活を重んじ、労働者・農民生活を保障する読書や集団で労働に参加するための教育である。この生活教育は、クルプスカヤの教育理論とは、類似するところがある。というのも、教育を肉体労働と切り離さない主張がクルプスカヤの教育理論ならば、陶行知の生活教育の理論は、教育と労働との結合という主張でもあった。しかし、クルプスカヤの教育理論における労働はマルクス主義の理論に基づくものであるが、陶行知の言っている労働とはデューイの思想に基づくものであると言えよう。クルプスカヤが教育と労働の結合を主張する時、強調した内面的教育は、主に社会主義的道徳のことであったが、陶行知の教育は、主に人口の多数を占める労農が生活のできるための基礎知識の普及であった。

(3) 陶行知の民主主義教育思想と孟子の保民思想

　デューイは中国北京での講演（1919.9）において、孟子の学説に言及

86　第一部　陶行知による民主主義的教育改革論

している[209]。彼は、中国思想を貫く重要な概念である「天（Heaven）」について説明した後、「もしも自然の力が衰え、洪水や飢饉が起こり、王の命が法外なものとなり彼の配下の者が民の父母たることを止めるようなことになれば、これらは、王がもはや天意の代行者ではなくなった印なのである。そのときは、公正で慈悲に溢れる天命が回復するまでは、民こそが、天意の代行者となるのである。孟子——彼は儒学の、この、より民主的な側面を強調したのである——によれば、このような状況のもとでは、民は支配家を取り除く権利があるだけでなく、そうするのが義務であるという」[210]としている。

　中国の古代封建社会においても、王権を中心とした統治において民の意志を無視してはならないというのが孟子の学説であった。孟子の政治理論における「得天下有道、得其心則得天下矣。得其民有道、得其心斯得其民矣。得其心有道、所欲与之聚之、所悪勿施也」[211]とは統治術であるが、「得天下、保天下、治天下、王天下」を行う時、民を考えた政治を同時に行わなければならないという意味で説いたのである。彼の主張した古代中国の民主政治は、主に「民貴君軽」、民の生活を向上させる「井田制」[212]などであった。当時は時代的制約のため民への教育普及を図ることができなかったが、中国古代において最も早かった民政治論であり、最も民の意思を尊重する理論であった。しかし、この理論はやはり国家政治を行う歴代統治者に利用されたのである。

　以上のような孟子の保民思想と陶行知の思想とは直接的には関係ないと見られるが、他方で陶行知は孟子の「富貴不能淫、貧賤不能移、威武不能屈」（富貴者がぜいたくしてはいけない、貧賤者が他人に憐憫を乞うてはいけない、権威と暴力には屈服してはいけない）を座右の銘としていたのである[213]。すなわち陶行知は、まさにデューイもそれを強調したように、孟子の保民思想の近代中国における革命的な側面を取り入れたのである。

（4）陶行知と毛沢東との民主主義教育思想

第3章　デューイ、陶行知の中国民主主義的教育思想の本質　87

　毛沢東の新民主主義教育思想は、彼の『新民主主義』（1940）から規定されたと言われる。その思想は、主に、中国を帝国主義列強の手から解放する民族性、西洋思想と東洋思想を架橋する科学性、そして、中国人民の根本的利益と繋がる大衆性をもつものである。陶行知の民主主義教育思想もまた新民主主義教育思想であると言われたのは、彼の教育思想の本質的な部分が、上にあげた毛沢東のような民族性・科学性・大衆性をもつものからに違いない。陶行知は無党派人士であったが、1940年代以降、毛沢東の『新民主主義論』を読んで感銘を受けた。彼は、育才学校の教師と生徒に一人ずつ『新民主主義論』を配り、教材にしたという[214]。陶行知の民主主義教育思想と毛沢東の民主主義思想との最接近は、1940年代のことである。しかし、彼の民主主義教育思想の民族性・科学性・大衆性のある部分は毛沢東の民主主義教育思想と一致するところが多いにもかかわらず、陶行知の教育思想は、毛沢東の政治思想的な裏付け、あるいは政治イデオロギーとは別のものであると筆者は考えたい。

　以上、陶行知の民主主義教育思想と中国古代、近代の思想家の民主思想と比較してきた。ここまで、明らかにしたことは、陶行知の民主主義教育思想は、西洋・東洋における古代から近代までの、民主的教育思想を近代中国に土着化させたものである。また、陶行知の民主主義教育思想は、デューイ教育思想の受容と変容を行ったとともにそれを乗り越えた、近代中国の反帝国主義・反封建主義の大衆性をもつ民族的革命運動と一緒に展開したものである。

　陶行知の民主主義教育は、近代中国で実に多く実践されていた。国民党か共産党かの支持地域にかかわらず、彼の作った平民学校からエリート学校までの教育実践、「生活教育」から「小先生制」までの教育方法、「労力と労心」の結合から「学校を社会にしよう」という理論までの教育思想は、中国1920年代から40年代まで、より広く応用された。なぜ、陶行知の民主主義教育が、全国的に広まったのであろうか。筆者が考える

88 第一部 陶行知による民主主義的教育改革論

いくつかの理由は、以下のとおりである。

①陶行知が実践と理論の双方面で試みた、近代中国における文字教育の普及は、軍閥政府も国民党も共産党も必要としたものであった

　陶行知は軍閥の馮玉祥（1880-1948）[215]とは 20 年来の友人であった。1930 年代頃から、馮玉祥は陶行知の平民教育運動に感動し、暁荘師範学校などの校舎建設費を何回も出資して、自ら陶行知の暁荘師範学校等を視察した。蒋介石（1887-1975）[216]と夫人も 1928 年秋、暁荘師範学校に参観した。その際、蒋夫人は陶行知の実践成果を「素晴らしい」と激賞したのである。

　かつて、マルクス主義者惲代英と徐特立は、陶行知の民主主義教育思想を賞賛し、共産党の革命根拠地延安（1940 年代から）および南方の解放区（1930 年代から）に、陶行知の民主主義教育思想と方法を受容した。陶行知が死去した後も、解放区に陶行知の教育思想を研究する「熱」が残っていたのであった。

　軍閥にせよ国民党にせよ、また共産党も、新国家を建設するという希望があるとすれば、半植民地、半封建的中国を救うために欠かせない急務とは、結局のところ、平民教育の実践であったからであろう。

②陶行知の民主主義教育は経済的で、実践しやすい教育方法であった

　陶行知の平民教育の様々な方法は、貧しい中国の労働者、農民が実践しやすく、しかもすぐ役に立つ教育である。『平民千字課』という教科書を小先生に教えてもらえさえすれば、わずか三ヶ月で、日常用の漢字が読める困難がなくなるという[217]。このような方法は、中国学校教育制度外にあった成人非識字者が楽々と学習ができて、政府・個人の双方にも負担があまりかからなかったのである。

③大衆の切実な利益と密接な関係を教育であった

　毛沢東は中国が「一窮二白」（まず、貧しいという状態、そして、経済的建設について空白の状態）であると言ったことがある。確かに、ゆったりとした国土での自然の厳しさ、人間ののんびりさ、政治制度の悪さなど、

様々な原因で、多数の人民の間にひどい衣食・住宅難が起こったのである。陶行知の教育は、人民の難問を考慮し、まず、生徒の基本的生活を皆の力で解決することにした。したがって、陶行知の民主主義教育は中国における大衆中心という土壌をもちえたのである。

　ここまで、陶行知によるデューイの教育思想の受容と変容の意味を探ってきた。近代中国が必要とした民主主義的教育改革論は、デューイの教育思想に基づいて陶行知が中国における教育実践に沿って作った中国近代的教育思想である。この教育思想は、1940年後に一時的に毛沢東の新民主主義教育思想に帰結した傾向があったとしても、デューイと陶行知の協力で作ったことは否定できない。デューイの民主主義教育思想の種は、陶行知によって撒かれ、栽培の作業をした。これらの作業を通じて、デューイの民主主義教育思想は中国で具現し得たと言えよう。実践と理論の双方で、それをおこなったのは陶行知であった。

　一方、陶行知はデューイの教育思想を用いて、それを応用した際、彼自身が新発見・発明をしたことがあったことも否定できない。なぜならば、一般的に言っても、教育思想は変動している社会の中から産出されるものであり、社会への指令力を重視するものであるからである。また、文化・歴史・時代の背景の全く異なる外国の教育思想を自国の教育実践でそのまま応用することは不可能であるため、思想の本質的なところは変えないとしても、具体的な方法や理念を適宜に変容させなければならないからである。これは、陶行知によるデューイ民主主義教育思想の継承と発展についても言えることであり、近代中国における、デューイの民主主義教育思想にもとづいての民主主義的教育改革論ということである。

おわりに

陶行知の平民教育は、彼の生前にも中国で広い政治的範囲の意味で使われた。彼の死後には、延安で盛大な記念行事(1946.8)が行われ、そこで、彼の教育思想と毛沢東の新民主主義教育思想が一緒に並べられ、同質なものとされた。また、陶行知の新民主主義教育思想は、共産党解放区の教育の勢いある発展と共にあったことが認められた。

中華人民共和国が成立した (1949) 直後、朝鮮戦争 (1951-53) が爆発、共産党政府のアメリカとの中国国内戦争 (1945-49) の時からの対立が、その戦争によっていっそう激しくなった。やがて、1951 － 53 年の間、武訓への批判を契機として、全国的に陶行知批判が広まられた。デューイを中心とするアメリカ的思想、および彼の思想の実行者胡適、陳鶴琴等の批判も行われた。当時、米・ソにおける資本主義と社会主義との両大勢力という、互いに対決する国際的政治背景があったが、新生したばかりの中国は、「保家為国」——社会主義の自国を守っていく——ために、朝鮮戦争に参戦した。その時の、デューイおよび陶行知の批判は、近代中国の 30 年間で支配されたアメリカ的教育思想を含む一切の思想を、徹底的に清算しようとしたものにほかならなかった。以来、デューイの最も代表する思想であるプラグマティズムは反動思想としてとらえられ、近代中国におけるデューイ思想の影響が、中国人民を毒害したブルジョア的思想だと指弾されたのである。

1957 年から、陶行知の教育思想をめぐる論争が転換を見せる。すなわち、

①陶行知の教育思想はデューイと異質なもので、中国民族解放の教育思想である。

②しかしながらそれは、毛沢東の新民主主義教育思想とも異なる小ブルジョア的ユートピア思想である。

というものである。

こうして陶行知教育思想研究は、毛沢東教育思想の圧倒的な影響力の

前に、消滅する運命になったのである。

　文化大革命（1966-76）を経てからの再評価（1981 以降）は、中華人民共和国建国以来、38 年間の思想建設についての経験を検討・反省する動きであると見てよかろう。というのは、「解放後」、中国人民は半植民地、半封建的国の状態から解放され、真実の人民民主政権ができたといわれた。しかし、この三十余年来の革命運動は、中国人民を本当に解放したのかどうか、人民民主政権の下に真の民主主義が本当に実行されたかどうかということへの反省があった。1957 年の反右派闘争、特に 1966 年から十年間にわたった文化大革命運動における中国の社会主義的民主主義の逆機能に対して、それを正視し、そして、是正しなければならないところがあったからである。そうして、中国の社会主義的民主主義思想における歴史的源流を追究しなければならない論理が出てきたのである。旧民主主義思想から新民主主義思想までの流れの中に、認めなければならない不可欠の重要な一部分として、陶行知のデューイ受容そして変容された民主主義的教育思想論があったのである。

　こうして、1981 年からの陶行知再評価におけるメインテーマは、以下のようであった。

①陶行知の再評価は、デューイの再評価も含む裏付けがある。というのは、民国時代にデューイの民主主義教育思想が陶行知によって受容され、そして変容した意味をもつものであったからである。

②陶行知の民主主義教育思想は、現在の中国に大きな貢献をなしたことは、歴史的事実である。かつて行われた陶行知批判における偏見を是正しなければならない。

③陶行知の民族主義教育思想における大衆の解放は、主に思想的解放と、真の民主主義政治を中国で実現しようとする思想であった。この思想が、現在の中国における政治体制の改革および教育思想・制度の是正に継承され、応用されるべきである。

④視野の広い思想研究がこれから進んでいかなければならない。これは、四つの近代化（工業・農業・科学技術・国防）の目標と一致する

92　第一部　陶行知による民主主義的教育改革論

　ことを無視できない。

　70年前、デューイの「西洋での失敗の経験が中国で再び起こらない」ようにとの願いは、現在もまた、意義の深いものであると見てもよかろう。西洋から伝わってきた民主主義および民主主義教育は、世界的に認められた進歩的意味をもつ思想であったとしても、中国という特定な歴史・風土・文化の国が、どういうふうに巧みに取り入れて、国情に合わせて発展させるかは、今なお、未完の課題であろう。

第二部

陶行知の芸術教育論——生活の中の芸術

第4章 「生活即教育」——陶行知の「教学做合一」における「做」の概念

第1節 陶行知教育思想の真髄

　すでに見たように、「教学做合一」は、陶行知の創造した中国的新教育方法である。そして、それは、彼の教育思想の真髄である「生活即教育」の思想を生み出す源というべきものである。彼の「生活即教育」については、これまで、中国、日本、アメリカにおいて研究がすすめられてきた。しかし、彼の作った暁荘試験郷村師範学校の草創期(1927－30年)の教育課程を貫いた「教学做合一」がどのように実践されたか、また、「教学做合一」の中心になる「做」の実践とは何であったかは未だ十分に明らかになっていない[218]。そこで、本章は、この学校の「做」の実態を明らかにしながら、彼の「做」の概念を考察することを目的にする。まず、「教学做合一」とは何かということと、暁荘試験郷村師範学校（以下は、暁荘師範と略称する）建校の目的とを明らかにしておきたい。

　「教学做合一」は、陶行知が言うように、中国の旧教育を改造するための新教育的な理論と方法である[219]。陶行知がこの「教学做合一」という考え方を確立させるまでには、約9年間の歳月が必要であった。

　最初に1917年に「教学法」を、そして1919年に「教学合一」を、そして最後に1926年に「教学做合一」の理論と方法を打ち立てた。この考え方は、それまでの旧教育に根強かった、教師は教えるだけ、学生は受け入れるだけという、教える側と学ぶ側とが別々になっていた教育の欠陥を突いたものである。陶行知によれば、教えることは、同時に、学

96 第二部 陶行知の芸術教育論

んでいるわけであり、よりよく学ぶなら、人を教えながら学んだ方が、効果も著しいものとなる。だから、教えることと学ぶこととは一つで、「教学法」と「教学合一」が理に適っているとした[220]。その後、彼は、教え、学ぶ時には、必ず、五感と体の全部または個別の器官によって、知性に働きかけなければならないと考えるに至った。この働きかけの行為が、「做」（doing）の考えである。すなわち、教え、学ぶには、「做」を通さなければならないというのである。それゆえに、「教学做合一」は、「做」の考えの下で教え・学ぶことであり、教えること、学ぶこと、「做」することの３つが一つにならなければならないという考えである。その中でも、最も大事なことは、「做」することであると、陶行知は述べている[221]。

暁荘師範が建校された当時、中国の人口の85％以上は農民で、彼らはほとんど非識字者であった。陶行知は、従来の教育方法が、農民に向いていない状態を見て、旧教育の改革を始めるに当たって、農民の「普及教育」を根本とする教育改革を行った。彼の考える農民に対する「普及教育」の信条は次のようなものである。それは、「捧着一顆心来、不帯半根草去」（来たるときは一心を捧げ、去るときは草一本も奪わずに＝少しも個人の利益を図らず、真心を農民に捧げよう）、いつも「要向着農民焼心香」（真心で農民に供養しよう）。このように、誠心誠意、仕事に打ち込むことを願う信条であった。この信条は、三億四千万の中国農民を、文字を知らない劣悪から解放することであり、さらにこれは、世界の農民教育に貢献することを願う教育学者の「愛」に由来した[222]。

暁荘師範の設立趣旨には、「百万人の同志を集め、百万個の農村学校を作って、百万個の村を改造する」[223]ことが謳われ、そして、「農民の腕前、科学的な頭脳、社会改造の精神」[224]をもった有能な教師の育成が望まれていた。それゆえに、教育課程も、農村の生活を中心とした「課程即生活」（教育課程を課内と課外に分けていない学校の「全生活」のこと）という形で実践された[225]。この「全生活」の課程を「教学做合一」の方法で実行したのである。こうして、「教学做合一」は暁荘師範の校訓

ともなり、農民生活に何ら解決の糸口をもたらさなかった旧来の教育状況に解決策をあたえ、農民生活の向上を目指すものでとなった[226]。

これは、中国師範学校史上における全く新しい試みであったので、暁荘試験郷村師範学校というように「試験」という名を付けたのであった。

第2節　暁荘試験郷村師範学校の「做」の実態

暁荘師範の「全生活」についての「做」の実態は、かなり多様な内容であるので、以下では、「做」の全体像、そして中心小学校の「做」について、さらに陶行知が自分の子どもに実践した「児子教学做」の3点について考察したい。

1.「做」の全体像

暁荘師範は、南京郊外の荒山の中で開校した。師範生たちが、この辺鄙で、何もない所に来て学ぶようになった理由は、彼らが、『新教育』などの雑誌に載った陶行知の新教育の思想に共鳴し、一緒に新教育を開拓しようとしたからである。そして、その規模は一期生の13名から3年後の七期生では200人にまでに達した。師範生の平均年齢は、20歳を超えており、一番年上の学生は40歳であったという[227]。

その教育課程の内容について、陶行知は、以下の5項目にわたって「〜教学做」というふうに分類している。

その第一は、「中心小学校活動教学做」（附属小学校の教育実習）ということである。師範生は、暁荘師範開校後の一年目に、構内に暁荘中心小学校、そして、それぞれの村に吉祥庵小学校、万寿庵小学校、三元庵小学校、神策門小学校、黒墨営小学校という6つの小学校を建校している。彼らは、その中で中心小学校の国語算数組、公民組、自然組、園芸組、遊芸娯楽組のそれぞれに参加し、そこの教員と一緒に生徒を指導するのが大事な柱となっていた。

98　第二部　陶行知の芸術教育論

　第二は、「分任院務教学做」（学校管理の仕事の分担）ということである。すなわち、学校内の一切の管理、経理、雑務、衛生から始まって、水担い、飯炊き、テーブルふきや掃除などといった細かい生活上の仕事も、全部、師範生が順番に担当することが、教育課程の柱となっていた。陶行知は「飯が炊けない者は、卒業できない」という言い方でそれを強調していた。師範生の生活は、毎日、4時の起床、「寅会」（暁荘師範朝会）への参加、体操、掃除、朝食、そして、「教学做」の教育課程に参加することになっていた。

　第三は「征服自然環境教学做」（校舎の建築と農村の建設）ということである。師範生は、農作、造林、大工仕事、左官職などを習いながら、その労働に参加した。一年間に、自分の住宅（台所、浴室、トイレを含む）、教室、「プラウ宮」大講堂を建築した。また、彼らは、中心茶園、民衆夜校を設立し、雑誌『郷教叢訊』を創刊した。陶行知もそれらの一つ一つの労働に参加した。また、約15ヘクタールの土地を開墾し、農作業もし、それらの収入は、師範生個々人の財産になった。3年後、生物館、科学館、芸術館、農芸館、労作館、病院、運動場、露天舞台、食堂、売店、幼稚園なども、師範学校の周り5キロ内に建てられ、近郊の村にも、2ヶ所の幼稚園、病院、道路が整備された。

　第四は「改造社会環境教学做」（農村社会の改造）ということである。師範生は、周りの農村へ行って調査し、そこで発見した諸々の問題を解決することが教育課程の重要な部分に位置付けられた。例えば、農村で流行する病の対策、近辺にいる強盗の防衛などといった問題であった。彼らは、「普及教育」をするために、農民と接触する機会を作って、中心茶園、民衆夜校で、農民に『三国志』『水滸伝』などの歴史小説を講談し、小説の内容に関する識字教育を行った。1928年、陶行知は「暁荘劇社」を興し、封建制度を風刺する『南帰』『古潭的声音』など、農民の生活を反映する劇を演じた。師範生によって行われたこれらの演劇は、娯楽生活の貧しかった農民に歓迎され、その教育的意義は大きかった。

第4章　「生活即教育」　99

　第五は「学生自動的教学做」（学生の自発的活動）ということである。これは、師範生個人の自発的計画による活動のことを示している。彼らは、互いに「できる人ができない人の先生になる。そして、できない人が学んでいく」ことを実践した。その特徴は、師範生が、各自のそれぞれの研究課題をもって、図書館に行って本を探し、読み、そして、わからない問題を指導員（教員）に訊いて、わかったことを実践の中で応用することであった。この方法は、旧教育に見られた教室の中での教師による教授を中心にした教科書丸暗記の学習方法とは、対照的なものになった[228]。

　次に、この「教学做」は、実際にどういう形で行われたかを生物学の授業と医学の授業の例からみてみよう。

　暁荘師範の生物学の指導員であった姚文采の回想によれば、「ある日、私は一冊の本を持って、師範生に、初めての授業をしようとした時、陶先生と会った。彼は『文采よ、あなたが教えにいらっしゃったのですか。まず、本を置いて下さい』と言った。『私は十何年間、生物学を教えてきましたが、それでも、だめですか』と聞いた。彼は『だめですね。あなたが、時や場所、人に応じて、教育するならば、通用しますけど』と言った。……私は、彼の話の意味が、やっと分かった。私は、蛇を捕る専門家、漢方の草がわかる先生、植物のわかる先生、そして、中国科学社の学者などを暁荘師範に呼んできて、学生たちに、蛇に噛まれた時の漢方の治療や、蛇を捕る技術、漢方の草を取る方法、花や樹木の植え方などを教えた。……師範生たちは、その教えに従って、動物や植物の標本を作り、それぞれにカードを書いて付けた」。1、2年たって、「暁荘には、木が立ち、花が咲き、植物にはみんなカードの名前が付けられ、生物館も建てられた。これは、いわゆる『時や場所、人に応ずる教育』であろう。そこで、陶先生は『良かった！良かった！』と賞賛された」と、当時の授業を語っている。

　「教学做合一」の教育方法は、このように、師範生の知識の習得を、実際に農村学校を建設する時に必要な能力の養成として行ったのであっ

100　第二部　陶行知の芸術教育論

た。同じように医学の授業も、人間の実際の病に対応し、未発達の農村医療を改造することを目指して行われた[229]。

　1929 年の師範生の調査によると、近辺の村では、嬰児の死亡率が高く、その 60 ～ 70％は天然痘の伝染のためであった。陶行知は、医院長の陳志潜と相談し、暁荘師範で天然痘についての授業を始めた。陳は種痘の技術も教え、その具体的操作はすべて、彼の綿密な準備と指導の下で行われた。師範生たちは、数人ずつ、何組かに分けられて、種痘の授業を受けた。すなわち、中心小学校、中心幼稚園に行き、また付近の村に行って、実際に子どもに種痘をした。彼らは、この種痘を行うという「做」を通して、医学的知識を習得し、種痘の技術を身に付けたのである[230]。

　暁荘師範の「做」の全体像を見ると、「做」とは、辺鄙な農村に行って、将来の教師や校長となって実際に役立つ仕事のできる師範生たちを訓練することであり、農民に、幅広い知識や技術をもった科学的な能力と、社会改造の不屈不撓な精神を育成させることであった。こうして、農民生活の改良を基盤とした「普及教育」が可能となり、物質面、精神面の向上を目指す農村の改造ができたのであった。師範生が、農民と友人になり、農民から農村生活の技術を習ったりすることは、結局、次の世代を教育する使命と繋がっていた。

2．中心小学校の「做」

　陶行知の指導の下、暁荘中心小学校は、師範学校開校前の 1927 年 3 月 4 日に建てられた[231]。師範学校建校以前に中心小学校を建てた理由について、陶行知は次のように説明している。「良い師範学校を建てようとしたら、まず良い小学校を作らなければならない」[232]。「小学校の教師を養成するのは、小学校で、做・学・教をさせなければならない」[233]。この考えから、彼は、小学校は師範学校の「付属品」ではなく、師範学校の「親」でなければならないと考え、それゆえに、彼が暁荘師範の一期生にあたえた最初の「做」は、この中心小学校をつくる仕事であったのである。そして、中心小学校というこの教育現場は、暁荘師範の新教

第4章 「生活即教育」　101

育を実験する「重点項目」とされた[234]。中心小学校という名も、新教育的理念を樹立することを象徴して陶行知がつけたものである。彼はこの中心小学校の位置付けについて太陽系を例にして説明している。「小学校が太陽であり、師範学校は惑星である。惑星は太陽を中心にして回っていく」[235]。このように、暁荘師範の使命も、農民の子どもを中心にして教育活動を行うところにあった。

　次に、暁荘中心小学校の教育の実態を見てみよう。この小学校は他の五ヵ所の中心小学校と同じように、「単級制」（全校に1クラスと1教員の学校）であった。生徒は、6歳から16歳までの約50名がいた。彼らの一日のスケジュールは、朝、6時に登校、教員と一緒に清掃（机・窓ふき、掃除）、6時半に朝会、衛生検査（顔、目、歯、手が汚い生徒に、すぐ洗わせる）、授業の開始という順であった[236]。

　それらは、生徒全員が活動する一つの生活室（教室）で行われた。この生活室は、映画館のような座席の配置になっており、左側には洗面所、右側には図書室が設けられていた。図書室には、国内の各出版社で刊行された小学校用教科書、児童用書物が置かれていた。しかし、生徒の年齢別・文化・知識別の教科書は未だ作られていなかった。それゆえに、生徒を同じペースでどのように勉強させるかが問題であった。陶行知は、それについての具体的方法を説明している。それは、教員が「生徒に、〜を『做』させたいなら、〜の本を読ませる。そこで、〜を教えたり、学んだりするのである」[237]という形で指導するということである。すなわち、「教師が生徒を教え、生徒も教師を教える。また、生徒が生徒を教える」[238]という指導方法である。それは、「〜のできる人」が教師で、「〜のできない人」は学生であるというように、皆で、互いに教え、学び合う方法である。

　例えば、「ある生徒は漢字が全くわからない。ある生徒が50くらいの字が読めるが、文章が書けない」[239]という様々の学力状況に対して、この指導方法を採用する時、教師は、それぞれの生徒のレベルに応じて、毎日どのくらいの新漢字を覚えなければならないか、毎日何冊の本

102　第二部　陶行知の芸術教育論

を読まなければならないか、毎日どれくらいの日記を書かなければならないのか、と一人一人に助言する方法となっていた。また、作文の練習でも、非識字者の農民に頼まれた手紙を生徒に任せて書かせる方法が採られて、そして、よい手紙には高い点数をつけて、作文の能力を高めていく方法であった[240]。この方法によると、教育的成果が早く現れてくるものであった。例えば、一生徒の園は、入学した時、小学校二年生程度の学力であったが、二年後には労山中学（暁荘師範の附属中学校）に進学するまでになったと報告されている。別の葉という女生徒は、入学した当初は、漢字を全く知らなかったにもかかわらず、2年後には、小学校四年生程度の学力にまでなったと報告されている[241]。

　中心小学校の教育活動は、上述の知識に関わる問題にとどまらず、生活上の問題を解決することを目指す「教学做合一」の授業として行われていた。「暁荘師範」の近辺では、蛇による被害が毎年多く、生徒が皆怖がっていた状況があり、実習生の石俊は、この問題に対応する「蛇について」の授業を行った。彼は、まず、暁荘師範の生物学の授業で学んだ蛇を捕る技術でいろいろな蛇を捕り、籠に入れ、小学校のキャンパスに置き、生徒に見せた。また、蛇をどう捕れば自分に害をおよぼさないかを示範し、説明した。生徒たちは、石俊の手の中の蛇が自在に蠕動することを見て、蛇を恐れていた生徒も蛇を捕る技術を学んだ。そして、授業中、生徒は様々な質問をした。「蛇は足がないのになぜ速く走れるの？」、「蛇は耳がないのになぜ聞こえるの？」、「蛇は小さいのになぜ人に怪我させるの？」石俊はそれについて一つ一つ答えたが、その授業は、生物学の授業とともに、子どもの現実の生活問題に対して、彼らの生活能力を育成する「做」の実践であった[242]。

　このように、「全生活」的教育課程の原則は、文化的知識を獲得する上での困難を克服することと、生活上の難点を打開させる性格をもっていた。生徒たちは、自分がこういう学習機会を獲得するではなく、周りの人々にも影響をあたえた。例えば、生徒たちが、陶行知の「即知即伝人」（勉強した文化知識をすぐに他人に教える）を用いて、放課後に、家で、

自分の勉強した漢字を、最低4つ～5つ非識字者の祖父母や両親に教えたり、学校で聞いたニュースを伝えたりした。生徒たちも、師範生の作った民衆夜校、中心茶園とともに、農民の「普及教育」に一定の貢献をしたという[243]。

　以上の暁荘中心小学校の「教学做合一」は、陶行知自らの指導であった。彼が師範生を訓練する目的自体が、師範生が独自で農村小学校を作る能力の養成にあった。もしも、これから師範生が小学校を作る場合には、暁荘中心小学校と違う特徴を持つ学校を作ってほしいと要求した。それぞれの村、様々な環境、各々の人間集団が違うから、教育は、その場所、環境、人の必要に対応するものでなければならないと、陶行知は強調した[244]。

　1928年3月、師範生の馬経賢、呉承勲、夏孟文の三人は、陶行知の委託を受け、暁荘と離れた村で、万寿庵小学校を建てた。そこでは、廟を借りて校舎にしており、設備も簡単であった。生徒自らが机と椅子を家から持ってきて、授業を受けるようにした。万寿庵小学校は、雨の日に、生活室で、師範生の作った農事季節に関する教科書の読み、書きを練習し作文をつくる以外に、教育課程を全部「生活課程」であると見なし、生徒の主要な活動のほとんどは稲田と野菜畑で行ったというのも特徴的であった。生徒はみんな、農事の経験を持っていたため、野菜の種をどう蒔くか、虫をどう捕るかなどを授業した。また、近辺の農民を招いて、講義を聴きながら、農地を耕した[245]。そこでは、特定の教育者・学習者がなく、皆教師であり学生であった。互いに、教え、学んでいく力を十分に発揮したのであった。

　以上、いくつかの事例より、中心小学校の「做」を見てきた。その「做」は、農民の子どもたちに何世代にわたる単純な農業生活をするという運命を変えさせ、「生活の記号」（文字のこと。陶行知の言葉）によって、「全生活」における進歩、向上、更新の力をあたえたのであった。そこで、子どもたちに、文化的知識という人類の知恵の遺産を継承させ、「全生活」に応用できる文化的基礎を身に付けさせた。この方法は、決して、旧教育

の書物と生活とが遊離した上下関係のもとで行われたような教育ではなく、実際的生活の場面に、子どもの文化的知識を求める意欲に応ずる「いきいきとした新教育的方法」（陶行知の言葉）であった。こうして、教師と学生とは、人間同志として、互いに「採長補短」し、一緒に「教学做」をおこなう新教育的人間関係が生まれるのであった。子どもたちは、この方法を用いて、場所と環境によっての様々な現実的課題を解決する鍵を獲得し、「いきいきとした学習」（陶行知の言葉）が続けられた。

３．陶行知の「児子教学做」

なお、「教学做合一」の創始者の陶行知にとって、自分の息子の「教学做合一」をどうさせるかは、師範生が関心を注ぐことであった。皆は、この新教育方法の実践が、陶行知の家庭教育に入らないはずがないと思ったからである[246]。

「暁荘師範」を建ててから、陶行知の家族も北京から暁荘に引っ越し、「五柳村」に住んでいた。陶行知は、自分の新教育的実験に対して非常に自信を持ったからこそ、息子の４人も「暁荘師範」の中心小学校と中学校に入れたのである。彼は、師範生に旧教育の「お坊ちゃん・お嬢さん生徒」とは違って、基本生活の掃除、洗濯、茶碗洗いなどはもちろんのこと、水担い、食事作り、野菜の自給などを自分でさせたが、同じようなことを息子たちにもさせた。彼は、息子たちに、「教学做合一」を通して、「自立立人」[247]（自立して、そして、人をも助ける）のような人間に成長することを期待したのである。４人の子どもが、どう「教学做合一」したかを、彼は以下のように分析している。

1930年に、四男は、４歳、「児子教学做」の第一段階におり、「人々から三餐をたべさせられ、世話をやかれる」状態にあった。次男と三男は11歳と８歳で、「児子教学做」の第二段階にいる。「子どものできる仕事を真面目に『做』し、小遣いを自分で稼ぐ」状態である。長男は15歳、第三段階にいる。「自分の自立的生活ができて、他人からの援助が要らない」。しかし、「児子教学做」の第四段階である「自立に余裕があって、

第4章 「生活即教育」　105

しかも、他人の自立も手伝う」状態には、息子の誰も至っていない[248]。この第四段階に到達するために、陶行知自身は、「以教人者教己」[249]（他人を教育するなら、まず、自己を教育すると同時に、他人を教育するうちにも、自己教育できる）をしなければならないと考えた。「私は、子どもに『自立立人』を教えるなら、私が『自立立人』の人でなければいけない」[250]というように、彼は、自分の一切の行動を通して、「自立立人」を教えたり説得したりした。それは、一番有力な教えであると証明されている。

　実は、陶行知が、彼の子どもから学んだこともあった。平民教育の時代（1925年）には、次男は6歳で、非識字者の祖母に養育されていた時、次男は祖母に『平民千字課』を楽しく教えた。2ヶ月の後、祖母は、息子の陶行知が出張先より届けた手紙が読めるようになったのである。この、子どもが教師になった事実は、陶行知に対して、「即知即伝人」の方法と1934年の「小先生」の理論を作る根拠をあたえたのであった[251]。

　以上のように、陶行知は息子たちに教育を行う時、まず自己教育をし、そして、その理想像を自分自身の行動で示したのであった。彼は、息子たちの家長ではなく、謙虚で、息子からも学んだり啓発されたりしようとした。このような教育的関係は、父と子、あるいは、祖母と孫は、誰が誰を支配し、あるいは従属するような関係ではなく、互いに「自立」しながら「立人」をする同志として、それぞれの抱いた人生課題を、「教学做合一」でよりよく解決しようとしたのである。

第3節　「做」の概念

　以上、暁荘師範生、小学生、陶行知の家庭での「教学做合一」の実態を考察してきた。本節では、陶行知の強調した「教学做合一」は、「做」を中心とする生活教育（生活を教育にしよう）の方法であることと「ありのままの生活の説明」であることの2点から「做」の概念について、一つの結論を出したいと考える。

106　第二部　陶行知の芸術教育論

　第一に、陶行知の「教学做合一」が生活教育の方法であることについて、それはすべて彼の実践的行動から始まったことを確認したい。彼は、従来の旧教育に養成された知識人の「机上の空論」、「畳の上の水練」と徹底的に訣別して、農民への「普及教育」の理想を実現するために、貧しい農民生活を基盤とする、彼らの便利で幸福な生活を図ることを重点とした暁荘試験郷村師範学校の草創期の一切を、この生活教育の方法で実践してきたのである。この行動のすべては、旧教育で腐敗されたものを取り除き、民主的国家の名に合った民主的新教育を建立することであった。そして、彼は、新教育を担う教師を養成し、新教育ができる社会環境に改造し、そこで、新教育的理論を発見したのである。それゆえに、彼は、「行是知之始、知是行之成」[252]（行動は知恵の始まり、知恵は行動の成果である）、「行動は思想の母親である」[253]という言い方で、「教学做合一」の実践の目指すところを述べたのである。

　陶行知は、行動を冒険・実験・破壊・生産・建設・発見・創造といった要素に分けて考えた[254]。近代になって、自然科学の領域で行った様々な実験は社会科学の領域でも行う必要があると陶行知は考えた。社会科学の領域に属する教育学も、その進歩を求める発見、創造の道程では、同様に行動を通した実験を必要とすると陶行知は考えたからである[255]。陶行知にとっては、新教育とは「未知な彊土」である[256]。それを開発しようとすれば、コロンブスが新大陸を探検するような冒険心を持つべきである[257]。そして、いろいろな試みをした上で、腐敗したものを破壊し、新生命を代表するものを生み出す促進力を必要とする。このプロセスは、同様に新教育を作り出す生産、建設のプロセスでもある。陶行知のつくった生活教育の方法も、彼の言う冒険・実験・破壊・生産・建設・発見・創造の過程であり、人間生活に本来あったものである[258]。彼の「教学做合一」における「做」も、この人間の内部に秘めた冒険・実験・破壊・生産・建設・発見・創造という力が彼によって見出だされ、利用されたのであった。この人間生活に本来あったものは、人間のありのままの生活の姿とも言えよう。

第4章 「生活即教育」 107

　第二に、「教学做合一」とは人間生活の説明である。陶行知によれば、人間生活の説明は、人間のありのままの生活の姿を表すことである。

　これについて蔡元培は「陶行知の『教学做合一』は自然なことである」[259]とする。彼は言う。「例えば、小燕が飛ぶことを学ぶとしよう。親燕は、まず、自分が飛んで、小燕に見せる。一方、小燕は、親燕の飛び方を真似する。それによって、小燕が飛べるようになるだろう。また、子猫が鼠を捕ることも同じ原理である。親猫は、鼠を捕る方法を小猫に見せる。そして、小猫は鼠を捕ることを学ぶ。この学習過程は、『教学做合一』と言えよう。人間の成長過程も、『教学做合一』のプロセスである。幼児期には、歩くこと、話すこと、自分でご飯を食べることは、科目としての学習ではなく、大人の真似をして、自然にできたのである」[260]。蔡元培は、動物が自然界で生活することと人間が社会で生活する姿を「教学做合一」で概括した。その現象は、ありのまま、自然のままの本能的表現であり、何も知的なものに触れられていないように見える。

　しかし、陶行知のほうは、ありのままの生活の姿を解釈する時、知的な働きかけを主張する。彼は、人間がもっている蔡元培説でいうところの「大人の真似をして、自然にできた」ような学習能力を認めるが、それ以上に、大人の真似をするかどうかにかかわらず、人間の内なる冒険・実験・破壊・生産・建設・発見・創造という知性を、人間は生きる限り持っていることを主張する。それは、人間は、人間としての身体的道具である知性・五感・五体を自然に使い、また、身体以外の道具の機械・施設・書物のようなものを創出する[261]。このような人間の働きかけは、人間が本来、善いもの、美しいもの、本物、利益をもたらすもの、欲望を満たすものを追求するからであると陶行知は考えていた。そして彼は、このありのままの生活にもともとあった姿を、ありのままの教育に変えて、善いもの、美しいもの、本当のものを、自分自身が見つけ、場所や環境や人間を、そのような善いもの、美しいもの、本当のものに変える力を訓練しようとしたのである。すなわち、「追求真理做真人」[262]（真理を追究し、本当の人間を「做」する）という陶行知の自他共励の教育的信念は、

知的な働きの所産にあり、彼はこの信念のために、苦労・献身・犠牲という心構えを持つべきであるとしたのである。この目的を達成するために、陶行知は自身が、農民の「普及教育」ができる本当の人間であることを目指して、一切の苦労・献身・犠牲を惜しまなかった。彼は農民の「普及教育」ができる本当の人間を目指して、本当の人間を「做」した。これは、陶行知の「做」の核心的部分である。このように、陶行知の「做」とは、彼の「追求真理做真人」のための、全心全霊を込めた一切の知的働きかけを通した行動であり、方法であり、ありのままの姿であった。

第5章　偽知識の批判——陶行知の「真知識」論

　陶行知が、彼の創立した暁荘試験郷村師範学校（略称「暁荘師範」、1927-30年）[263] の実践により、『偽知識階級』（1927年）批判を出したのは有名である。そこにおいて、彼は、なぜ農民大衆への「普及教育」を、中国教育改革の全面的な基盤として主張し、実践したのかという理由、および、それらの重要性を示し、「普及教育」において「大衆にどのような知識をあたえるべきか」、「大衆はどのような知識を求めるべきか」という問題にもアドバイスをあたえた。彼は、この『偽知識階級』批判によって、中国教育古来の「知識」という伝統的概念を吟味し、現実の中の「偽知識階級」による文化の腐敗を指摘した。その上で、「真知識」という論点を樹立した。彼は、この「真知識」の旗を高く掲げて、「暁荘師範」の教育的実践を戦場として、「偽知識」および「偽知識階級」と戦った。本章では、「暁荘師範」の実践を背景として、陶行知の言う「真知識」とは何であるか、「真知識」を形成するプロセスはどういうものであるか、なぜ「真」ということを強調するかを究明する。

第1節　偽知識批判の由来

　これまでの陶行知研究[264] では、彼の生活教育思想の研究が中心に展開されている。生活教育とは、彼の一生涯の教育事業の核心的部分であるが、その中で最も重要と思われるのが、生活教育の目的が「真知識」の探求であるということである。ところが、「真知識」とは何であるか

について、まだ十分に究明されていないように思われる。

　まず、陶行知の言った「知識」とは何を指すかを簡単に説明したい。

　陶行知によれば、「知識」とは、文字および文字で作られた文章、さらに文章で編纂された書物のことであり、あるいは、人生における現在と将来のいろいろな事情に対応できるような技術や技能のことである[265]。

　彼が知識は何であるかという問題を初めて自覚したのは、建校最初の頃の原始人のような生活からであったと言えよう。荒山の中、人間の足跡のないところには「山上の狼が出ている」[266]、「地上には蛇がいる」[267]、「集合した蚊の群は雷のような音を立てる」[268]場所で、建校する仕事とともに、狼や蛇や蚊と戦わなければいけなかった。彼は、こういう生活の安全が何もないところで、牛小屋に牛と泊まったことさえもあった。彼は、自らの四肢百体を動かして校舎の建築労働に参加し、教室、食堂、台所、トイレなどを作っていった。さらに、学生の模範として、教授の風ぼうを見せず、常に農民の格好をして、畑までに肥桶を持っていって、肥料をまいたこともあった。この生活から、彼は「人間の身体は、人間の生存する自然環境に対応するには、全く及ばない」[269]としみじみと体験しながら、人間は、生存するために「身体以外の道具を発明、製造、使用しなければならない」[270]と結論した。この道具は、人間身体の代わりになり、また人間身体の何倍、何十倍以上の力を持って、人間の生活環境を改造したり建設したりすることができる。この道具は、人間と動物とを区別する印であって、労働の産物であった知恵によるものである。具体的には文字であり文章と書物であり、一切の技術と技能である[271]。

第2節　「偽知識」と「偽知識階級」

　だが、知識には、「真」と「偽」がある。「偽知識」とは偽物、騙す知識であり、表面は、「知識」であるように見えても、中身は生活の現実を経ていなかったりする。それは先人の合理性のない間違った説教と経

験のことであり、大衆生活の現状と全く無関係な文章、書物のことである。この「偽知識」を熱心に推奨、販売する皇帝、大臣、官吏、役人がいたが、この人たちは全国総人口の少数派であるが、封建社会の中で一つの強大な勢力、つまり統治、独裁する階級になったので、陶行知はその人たちを「偽知識階級」と名付けたのである[272]。最も典型的な「偽知識」は「八股文」である。「八股文」は、明と清代の科挙試験で最も盛んであった。それは、文章を書くには八部分の「破題、承題、起講、入手、起股、中股、後股、束股」の順で書かねばならないという規定であった[273]。「八股文」は、平板な文体であり、したがってそれは、人々の思想的に自由な発想を束縛して、近代に入っての科学と技術の日進月歩の発展と全く無関係であった。中国が世界的レベルの科学と技術の競争の中で負けてしまった原因は、まさにそれでもあった。民主国家の世界的潮流に促され、中華「民国」と名乗っていても、封建的政治体制の慣性の下で、教育現場には、封建的なやり方が移植されていたのは当然であった。

　陶行知は人々を堅苦しく束縛する伝統的中国の教育のモデルを「老八股」、そして、西洋教育を導入しても束縛するやり方を全然変えていないような西洋教育のモデルを「洋八股」と呼んだ。「老八股」の教育現場は、私塾という形が最も多かったが、『四書』『五経』、『千字文』、『三字経』など決まった古文を暗記、暗唱させた。「洋八股」の教育現場は、洋学堂で外国式のカリキュラムをそのまま模倣して学生に教え、定期試験によって成績を評価した。陶行知は、「老八股」も「洋八股」も大衆の生活から出発したものではなく、大衆の生活と遊離し、国難と民難を全く解決できないものであると批判し、その内容は「偽知識」であると指摘した。「偽知識」は、準備金なしに乱発された紙幣と同様に、偽物、人を騙すものである。陶行知は、「偽知識」が学校で伝授されるので、教育現場にいる多くの教師は「偽知識」を販売するセールスマンであり、「偽知識階級」を養う罪のある仕事をしていると指弾した[274]。

　若い時から「教書先生」（教師）の仕事をしていた徐特立（1877-1968年）は、「かつて私は、毎日、師範学校で机上の空論をばかり講義して、青

112 第二部　陶行知の芸術教育論

年たちの光陰を無駄にさせた。学生も先生の真似をして、机上の空論を
よくしながら、大金持ちになろうと図るばかりであった。(中略) 他の労
働より遥かに、机上の空論の講義がまるまる儲かるからであった」[275] と
言った。陶行知は、このような伝統的な教師という仕事が犯してきた罪
についても話したが、同時に自分自身も清代末期であった少年時代に、
「偽知識」教育を受けたのであった。すでに見たように、彼は、『四書』『五
経』などを学んでから、キリスト教宣教師による「洋学堂」(ミッション・
スクール) で「洋教育」を受けた。「高等学府」(大学) の段階までに学
習が終わってから、憧れのアメリカ留学にも行ってきた。彼は「知識」
を勉強するにつれて、「貴族の慣習を身に付けさせられた」と言ってい
る[276]。帰国後の対遇はもちろんのこと、全家族は田舎から繁華都市の
南京市内に移り住むようになった。大学教授の身分で、毎日正装の洋服
を着て、革靴を履いて、立派な格好をしていただけではなく、家には女
中「老媽子」がいる。食事にご飯をもってくれる人、毎日革靴を磨いて
くれる人がいた。彼のこのような生活は、少年時代に、いつも自宅で作っ
た野菜を町に持って売る家の仕事を手伝わなければならなかった貧寒な
生活や、学生時代の経済的に大変困った生活と比べて、天と地ほどの差
があった。これでは、知識を身に付ければつけたほど、自分が「升官発
財」(官位に昇って、金持ちになる) ができても、「喫着窩窩頭、穿着破棉
襖」(トウモロコシの粉で作った主食を食べて、破れた綿の服を着る) 大衆の
生活と遠く離れてしまって、教育者としての責任が果たせなくなる。彼
は、知識を持つことは、大衆に仕えるためであり、それが知識の価値で
あると考えるようになる[277]。

　「偽知識」の具体的内容は何かを説明するために、次に、陶行知の言
う「偽知識階級」とは何かを見てみよう。

　中国の封建社会の歴史は、従来皇帝と人民の歴史である。一方、封建
制度の特別な社会の仕組みによって、国家と人民の最大な支配者である
皇帝は、その支配を強化するため、また、自分や自分の子孫より優れた
人に政権を奪われたくないために、「読書人」(主に封建王朝制度の下に中

央から地方・地域にまでの様々な官吏）の特権を作ったわけであった。「読書人」の特権とは、科挙（官吏登用試験）に行って、合格かどうかにかかわらず特別な賞金を貰う。官吏になれば全家族が優先的地位ついて皇族の配給をただで貰うのであった。このようにして、「読書人」の特権制度が作られ、そのような文化もできた。

　一方、「不読書人」（農民、労働者など肉体だけを使って仕事をする人）である農民たちの生活は、何百年前とはあまり変わりがなく、機械文明ももちろんないし、農民自身の衣、食、住も貧しく、水害、干害に遭ったら、飢饉か死亡かであった。彼らは何世代にわたっても識字者がいない。ある者が、なぜ貧困な生活をするかは文字を全く知らないことが原因だとわかっても、学校に行く経済的条件がそなわっていないのである。こうして、「読書」は、人民大衆の生活と無関係であった。いわゆる「両耳不聞窓外事、一心只読聖賢書」（部屋外のことを一切問わず、ひたすらに読書する）、「万般皆下品、唯有読書高」（万般は皆下品にして、ただ読書のみ高し）という言葉は、「読書人」を賞賛するものであった。「読書」がよくできたら高い地位に昇って、「不労爾穫」（労働をしなくても何でも手に入る）、「少労多穫」（少ない労働よってたくさんの報酬を貰う）の生活ができるという大宣伝でもあった。一生懸命「読書」し、科挙の試験に合格し、官吏などの地位に就けば、「不労爾穫」、「少労多穫」の生活を享受することができるわけであった。このような風潮は伝統的教育の中で根強かった。孟子の「労心者治人、労力者治於人」（頭脳労働の人は肉体労働の人を統治する、肉体労働の人は頭脳労働の人に統治される）という言葉は、封建社会の「読書人」と「不読書人」という両極背反の人間社会の具体的反映でもある。「労心者」は「読書人」で、「労力者」の支配人である。「労力者」は「不読書人」で、「労心者」の従属品であった。両極背反の社会では、両極分化、対立、さらに敵対に発展してゆく文化の歴史が長かった。そこから、「読書人」の特権も根強く残ったわけである。「読書人」の中で、官吏や官僚にならなかった者は「教書先生」になるという、こうして「老八股」や「洋八股」の弊害は、次から次へ若い世代に

114 第二部　陶行知の芸術教育論

まで深く浸透したのである。このような教育は、全国の上から下まで腐敗させ、ついに、亡民亡国の危険に直面していた。

　　中国の二千年以上の封建社会の歴史の中でこのような腐敗の性質を持つ文化を概括すれば、それは魯迅によって指摘された「喫人」文化ということになる[278]。「喫人」文化とは、人間を食う文化、食わせる文化という意味である。言い換えれば、中国封建社会の文化は、「人間を滅亡させる」文化か、「人間が互いに殺し合う」文化というのが適当であろう。この「喫人」文化は、大衆に衣、食、住さえも満たさせることができないので、大衆の生存の基盤を壊す一方であった。

　　この「喫人」文化のような知識に対しても、陶行知は、それは、準備金なしで乱発された紙幣のような偽物であるので「偽知識」としたのである。そして、この「偽知識」は二千年の間、各封建王朝の皇帝に利用され、「偽知識階級」も一つの強大な全国の統治的勢力になったのである。「偽知識」の教育は、衣、食、住など基本的生活において自立できないお坊ちゃん、お嬢さんしか養成できない。彼らは、将来、「殺人」「喫人」「害人」（大衆に災いをおよぼす）の人間もしくは、「廃人」として作られてしまう危険性がある。この衣、食、住など基本的生活さえ自立できない「廃人」である人たちは、「喫人」文化の現実を改革、改造できないのはもちろんのこと、無意識的に「喫人」文化を助ける「偽知識階級」の一員になるのであった。人間を騙す「偽知識」と、人民大衆を圧迫、独裁する「偽知識階級」は、不合理な人間社会を作り、人間と国土を分断し分割してしまった。陶行知にとってみれば、今こそ、「偽知識」と「偽知識階級」を打倒しなければならないのであった[279]。

第3節　「真知識」および「無階級」

　　陶行知は、「偽知識」と「偽知識階級」を打倒しようとすれば、まず、「真知識」の発見と応用による現実的問題の解決、そして不合理なもの

の改造が、何よりも大事であると考えていた。彼の教育的実践自体が「偽知識」と「偽知識階級」を打倒する具体的事例である。暁荘師範を開校する前に、学校の近所には、燕子磯頭という風景の綺麗な岩石の山があり、そこからは揚子江が臨まれた。失学、失業、失恋した青年たちがここで自殺したことがあった。陶行知は暁荘に来てから、若い人が命を失わないように、看板に詩を書いた。「考えなさい！人生は一個の大事なことのために来て、そのために去る。『年少力強』（年が若く、力が強い）のあなた、国を救うべし、民を愛するべし、身を軽んずるのはいけない！」「死んではいけない！死には泰山より重いのと鴻の毛より軽いのがある。江に飛び込んで死ぬより、三億四千万農民の郷村教育に努めて死んだ方がよい！」と、二つの看板を書いて立てたのであった。ここに来た自殺願望の青年にこの看板を見せて、人生の価値を考えさせることにしたのである[280]。著名な陳子展教授は、南京の大学時代に、激しい痛みの胃潰瘍に耐えられず、燕子磯頭に来て揚子江に飛び込もうとしたが、「考えなさい！」「死んではいけない！」という人目を引く大きな文字を見て、死を念頭より打ち消した、と『新民晩報』に陶行知を称える記念文章を発表している[281]。

　陶行知の「真知識」は、このように、人生の困った問題を解決しようとする意味を持つものである。人生は、ただ自分のために、一人のために生きるわけではない。名誉、利益、恋愛のみのために生存するのでもない。この命は、個人のみの人生問題に対応し、解決するには、まだ足りない部分がある。中国の農民大衆、さらに人類、および世界全体の進歩と発展に貢献できるような人生を持つことが尊いのであり、それが知識を習得する目的である。少なくとも、他人のために、農民大衆のために、貢献することを心掛けなければならないのである。陶行知がそう説いたのは、「個人のために生きるのは楽しくない。個人のために死んだのでは美しい命とは言えない。ただ民族解放の大革命にこそ、命を掛ける値打ちがある」[282]という論理を持っていたからである。彼は教育者として、終生、「先生は知識だけを教えるべからず、彼らの責任はどういう人間

116 第二部　陶行知の芸術教育論

を成すべきかを教えることである。学生も知識の勉強に専念すべきからず、彼らの責任は人生の道を勉強することである」[283]という指針で「真知識」の内容を話したのである。だから、陶行知は、現代技術を人類の戦争や惨殺し合う道具にすることに大反対した。それは、そのような技術は「真知識」には属していないと考えたからであった[284]。

　陶行知は、古代思想家の墨子の「聞知」（知識を聞く）、「説知」（知識を説く）、「親知」（知識を自らで体験する）という３つの知識を獲得する道程のうち、「親知」は一切の知識の根源であると見ている。学校教育でよく見られるのは「聞知」であるが、学生が先生の授業を受け身の形で聞いている[285]。これは「真知識」を獲得するとは言えない。なぜならば、他人から聞いたり、書物から読んだりして得た知識は、本当かどうかと、自分の経験で検証していないからである。「説知」とは、口で知識を論説することであるが、それは頭だけでの知識だから、身体の全体を通していないために、「真知識」とも言えない。「真知識」を獲得しようとするならば、五感を使って、四肢百体を動かしてある仕事の目的を達成するために、行動したり、実践したり、創造したりする「親知」を行わなければならない。この「親知」こそ、「真知識」を獲得する源になるのである。このように、「真知識」とは、個人のそれぞれの全身体の労働によって、習得され経験されることである。労働的経験自体に、「真知識」が根付いているわけである[286]。

　しかし、「真知識」が直接的経験を重視するという面だけに目を向けると、他人からあるいは書物から学ぶ間接的経験をどう見るのか、と論難されるかもしれない。陶行知は、この論点について「書呆子莫来館」の例を通して説明する。

　「書呆子莫来館」は、「書物惚け来るべからずの館」という意味である。これは、暁荘師範の図書館の名称であった。というのは、「偽知識階級」のように、書物惚けしながら読書するというのでは、その読書の目的は間違っているのであり、この図書館はそのような誤りを訂正することを目指したものであるという意味なのである。陶行知自身、他者の説教や

読書からの知識を大いに歓迎する。先人の経験を読書によって採択したり、使用したりしなければ、人類何千年の知恵の継承と伝達はできないのであろう。人類の偉大な遺産を借りたり、使ったりしないことが愚かなことだということは誰にでもわかるであろう。これは、書物をたくさん読まなければならないというのは、彼の主張でもあった。しかし、ここで大事なことは、読書の目的を正しく、明白にしなければならないのである。読書は、「用書」（書物の使用）という目的のためにある。書物は、野菜を切る包丁、土を耕す鋤と同様に、一種の道具でしかない。私たちは、「用書」の過程を通して、書物の中身がわかる。すなわち、「書物の中身には、『真知識』と『偽知識』がある。それをただ読んだだけでは一生涯、どちらが「真」かどちらが「偽」かはわからない。しかし、書かれたものを使用しようとすれば、その中身の本来の面貌が現れてくる。『真』であれば使用できる。『偽』であれば使用できない。真の鋸は木を引くことができ、真の鋤は土をすき返すことができる。偽の鋸と鋤であれば、木を引くことも土をすき返すこともできないであろう。これと同じである」と[287]。

　陶行知は、読書から「真知識」を獲得したかどうかを判断する基準をもっている。彼は、暁荘師範のような郷村学校において、次の項目を作って「真知識」が獲得されたかどうか判断したわけである。「校舎はどういう形であろうか、設備はどうであろうかを見るよりも、学生の生活力は強いかどうかを見る方が大事である。つまり、村の中の荒地を開墾したかどうか。荒山の中で造林したかどうか。村の道は四方八方に通じているかどうか。村の人々は全部、自分の力で生活できたかどうかである」[288]。このように、知識は農民の基本的生活の中から生み出され、また、彼らの生活に還元され奉仕する特徴を持つ。その具体例は、次のとおりである。

　暁荘師範建校前の荒山には、一年間に、住宅（台所、浴室、トイレ付き）、教室、「プラウ宮」大講堂が建築され、中心茶園、民衆夜校が設立され、雑誌『郷教叢訊』が創刊され、約15ヘクタールの土地が開墾され、農

118 第二部　陶行知の芸術教育論

作物の収穫があった。3年後には、生物館、科学館、芸術館、農芸館、労作館、病院、運動場、露天舞台、食堂、売店、幼稚園なども、師範学校の周囲5キロ内に建てられ、近郊の2ヶ所の村にも、幼稚園、病院、道路整備がされたという。これは、生活環境を改造、建設する実践であった[289]。ここで、「真知識」を獲得したどうか、また「偽知識」と戦ったかどうかは、次のことで判断されねばならない。すなわち、学生に、伝統的教育では教えなかった基本的生活——飯を炊く、洗濯する、便桶を清掃する、掃除する、生活の環境を整頓するなど——が確立できているかどうかである。これは「偽知識」の教育内容を受けた卒業生が、独立して生活する場合、普通は困難をきわめたものであった。しかし、人間の基本的生活の中には知識が必要である。学生が実際生活で知識を生かせるようになることを考えるなら、まずこのような基本的生活知識を生かせる必要があった[290]。

　このように、陶行知の生活教育における「真知識」とは、郷村生活を生きる農民の教育のためにも、また、伝統的教育に養われた「偽知識階級」の学生を救い出すためにも必要なものであった。彼らにとってはまず、個人が基本的生活において自立的な人間に成る教育でもあった。この教育は必ずや、伝統的教育における「天理」と「人欲」との関係で葛藤をおこすものであった。「天理」とは、宋代の理学家の封建的倫理を世の中の道徳法則として考えるものであり、「人欲」とは、人間の生理的、物質的、精神的における正当な要求を指す。古来の中国の教育では、「偽知識階級」が封建的な統治を守るために、「天理」を掲げ、「人欲」を圧迫し束縛したのであると陶行知は考えた。彼の暁荘師範の実践では、「人欲」における恋愛、生活の享受、娯楽へ一定の地位をあたえた。暁荘師範の学生と農民とは、新教育の在り方を自ら試みたが、世間を騒がした有名な「『白馬王子』事件」[291]があった。陶行知はその時『村魂歌』[292]を作って、生活上における男女の恋愛を称えながら、農民大衆に捧げる魂を歌ったのである。徐特立は陶行知のこのような「生活教育」を賞賛し、陶行知の「教育はひたすら生活を追究している。教育が食事生活、衣服

生活、男女両性の生活から始まり、つねに、食事、衣服、男女両性の生活問題を解決するためのものである」[293]と評価している。中国の民主的共和制の新国家における農民大衆に貢献する生活教育を実践することは、陶行知の大学時代からの志の実現であると言えよう[294]。

　以上、陶行知の「真知識」の論点を説明してきた。彼は、知識には階級がないと主張した。人間が皆平等であるので、「不平等な帝、王、公、侯、伯、子、男、民という一歩また一歩」[295]という階段のように階級を作ったのは不合理であると。というのは、皆、同じ地平線に立つ人間なのに、階級の高い人が、その下に立つ人を圧迫したり、独裁したりするのは、民主共和制に適応していないからである。だから、人間の中に、「読書人」を作り「不読書人」を作り出すような教育機会の不平等という現象は消滅させねばならないのである。また、学校に行く機会をもてた人には、「読書」するのは「人上人」（人より上層に立つ人）ではなく「人中人」（人間の中の一員）として養成しなければならないのである。人間は皆平等であるという原則の下で、「人上人」や「人下人」（地位、身分の低い人）を作ってはいけないのである。ただ「人中人」という、人間のもともとの姿に還元するような教育を行うべきである[296]。

　人類の知識は、何千年の歴史を通して、それぞれの個人および集団の労働の中で、特定の時代、場所、環境の下で、創出された知恵の産物である。その中には、人種、民族、国家、地域を超える人類共通なものがある。そうであるのに、農民大衆を圧迫したり統治したりする権勢者の文字、文章、およびそれらから成る文化は「小衆」（大衆と敵対する小人数の権勢者）の自己の利益だけを図って、大衆を犠牲にさせ、苦しめさせるのであり、そのような「小衆」文化は人類を滅亡させる文化、自滅させる文化である。

　このように、陶行知の「真知識」論は、人類の滅亡、自滅させる文化を救い、人類が互いに殺し合う歴史を終焉させるための理論であり、人類の文化を繁盛させ、世世代代で平和と共存を図る自身の大文化を発展させるための具体的実践でもあった。陶行知は、この「真知識」論を持

120　第二部　陶行知の芸術教育論

ちながら、自由、平等、博愛の理念を農民大衆の中へ戻って実行し、農民大衆の生活が満足できるものになる、深遠な教育実践をあたえ続けたのであった。このような教育は「生利主義」[297]教育と呼び得る。すなわち、大衆自身の力で、自分の生活の利益を産むことを目指した教育である。これによって、大衆が生活の中に光明、希望、熱量、力を授けられ、魚が大川に入ったように貪り知識を求めようとすることになるわけであった。こうして、大衆が自分の生活から知識を学びながら、生活の向上と改善を実現したのである。生活の中の教育、また、教育の中の生活は、生き生きとした人間を養成できるのであった。生き生きした人間とは、「真善美の人間」[298]であり、「農民の腕前、科学的な頭脳、健康な身体、社会改造の精神、芸術の趣味」[299]を持ち、他の人間を育成し、農村教育の理想の実現する人間でもあった。このような人間を育成する「真知識」の価値とは、大衆に光明、希望、熱量、力をあたえ、「働きたい、次に、また働きたくなる。発明したい、次に、また発明したくなる。研究したい、次に、また研究したい」[300]という連続的力で、次から次へと、光明溢れる前途に決して崩れない希望を持ちながら、愉快に元気に、労働し創造することを可能にするものであったのである。

おわりに──「真知識」の探求と発見

　以上「真知識」は何であるか、なぜ陶行知が「真」を強調したのかを探求してきた。陶行知の場合は、自分が仕える対象、つまり農民大衆の生活の向上、改善を根本とした教育的実践を持って、「偽知識」の「喫人」文化と対決し、それを徹底的に改造しようとした実際的活動であった。そして、その過程で、「真知識」の探求し、また発見の理論を作ったのであった。これは、彼の「教育とは、人に教えて、人を感化させることである。人を感化させる者も、人に感化させられる者にもなる。教育は常に互いに感化し合うことである。感化し合うことは改造し合うの

である」[301] という論理に適ったものであり、農民に感化され農民を感化する教育のプロセスで、互いに感化し合って、互いに改造し合うのであった。彼の「真知識」の発見は、中国古代の教育思想である「親知」、「知行合一」[302] の採用、さらに、彼の師であったデューイの「生活教育」理論の中国国土での実践でもあった。この農民大衆の基本的生活を基準とした農民大衆に親しまれた教育は、中国伝統的教育の「偽知識」と決別しようとする教育的創造であった。彼の「真知識」の探求の目的は、「真人」(本当の人間)を育成することに結び付けられたものであった。「做一個真正的人」(本当の人間を育成しよう)[303] という教育の根本目的の下では、「真人」でなければ真知識の発見はない。真知識を発見しようとすれば、「真人」にならねばならないという理論が、「真知識」の探求に最も重要なことになるのである。

　以上の「真知識」の論点は、現代の中国教育の問題にも深く関連していると思われる。と言うのも、「偽知識」「偽知識階級」の問題は、文化大革命の時代にも議論されたものであった——皮肉なことに、この時代は、陶行知への評価が大きく転換し、彼の思想こそが「偽知識」「偽知識階級」として指弾された——が、その終焉とともに今度は、文革時代の"教育的欠陥"(例えば、「読書無用論」)を克服するという名の下に、伝統的中国教育が持っている弊害——伝統的中国教育における科挙制度のような受験戦争——を学生たちが再び受けつつあるのではないか、と筆者は考えるからである。他方で現在続けられている中国教育改革の解決策の一つに、「学陶師陶」(陶行知を学び、陶行知を我が師匠とする)があり、陶行知の生活教育の目的である「真知識」の探求という論点を、21 世紀の現実の中国教育と結び付けて、いかに理解し受容するかも問題になっているように筆者には思えるからである。

第6章　陶行知における生活教育と芸術の結合

第1節　「普及教育」と芸術

　これまで明らかにしたように、陶行知の教育思想は、生々しい生活から創出され、再び、そのような生活に還元され、その生活を向上・強化するという機能を持つものである。彼の思想は、彼が青少年時代に感銘を受けた王陽明の「知行合一」と、師に当たるデューイの生活教育論の影響を取り入れ、暁荘郷村師範学校（1927-30年）の建校より30年間の生活教育の実践で創出し完成したものである。もちろん、この思想は、来華し講義した、デューイ、モンローの新教育の影響を大きく受けたものであった。彼は、子ども、人民大衆の尊重に基づいた「普及教育」を確立し、腐敗した旧教育と闘い、苦難や死難に喘いでいた大衆が新教育を受けることで、楽しく生き生きした毎日の生活へと転換してほしいと願っていた[304]。そしてそのためには、大衆に根差した芸術的なものを見つけ、芸術作品を創って生活教育に使用することが何よりも必要であるとしたのである。明日の衣食住をまず心配しなければならない大衆の教育を考えるにあたって、芸術に目を向けるというのはいかにも迂遠であり、それこそ"生活離れ"しているように見えるかもしれない。しかし、まさにここにこそ、陶行知の発見があったと筆者は考える。

　大衆の心、特に子どもたちの心を強く動かし、彼の理想とする教育に最も親近させるためには歌や劇などの魅力的な方法を使うことが効果的であると陶行知が考えた、というのが、彼が生活教育と芸術を結合させようと努力したことの一応の説明として考えられよう。初歩的な文字の

124 第二部　陶行知の芸術教育論

教育、あるいは識字教育についてみれば、中国だけでなく多くの国で、詩や歌を効果的な手段にしたことは私たちの常識になっている。しかし、本章ですぐに見るように、彼の芸術的なものへの着目は、人間は本来、善いもの、美しいものを求めてやまないものであるという、彼の人間観あるいは子ども観からまず由来するものであり、それはたんなる効果的な手段であったのではない。ただし、この場合も、芸術的なものとは、書物の中にあるもの、あるいは博物館に陳列されているものではなく、生々しい生活と結びついたものでなければならなかったのである*。

　　*張蓉はその学位論文で、近代中国のさまざまな民衆教育の思潮を分析している。その中で陶行知は、「生活教育派の民衆教育の主張者」とされている。張蓉の詳細な分類は、近代中国においてさまざまな教育を通して国を改革しようとした知識人たちの、力点の置き方の違いを浮き彫りにするという点では興味深いが、筆者の問題関心はむしろ陶行知の教育実践の詳細のほうにあるため、本書ではこのように細かい分類は採用しない。
　　なお、張も指摘しているように、陶行知は 20 世紀 20 年代に、民衆教育派の代表人物である兪慶棠、李蒸、趙冕たちと頻繁に交流し、互いに教育事業を支持しあうように活動していた。兪慶棠と李蒸は陶行知とアメリカのコロンビア大学留学時代の学友であり、3 人とも中国の教育を改造する志を早くから抱いていた。兪慶棠は陶行知の主張を重視し、陶行知の暁荘師範学校の創立に資金の援助をして、その学校にある「生活教育社」の理事を担当した。趙冕は南京高等師範学校の教育学部にて勉強したとき、陶行知に師事、啓発され、そのために、中国の教育を振興する志を立てたのであった。張蓉、「中国近代民众教育思潮研究」、华东师范大学博士論文（2001 年）、95-96 頁参照。

　陶行知は、生活教育に貢献する詩、故事、童話、小説、劇などの芸術作品を数多く創出した。それらは、芸術のための芸術のような純芸術作品とは違うが、既述のような彼の生活教育の実践と切り離すことができないものであり、以下に明らかにするように、子どもと人民大衆に歓迎され親しまれ、高く評価された芸術作品なのである[305]。
　本章では、陶行知の歌、童話、劇の代表作を通して、彼がいかに子ども、人民大衆を尊重し「普及教育」をしたか、いかに旧教育と闘い、大衆に根差した芸術で人々を覚醒し、芸術作品を通して楽しく生き生きした生

活教育を創りあげたかを見てゆきたい。すなわち、彼が30年間追求した、「做真人（本当な人間に育成する）」と「真善美合一（最極の真理であれば最極の善であり美である）」、つまり、「真善美」の調和的で全人的な人間形成を目指す生活教育の理想を、彼の得意とした芸術的表現方法で、いかに実現しようとしたかを見てゆきたい。

第2節　生活教育の中の歌

　陶行知が生活教育の中で作った詩歌（論文や書信の中のものを含んでいない）は、今日の世界的な陶行知研究による発見と整理によって、全部で643首が確認されている[306]。ここでは、歌（詩歌）として作曲されたもののうち代表作だけを見てみよう[307]。これらの中には、彼が古い民謡（昔から伝われてきた農民や労働者の歌）に自分の新たに詞を入れ替えた歌と、彼が作詞し作曲家によって曲を付けられたものの二種類がある。

1．新民謡

　既述のとおり、陶行知は、彼が理想とする大衆教育を行うために、まず、農民のための教員を養成する暁荘師範学校（1927年）を建てた。場所は南京郊外の暁荘で、そこで陶行知は、学校の教員と学生とが原始人的な生活をしながら、農民から、校舎をどう建て農作物をどう作り家畜をどう飼うなど、農村の生活の基本を学びつつ、農民の必要に応じて、識字をはじめとする文化知識を教えた。以下の「鋤頭舞歌」(鋤舞いの歌)と「鎌刀舞歌」（鎌舞いの歌）は、このような状況で作られた。二曲とも、原曲は南京郊外の農山村に流行した歌であった。

(1)　鋤頭舞歌[308]（鋤舞いの歌、南京山歌）
　　　　鋤持って野草をすくよ、

126　第二部　陶行知の芸術教育論

野草をすいて（農作物の）苗を伸ばすよ。

……………………

五千年の古い国、顔を出したいよ、

鋤の下に、自由があるよ。

……………………

天から生まれた孫文、救いの星だよ、

鋤を起こさせ革命するよ。

……………………

革命の成功、鋤に頼るよ、

鋤よ、鋤よ、あなたたちが奮闘しなきゃ。

……………………

鋤だけじゃ役立たない、

機械も一緒に革命するよ。

……………………

(2)　鎌刀舞歌 [309]（鎌舞いの歌、南京山歌）

太陽が山に顔を出し、

鎌がぴかぴか。

草を刈って……、

草が纏まって柴になるよ、

お母さんにお話ができるよ。

……………………

……………………

綺麗に刈って、……

春風吹いたらまた生えて、……

残った種が多いよ。

鎌よ、鎌よ、……。

このように陶行知は、農具の「鋤頭」と「鎌刀」を謳いつつ、農民の

労働と精神を称え、これらから農民のための教員になろうとする暁荘師範学校（以下、暁荘師範と略称）の学生を励ましたのであった。彼は、農民を、苦しい肉体労働そして不平等な社会の搾取から解放せよと主張し、大衆の教育を普及し、農村の機械革命をも起こそうと提唱したのである。この２曲とも、暁荘師範の教員と学生に愛唱され、毎日の朝会、建校記念日、集会などで歌われた。彼らは、自分がまさに歌っているように、毎日、農業と密接に関連を持つ授業をし、「鋤頭」と「鎌刀」が手放せなかったのである。すなわち、彼らはまさに、「鋤頭舞歌」と「鎌刀舞歌」の主人公であったのである。それだからこそ、暁荘師範の教員と学生は、毎日の朝会に「鋤頭舞歌」と「鎌刀舞歌」を元気よく歌っていたのである[310]。このように、「鋤頭舞歌」と「鎌刀舞歌」は、学校の教員と学生をはじめ、全暁荘村、さらに全国の人々がこの歌を知り、さらに海外にまでひろまっていたのである。以上の２つの歌はレコード盤が作られ、1920〜30年代に、中国国内で広範囲に歌われた[311]。1938年、陶行知が香港を訪れた際、「鋤頭舞歌」が「一人唱、万人合」（一人でこの歌を歌えば、一万の人がそれを応じて合唱してくれる）で歌われ、彼はその勇壮な場面に感動したという[312]。

(3)「農人破産之過程」[313]（南京山歌、この曲は「鎌刀舞歌」と同じ曲である）

　「鋤頭舞歌」で歌われているのは農民の解放と救出であった。なぜ、農民の解放と救出が必要であったのか。その理由は、この「農人破産之過程」に余すところなく説明されている。農民の生活は大変悲惨であった。彼らの多くは、借金で生活し、借金を返せなかった。毎年、年末に貸し主に迫られて、５年間でとうとう、家の家畜、畑、物だけではなく妻さえも売ってしまったのである。以下は、陶行知の詩による描写である。

　第一年
　　　　太陽が山に顔隠し、

お正月が過ごせないよ。

貸し主が追いかけて来て、

情け容赦なく金をとりたて、

恥ずかしいよ。

第二年

(第一年と同じように歌う)

牛を連れ去られて、

悔しいよ。

第三年

(第二年と同じように歌う)

わしの畑、奪い去って、

しょうがないよ。

第四年

(第三年と同じように歌う)

無理矢理に綿衣を脱がされ奪い取られ、

寒くて震えているよ。

第五年

(第四年と同じように歌う)

妻を売ってくれと言われ、

どうしよう、どうしよう。

(4) 農夫歌[314] (北方民歌調)

以上の「農人破産之過程」と関連して、陶行知は、農民たちが天災に遭ったらどのように生活するかを描写した。

着るのは木の皮、

食べるのは草根の粉、

背中にはこれから売りにゆく自分の子、

飢餓に耐えられず、「父さん、父さん」と泣く。

第6章　陶行知における生活教育と芸術の結合　129

　　　　牛を連れ、
　　　　他人の畑を耕し、
　　　　裸の背中を照りつける暑さ、
　　　　心が油で揚げられるくらい辛い。
　　　　高利の借金を背負い、
　　　　良民が匪賊になる。
　　　　どこに行って訴えたらいいか。
　　　　人間の顔をしたバッタ（労働しない資本家、地主のこと）
　　　　が満天を飛ぶ。
　　　　農民の誰が天と地の間に生きられようか。

　このように、陶行知は、彼が最も同情し、そして、最も教育を普及す
べき対象であると考えた貧しい農民たちの生活苦を、歌で世間に訴えた。
それにしても、当時、農民の中には、悪い風俗習慣で生活をする人々が
いた。彼らは喧嘩をし、仕事を怠け、堕落した。それに対して、陶行知
は以下の歌を作ったのである。

(5) 鳳陽花鼓 ³¹⁵ （鳳陽民歌、鳳陽は安徽淮河の南岸にある県）

　　　　あなたが銅鑼をたたき、私は太鼓たたく。
　　　　銅鑼と太鼓を打って、私たちが歌うのを聞こう。
　　　　他の唄は歌えないが、
　　　　ただ一曲、鳳陽歌を歌おう。
　　　　………………………
　　　　鳳陽を語り、鳳陽について話をする。
　　　　もともと善い所なのに、
　　　　帝国主義が入ってきて、
　　　　十年に九年の水害と干害。
　　　　………………………

130 第二部　陶行知の芸術教育論

以下は女性の歌声である。

　　　　私の苦しい運命、本当に苦しい。
　　　　一生、よい旦那に巡り合わない。
　　　　人様の旦那は勤勉に働き、
　　　　私の旦那は博打好きだ。
　　　　……………………
　　　　人様の旦那は布織りしたり、耕作したり、
　　　　私の旦那はアヘンが好きだ。
　　　　……………………………

以下は男性の歌声である。

　　　　わしは薄命、本当に薄命。
　　　　一生、善い嫁が貰えない。
　　　　人様の奥さんは字が分かり読書し、
　　　　わしの奥さんは纏足人だ。
　　　　……………………
　　　　人様の奥さんは刺繍をしっかり、
　　　　わしの奥さんは口を開けばわしを罵る。
　　　　……………………

　歌の結末ではもちろん、主人公の夫婦二人が、喧嘩をやめ和解し、今後は善い家庭を作ろう、善い人間になろうと歌うのである。

2．陶行知の新詩歌

　陶行知が自ら新教育のために創作した詩歌は、その時代の名作曲家の趙元任と賀緑汀らによって作曲され、さらに後には、重慶育才学校の学生によって曲が付けられた[316]。このことから、陶行知の生活教育がいかに同時代の知識人の賛同と援助を得て、また、いかに彼と彼の学生との「教と学の一体性」で新教育における芸術創造に努力したかが見て取

第6章　陶行知における生活教育と芸術の結合　131

れよう[317]。

(1) 自立立人歌[318]（趙元任[319]作曲）

　　　　自分の汗を流し、
　　　　自分で稼いだもの食べて、
　　　　自分のことを自分でする。
　　　　他人のことも助けてあげる。
　　　　………………………
　　　　他人に、天命に、先祖に頼って、
　　　　苦や難を救わなければ、
　　　　大衆のことをしてあげなければ……
　　　　よい男とは言えない。

(2) 頭脳相長歌[320]（①趙元任作曲、1931 年　②賀緑汀[321]作曲、1939 年）
重慶育才学校（陶行知が 1938 年作った芸術学校）校歌として歌われた。

　　　　人生には 2 つの宝がある、
　　　　両手と頭である。
　　　　頭を使い、手を使わなければ、
　　　　これから打倒される。
　　　　手を使い頭が使えなければ、
　　　　お腹さえ一杯にならない。
　　　　手と頭と一緒に使えば、
　　　　天地を開拓する善い人間だ。

　陶行知は子どもたちでも大人と同等に人格を持って、体が小さくても、
考え方や行動を表現する者は小さくないと指摘した。もしも誰かが子ど
もを小さく見下ろしたら、その人は子どもから見下ろされているのだと

132　第二部　陶行知の芸術教育論

警告したこともある。具体例の一つは、暁荘師範学校が閉鎖された後でも、子どもたちが自主的に組織を行い、「自動学校（自主的につくられた学校）」ができた。具体例のもう一つは、陶行知の作った詩が2回ほど、子どもたちから字句の不適切さが指摘されたことがあった。先の「自動学校」を称えて陶行知は一首の詩を書いたが、その中の一句「大孩自動教小孩、（大きい子どもが小さい子どもを教える）」に対して、「自動学校」の生徒は、「小孩自動教小孩」に直してほしいと意見を出したのである。彼らは実際には大きい子どもが小さい子どもを教えるだけではなく、小さい子どもが小さい子どもをも教えられるという体験を言ったのである。また、陶行知は、「学会了、不教人、是什麼？不是人。（自分が学習をしても、人に教えない、どういう者だろう？人間ではない）」という文句の最後の一句、「不是人（人間ではない）」を、子どもに「木頭人（木偶だ）」と直された。このように、陶行知は子ども自身の教育的活動に大変感銘を受けたと同時に、教育者としての自分も大いに子どもから学び、その実践を研究しながら新教育思想に相応しいものを創造してゆこうと努力していた。以下の曲はその子どもたちを称え、小さくても労働や学習や研究、教育することでは大人にも負けないという意味を含むものである[322]。

（3）児童工歌[323]（趙元任作曲）

　小盤古（盤古は中国神話に天地開闢の人物）

　　　　　私は小盤古、

　　　　　苦労を恐れない。

　　　　　天地を開墾しよう、

　　　　　両手の二本の斧を見て下さい。

　小孫文

　　　　　私は小孫文、

　　　　　革命の精神を持ち、

　　　　　帝国主義を打倒する、

　　　　　ボールのように。

小牛頓（牛頓はニュートンのこと）

　　　私は小ニュートン、

　　　馬鹿だと言わないで、

　　　頭脳を使い、

　　　大自然に問いをつきつけるよ。

小農夫

　　　私は小農夫、

　　　耕作に頼って生きている。

　　　なぜ労働して収穫がないのだろう？

　　　誰が私の敵だろう？

小工人

　　　私は小労働者、

　　　万能の両手を持つ。

　　　私は富んだ社会をつくるが、

　　　富んだ個人はつくらないよ。

(4) 小先生歌[324]（趙元任作曲）

この歌は、陶行知が小先生制を提唱して、それによって子どもたちの学習に大変効果が現れたときに作られたものである。

　　　私は小学生、

　　　小先生になる。

　　　知識の私有を粉砕して、

　　　時代の先頭に立つ。

　　　私は小先生、

　　　本を教えても耕作は邪魔しない。

　　　あなたに勉強の時間がなかったら、

　　　私は牛の背中に乗って学習することを教える。

　　　（牛を放牧する時、子どもたちは常に牛の背中に乗る。――

訳者注)
私は小先生、
鳥の籠を見たら頭が痛くなる。
鳥を籠から放し、
森林に身を投ずる。

私は小先生、
このように指導する。
習得したものを人に教え、
それからまた学生に戻る

私は小先生、
熱意が火山噴火のように。
生来挫折を恐れない、
困難を一つ一つなくしてゆく。

私は小先生、
病魔と闘うのが得意、
蠅と蚊を追放し、
人間が発病しないようにする。

私は小先生、
人を害する陥し穴を埋め、
帝国主義を打倒し、
妖怪を一気に壊滅させる。

私は小先生、
一生涯、大衆とともに生き、
天への道がなければ一本の道路を作り、

第6章　陶行知における生活教育と芸術の結合　135

地に入る門がなければ一枚のドアを作ろう。

　さて中国では、文壇の偏狭な雰囲気が原因で、大衆化された自由体の詩は軽蔑されてきた。また一般に、陶行知の研究者は文芸や文学を教育の立場からしか見ない。他方で、文芸や文学の研究者は“高貴な”「純文芸文学」しか認めない。したがって、陶行知の大衆化された文学作品における文学と芸術と美学の価値を常に無視してきた。また、陶行知の大衆化された文学作品には、詩と歌、小説等があり、研究者たちは陶行知の教育学について注目し研究するが、彼の優れた文学・芸術・美学的なものを通俗的だと見て軽視してきた[325]。

　方与厳『大衆教育家と大衆詩人』の紹介によれば、陶行知はその生涯に千首近い詩を創造し、約1500行がある。陶行知の生前には5冊の詩集が出版され──『行知詩歌集』、その『続集』『別集』『三集』『四集』──亡くなった後、郭沫若の校訂によるこれらの5冊を『行知詩歌集』として1947年に出版した。『陶行知全集』（湖南教育出版社、1985年）第四集に収集し、郭沫若は「陶先生の詩は多量で、かつ質もよく」「独特の風格をもち」「偉大な詩人」「人民経である」などと賞賛した[326]。また、著名な詩人の蕭三は、「陶先生は詩を遊ぶために作ったのではなく、政局に対して人民の必要に応じて創造した。だから机上の空論ではない。それは『国事多難、民情艱苦、詩人善感、乃発為詩』（政局の難が多く、民情も苦を持つ。詩人の陶行知は多感から、詩を歌い上げた）」と評論した。詩の作品は『手脳相長歌』『詩の学校』『小先生歌』『郷下先生小影』が代表作である。

　陶行知が『児童文学』に発表した『烏鴉歌』『一羽の白鴿』は、中国で膾炙している名編である。

　さらに陶の新劇には、『香姑の煩悩』『愛の命令』『死を賭けよう』『生の意志』などがあり、彼の創造した「ヤンコ劇」（秧歌劇／田植え踊り劇）には『朱おばさんが卵を送る』（朱大嫂送鶏蛋）があった[327]。

　現在、山西の研究者たちは次のように評論している。

陶行知の児童詩は量が多く、質も優れ、風格が独特で、「陶派詩」「行知体」と同時代の詩人と学者から呼ばれてきた。特徴は、素朴で、わかりやすく、すらすら口から出てきて、日常の話のようでありながら、哲理も豊かである。その内容は愛情と憎悪がはっきりしていて、感情は真摯であり、鮮烈な時代感と的を射ているものである。概括すると、次のようになる。

(1) 民謡体が多い。
(2) 民謡に新歌詞を入れて、新しい歌としている。それは大衆が親しみながら新たな課題を考えさせたり、宣伝したりして、大衆の思想を変えさせる。
(3) 詩には陶行知自身の哲学、教義、常識、政治や教育の思想を、まず大衆が受け入れやすい文学的表現を取り入れて、作られる。

蕭三によれば、「陶行知先生は自分が詩人ではないと何回も明言した。これこそ陶先生の謙遜な人柄の表現である。陶先生こそまことの詩人である。陶先生はほかの詩人と違って、その詩に特別な風格があり、非常に通俗的で大衆化にしながらも、詩の意味も豊かである。読んだあとには、奮い立たせ、深く考えさせられる。われわれの時代とわれわれの大衆にとって大変必要な詩である」。

詩人の袁水拍は、「陶先生はあまりにも浅く、あまりにも詩らしい詩でないと嫌う人は少なくないだろう。このような人たちは自身も理解し難い、誰にとってもわかりにくい詩を読むべきだと考えているのだろう。しかし、人々が読んではっきりとわかる詩は詩でないという考えはおかしい。陶先生は世論に負けず、10年、20年と、『陶派詩』で書き続けたのである」「今、『陶派詩』は盛大になった。いわゆる『陶派詩』『人民詩派』はこの何十年間の実験創造で、その流派の価値が証明されたのであろう」と言う。

「人民詩派」「大衆詩人」といっても、陶行知の詩の芸術的レベルは低

第6章　陶行知における生活教育と芸術の結合　137

水準のものという意味ではない。このような人民大衆を代表できる詩について、郭沫若が言うとおり、「彼の詩は彼が主張した真理への前進の進軍ラッパ」であり、人民大衆と共同生存の命から発したものである。このような、児童と大衆から学んだ言葉による詩はいまだに、中国の詩人と教育学者たちに多くの啓発をあたえてくれるに違いないのであろう。

　21世紀になった現在、中国でも児童詩の創造がきわめて低迷している状況は否めないが、それは、児童教育の実際と離れ、児童の内にある必要なものが見えていないからであろう。詩の内容と形式は児童に歓迎されなければ、彼らの認知と成長への啓発や助けにならなければ、よい児童詩とは言えないであろう。陶行知の児童詩の創造を学べば、参考と手本になるに違いない[328]。

3．重慶育才学校学生による作曲

(1) 八位好朋友[329]（8人の良い友達、陳貽金[330]作曲）

　陶行知は、学問とはたくさんの問いを発することだと言い、そのために、学習し、質問を出さなければならないとした。質問には、「何事？何故？何人？何如？何時？何地？何去？」（どんな事、なにゆえ、どういう人、いかに、いつ、どこ、どこに行く」）、そして「幾何」という8つ（8人の良い友達）があるとしたが、最後一つの「幾何」は、言うまでもなく陶行知のユーモアである[331]。

　　　　　　私には8人の良い友達がいて、
　　　　　　万事を指導してくれる。
　　　　　　もし彼らの姓名を聞きたかったら、
　　　　　　名は違うが、姓は皆「何」だ。
　　　　　　「何事？何故？何人？何如？何時？何地？何去？」
　　　　　　弟からお兄さんへと並べているようだ。
　　　　　　さらに一名の西洋派がいて、

138 第二部　陶行知の芸術教育論

　　　　姓名が逆様で「幾何」という。

　　　　8の賢人に常に教えてもらえば、

　　　　「笨人」（頭の悪い人）でも間違いはしないよ。

(2) 荷葉舞歌 [332]（蓮の葉の踊歌、育才学校音楽組集団作曲）

　　　　天上には丸い丸い月、

　　　　地上には丸い丸い葉っぱ。

　　　　生まれつきの「玉精神」（高尚と純潔の精神を玉に譬えてい

　　　　る――訳者注）、

　　　　仙人姉妹のようだ。

　　　　見分けられないが、

　　　　明月が美しいなのか、蓮の葉が美しいなのか。

　　　　活発な弟、

　　　　綺麗な妹、

　　　　生まれて初めて人間（少年少女）と踊って、

　　　　見分けられないが、

　　　　明月が美しいのか、あなたたちが美しいのか。

　陶行知はまた、育才学校の音楽教師の賀緑汀など、教師と学生の名前を歌詞の中に入れたり、人々を蓮の性質（泥から出たにもかかわらず、少しも泥を付けないと言う高尚と純潔さ）に譬えた歌もつくっている。当時の社会は汚いが、そこで生きるなら、人間は泥中の蓮のように、少しも泥を付けない強大な生命力を持たなければならないという意味である。この歌の最後は次のように締め括られる [333]。

　　　　一切は創造のため、

　　　　創造は苦しさを除くため。

　　　　あなたがもし賛同すれば、

　　　　来年の今夜、再び蓮の葉を招いて踊ろうよ。

第6章　陶行知における生活教育と芸術の結合　139

第3節　童話と劇を通じての児童教育

　陶行知は次のように主張した。教育を行うには人間の性質を知っていなければならない。人間であることは個性や特別の才能を持つことである。一人一人の子どもの生れつきと育ちの違いを尊重すべきである。彼は、教室での授業外に必ず、個性に応ずる指導を行うべきであるとした。以下に、いくつかの例を見てゆきたい。

(1)　短編童話『カラスの歌』[334]

　この作品は、彼の言う教育における個性の尊重の思想を反映している。作品の大筋は次のとおりである。

　「頭戴烏紗帽、身穿黒衣裳」（黒い帽子をかぶって、黒い洋服を着た）カラスは、白鳥と白い鶏と白い鴨と白い鳩と一緒に、鳳にご馳走に招待された。席上、カラスは、ただ一匹の黒い羽をもつ客として、白鳥と白い鶏と白い鴨と白い鳩に、「皆白いのに、なぜカラスだけは黒いのだろう」「肌が黒くて、おそらく心も黒いのだろう」「黒いのは賊ではないか」と攻撃された。カラスは悲しくて、色を白くしようと、川に入って羽を洗ったり、雪を浴びたりしたが、全部、無駄であった。最後に、鳳に言われた。「身の一本の羽は、白いのも黒いのも、生まれつきの色だから変わることができない。それによって美と醜に分けて判断するのではない。あなたは自分の生まれつきの黒い羽が好きであるべきだ。そうすれば、こんなに悲しくないであろう」と。説得されたカラスは、「頭戴烏紗帽、身穿黒衣裳」と、自信を持って唄った歌を、声高らかに歌いながら、自分の家に飛んで帰ったという。ある美育研究者たちは、「この作品は人口に膾炙した名篇」[335]であるとしている。

(2)　一幕劇『少爺門前』[336]

　登場人物は、少爺　坊ちゃん

　　　　　　　書童　少爺の小役人

売菜女　野菜売る娘

拾香煙頭的孩子　煙草の吸いがらを拾う子ども

小丫頭　召使女の子

小乞丐　乞食の子である。

報童　新聞を売る子

背景は、ある富豪の門前である。

時代は、1930年代のある日の午前10時頃。

簡単な筋であるが、劇は以下のように展開している。

開幕した後、太った少爺は自宅の門前でボールと遊んで、煙草を吸っていた。彼は書童に、自分でどこかに投げたボールを探してくれと命令した。書童が探したが見つからないと返事をしたら、少爺に頬を打たれた。少爺は、「馬鹿野郎。ただ飯食うつもりか。探せ！」と再び命令した。

それから、売菜女、拾香煙頭的孩子、小乞丐が門前にいる少爺の所を次々と通りかかり、少爺にそれぞれ「ここから出て行け！」「汚い者！」などと罵られる。少爺にいじめられた売菜女、拾香煙頭的孩子、小乞丐が集まって、少爺と闘いたいと言う。この時、報童が出て来て、貧しい子どもたちに、「『自食其力』（自分の労働で自分を養う）するなら、いじめられない。根本の力が付くのだ」と説得して、拾香煙頭的孩子、小乞丐たちが、これから工場などに仕事に行って、働きながら、勉強しようと決意した。……閉幕。

以上のように、陶行知は、歌、童話、劇など、子どもと大衆に常に感動をあたえる芸術作品を通して、生活教育の実践をしたのである。

陶行知にとって芸術作品の創造は、ただ作品を創るというのではなかった。彼は言う。「教育者は、神を創造するのではなく、また石像を創造するのでも、また愛人をつくるのでもない。『真善美合一』した生き生きとした人間を創造することである」[337]。彼はまた、「児童は新時代の創造者」[338]、「子どもの生活は『創造、建設、生産』である」[339]と

も言っている。旧教育を改革する主体者である子どもと大衆を尊重し、生活教育の中で、新教育を作りだす変革する力を子どもと大衆に見出し、その力を、芸術作品を通して引き出そうとしたのであった。彼は貧困と苦難にいた子どもと大衆と一緒に生活し、その貧困と苦難にいればいるほど、生活教育のための芸術作品を創造する意欲が沸いたのである。

だが、このような「『真善美合一』した生き生きとした人間を創造する」という課題は、人類のどの国の歴史、また東西文化を問わず、教育において根本的に追求すべきものの一つであり、そこにおける芸術の果たす役割の重要性もまた同様であろう。このことは、陶行知の生きた時代に活躍した多くの教育思想家・実践家たちが目指した、世界的な新教育運動においてもまさにそうであったはずであり、事実、かつての彼の師であったデューイがその著書『経験としての芸術』（1934年）で展開した理論も、まさに、この文脈の中で捉えられるのである[340]。

それでは、陶行知による芸術を通じての教育は、この時代の世界的な新教育運動の中で、他とは違うどのような特徴を持ったものであったのか。そして、彼の生活教育における芸術とは、どのような理念と性格を持っていたのであろうか。陶行知の生涯をかけた教育実践において彼が創造した芸術作品がどのような意味を持っていたのかを詳説する前に、次章でこの論点を考察したい。

第7章　新教育一般における芸術の位置づけ
──「美育」の発見

　前章において筆者は、陶行知の生活教育における芸術──歌、童話、劇のいくつかの代表作品を挙げて、彼の生活教育実践における具体的芸術作品の内容を概観し考察した。本章では、当時、世界新教育運動の影響を受けた中国の新教育運動の指導者、教育者たちが、新教育一般における芸術の位置付けをどのように考え、教育の中の芸術にどのような意味をあたえたのかを明らかにしたい。これにより、陶行知の生活教育における芸術という本書の中心問題を論ずるための、すなわち、陶行知が彼の生活教育で実践した、中国新教育運動の「美育」とは、どのような理念と性格を持つものであったかを考察するための準備ができるであろう。

　以下では、蔡元培、聞一多、魯迅、茅盾、葉聖陶の5名の教育学者のそれぞれが論じ、あるいは実践した、新教育における美育とは、どのような意味を持つものであったか、また、彼らの考えた新教育と美育とはどのような関係を持つものであったかの考察を通して、中国新教育一般における美育の位置づけを示したいと思う。

　まず、中国における新教育という言葉を少し説明しておきたい。1911年の辛亥革命以降、世界新教育運動の思潮は、その新文化とともに、中国全土に益々広がっていった。1919年、「五・四運動」の時点より、デューイ、ラッセル、モンローの中国への長期間の訪問があって、中国教育界の要請で数多くの講演が行われて、世界新教育運動の全般が伝えられ、その思潮が要請側に強い影響をあたえたのである。欧米よりの新文化の

一つの重要な側面である新教育の樹立とともに、伝統的科挙制度に象徴
される旧教育を一掃しようとする勢いが、中国全土で起こったのである。
その中では、新教育という言葉が旧教育に対立するものとして使用され、
その言葉の意味自体も旧教育を徹底的に改革しようとする意志を表すも
のとして使われていた。

　当時、世界新教育運動の理論に共鳴し、中国新教育運動をリードする
代表者の一人が陳独秀[341] (1880-1942) であり、彼によって新教育は、旧
教育と対比する形で定義されたのである。すなわち、形式においては、
新教育が学校、旧教育が科挙で、教材においては、新教育が科学、旧教
育が「経史子集」[342] である。教育方法に於いては、新教育が社会全体
の客観視を中心とし、啓発・誘導的であるが、旧教育が教師の個人的説
教である[343]。

　このような対概念であることを考えると、教育学の本質を論じようと
するならば、新教育と旧教育とを明確に区別しなければならない。近代
社会という新しい時代に相応しい教育を創造するためには、時代にすで
に遅れてしまった旧教育とは何かを認識し、改革し、新時代の中国に最
も相応しい教育を作ることである、これが、この新教育という言葉が目
指したことであろう。

第1節　　蔡元培と聞一多の「美育」

　「美育」という用語が教育方針と教育内容として提出されたのは、
1912 年であった。それは蔡元培[344] (1868-1940) が教育総長の時代に作っ
た、新教育一般の『教育方針』の重要なポイントの一つである。「美育」
の字義どおりの日本語訳は、「美についてのセンスを育てること」「審美
観についての教育」ということであろう。この「美育」という中国語
は、ドイツ語の Aesthetische Erziehung からの訳語で、20 世紀初頭、蔡元
培がヨーロッパから持ち帰り、中国教育に導入しようとしたものであっ

た[345]。

　蔡元培は、幼児時代から、「四書五経」という中国古代の伝統的教育を受けた人である。16歳以降の8年間、科挙の試験を受験し、秀才、挙人、進士と次から次へと合格したが、官吏ではなく、教育者として教育界に一生涯、かかわるようになった。彼の「美育」思想が最も影響を受けたのは古代教育の中の「六芸」であって、彼はそれを賞賛し続けた。彼によれば、「六芸」は、建築の「楼台」、「庭院」、居室、あるいは生活のあらゆる道具の装飾的部分、或いは美術品の彫刻、絵などとして後世に残っており、古代中国においても「美育」が行われた証拠となっていたのである[346]。40代になってから、彼はドイツに留学する機会を得て、そこから、カントなど哲学者の倫理学、哲学の一部としての美学を研鑽して、伝統的中国の「美育」とドイツ的美学の内容を中心としたヨーロッパ的「美学」を合わせて、「美学講義」教材を中国で初めて作った先人となったのであった[347]。

1．蔡元培と「美育実施方法」

　蔡元培は次のように考えた。「美」は人間の生涯と関係がある。人は意志的活動の動物である。しかし、意志には盲目的なものがある。というのは、意志的活動は普通、常に利害関係を考えるからである。だがもしも、人間がすべて自己の利益しか考えない生き方をすれば、誰も生存できないであろう。「衆生皆死、一己独生」「衆人皆害、一己独利」などは実際には不可能であろう。人間の感情の働きは、このような仁徳のない「衆生皆死、一己独生」「衆人皆害、一己独利」には収まらないであろう。だから、感情の教育、感情の陶冶を行えば、利害関係に囚われた意志以上に偉大な行為ができるのではないか。これが、蔡元培が彼の「美育」を論じる際の基本的な考え方である。

　「美」という対象物を用いて陶冶を行う。なぜ「美」という対象を用いて、感情の陶冶ができるであろうか。それは、「美」というものが、一種の普遍的性質と超脱的性質を持つからである[348]。

146 第二部　陶行知の芸術教育論

　「美」というものが普遍的性質をもつとはどのようなことか。蔡元培は以下のような説明をする。普遍的なるものは、原始、古代、近代を問わず、また、国家、民族をも問わず、人類が永遠に追求してきたものであって、また、これは永遠に、一切の堕落、生命の弱さ、利己、権力と闘うものでもある。例えば、一杯の水は一人の人間に飲まれたら、他の人は飲めない。乗り物の中では一人のスペースは他者が占めることができない。同じように食べ物は一人の人が食べれば他人に与えられない。洋服が我が身を暖めてくれれば、他人に着せることはできないであろう。これに対して、世界中の誰でもが美しい月を観賞できるのと同じように、綺麗な風景を見ることで誰でも遊楽が得られる。エジプトのピラミッド、ローマの劇場、ギリシアの教堂など、千年以上の歳月を経ても、観賞者は誰でもそれを見て賛嘆するであろう。各国の博物館、音楽堂、演劇場は多人数の観賞者、見学者を受け入れられる。こうして、「美」の観賞は普遍性、大衆性をもつものと言えよう。「独観賞」ではなく誰でも観賞できる点に「美」の普遍的性質がある[349]。

　「美」というものが超脱的性質をもつとはどのようなことか。蔡元培は以下のように説明する。人間は様々な快感を持つ。ある種の快感は利害によるものであるが、「美」の快感は利害とは全く関係がない。例えば、牛や馬は、農耕社会の人間に利用されるが、絵にした牛や馬を観賞する人間は、それらに乗りたいとか仕事をしてくれという発想は出てこないであろう。獅子や虎を人々は恐れるが、中国伝統の彫刻の多くは、獅子や虎を刻み込んでいる。しかし、観賞者の誰もそれらを恐れはしない。花模様に輝く毒蛇に対しても同様であろう。植物の花は果実を結ぶまでの一段階であるが、桜、梅、桃、李は詩人の作品になったり、絵の素材になったりして、誰もその果実を食べようと思わないであろう。綺麗な声で歌う小鳥、真白な白鳥は観賞の対象になると、誰も肉を食べよう、あるいはその羽で我が服や布団を作ろうと思わないであろう。このように、審美的な観点からの観賞的価値は、利害関係では計れないのである。誰でも美人が好きであるが、ギリシアの裸体彫刻、ヨーロッパの

裸体画を見ると、その「美」は実際の人体を超越し、誰にも邪念を起こさせないであろう。これは、観賞の対象としての「美」となったためである。「美」は知識の領域を超えるものであり、「美」と「感覚」との相互作用によっての「美学」は自然界と人間の力となる。その真実性と明了性と連想性の力は、世間の一切のものを越えられるのである。味覚、嗅覚、触覚など物質や利害の関係になったものは、「美」的対象にはならない。聴覚と視覚を通しての「美感」の発動のみが、「美」的対象を捉えるのである[350]*。

> *蔡元培のこのような美学・美育の思想から、ある意味では当然のようにして導き出されたのが、1917 年に発表された「以美育代宗教（美育を以って宗教に代える）」という主張である。当時の中国ではもちろん、大きな反響をよんだわけであるが、今なお、彼の真意はどこにあったのか、論争は続いている。この点については、楊修健「"以美育代宗教" 与文化的発展——蔡元培美育思想尋根」『山東社会科学』1999 年 4 期、77-79 頁、趙惠霞「美育与心霊家園建構——論蔡元培 "以美育代宗教説" 的当代意義」『哲学研究』2002 年 9 期、57-62 頁を参照。

　蔡元培は、民国時代の新教育においては「美育」をあらゆる教育にゆきわたらなければならないとした。教育は、すべての人々の、家庭教育、学校教育、社会教育の全領域に欠かせないものである。「美育」は、そのような教育の全面にわたって展開されることであろう[351]。以下のスケッチは、蔡元培の構想する「美育」思想による近代中国的ユートピア——すなわち、理想社会が実現した際に、人の一生にわたる全過程の中に「美育」がどのような形態をとって現れるかを——蔡元培の言葉にしたがって要約したものである[352]。

　幼児時代からの家庭教育での「美育」は、胎教院と育嬰児院における「美育」に始まる。まず、妊婦は、胎教院に泊まる。その胎教院は風景と空気の良い所にあって、建物の形はバランスが取れ、外観と室内のイメージはやわらかである。中国古代の建築様式そして古代ギリシアやルネサンス時代の風格が落ち着くであろう。ガーデンや広場がいくつもあって、

148 第二部 陶行知の芸術教育論

散歩や軽い運動、風景の観賞と月見や星見の良い環境があるべきであろう。ガーデンは自然を利用しての人工的造園にすべきであろう。園中には、四季のそれぞれで咲く植物と花木が栽培してあり、山があり、噴水や小川があり、そして池に水が流れている。室内は、壁紙で表装され、静かで落ち着いた色の綺麗な花模様の壁絨毯が選ばれる。毎日、音楽を聴き、陳列された彫刻、絵を観賞する。音楽、彫刻、絵などの芸術作品は、低俗な雰囲気の暗い刺激の強すぎるものを避けるべきである。このようにして妊婦は、完全に平和で愉快な気分となり、芸術的観賞は胎児に良い影響をあたえるのである。

妊婦は出産した後に、育嬰院に移る。1年目は、母親が嬰児を育てる。2、3年目には、母親が仕事を持つ場合、保母を依頼する。育嬰院の環境は、胎教院に似ているかあるいはつながっている敷地にある。彫刻、絵は、健康な裸体の嬰児が多くなる。彫刻、絵は何日間ごとに変更され、それは動と静のたたずまいの美術品である。育嬰院の大人の言語と動作は音調が整えられてあり、衣装も優雅な色合いで、嬰児の模範になる。

以上は公立の機関に作られる胎児と嬰児のための「美育」施設であるが、家庭の環境も同じように作ったら、これも「美育」環境になるであろう。

児童が3歳になったら、幼稚園に入る。幼稚園は家庭教育と学校教育の間を橋渡しする教育機関である。この年齢に達すると、受け身の表現より、積極的、能動的な表現が多くなる。舞踊、唱歌、図工は、彼らの「美育」の課程である。児童に計算や説話を教えるときに、順調と音調を彼らの「美」感に合わせることが重要である。

児童は6歳になったら小学校の普通教育の段階に入るが、音楽、絵、運動、文学の課程は「美育」に属する。中学校時代には、自主的、個性的な性格が特徴になる。ユーモアがあったり、あるいは悲壮な作品も選んであげる。美術、芸術の面の成長のためには、複雑な内容の作品を選ぶ。

実は、「美育」の範囲は以上のような内容だけではなく、学校の一切の課程は、「美育」に関係ないものはないといってよいのである。美は、

第7章 新教育一般における芸術の位置づけ 149

数と美術の比例、リズムと、幾何と図案と、光学と色彩との関係が密接
である。数学のゲームは滑稽な美感をあたえたり、化学では塗料を作っ
たり天文が美術、文学の素材になったりすることがある。

　その他、社会科における「美育」は、美術館、歴史博物館、人類博物
館、古代物陳列所、植物園、動物園における芸術的観賞物はすべて、「美
育」の資料になる。ただし、美術展覧会、音楽会、オペラ、舞踏劇、あ
るいは、劇場、映画館で演じられ放映されている、くだらない滑稽劇や
危険な探偵もの、下等で淫らな低俗恋愛劇は除く。

　社会「美育」は、社会全体の環境をも含む。まず、道路の美化、町並
みのあちこちに樹木、花が見られるのは当たり前であるが、彫刻や休憩
所、交差点の噴水を設置すべきである。次に、建築、公園の外観、自然
美と人工美に注意すべきである。名勝、古跡の保護と管理も、さらには
近年の人工破壊および自然破壊も考察すべきである。

　最後には、墓を造る場合、効率性を重視して作った方がよい。なぜな
らば、個人があちらこちらで作ったら、町全体の美観を壊すからである
……。

　このような壮大な構想の中では、「美育」は、徳育、智育、体育と並
列する、教育内容の重要な部分とならざるをえない。つまり、「美育」
は智育を助け、あるいは智育と違う角度から、あるいは智育と共に、徳
育の完成をさせることを目的としたのである。

　蔡元培自身は、言うまでもなく、典型的な旧教育を受けたわけである。
彼自身は科挙制度における強制的な説教や論理の弊害にもかかわらず、
それらによって挫折させられることはなかったものの、振り返って考え
たときに、そういう旧教育を矯正するものとして、「陶冶感情」（感情の
陶冶）を提起せざるをえなかったのであろう。蔡元培の理論では、中国
教育の中では元来、このような「感情の陶冶」が重視されていたとされる。
中国古代の「礼、楽、射、御、書、数」の「六芸」における「数」以外
の「礼、楽、射、御、書」のどの「芸」でも、美学的観点を欠かすこと
ができない。「楽」とは、純粋的美育であるとされてとは文章、記述で

ある「書」にも、美観を欠かすことができない。「射」と「御」は技芸の熟練性が要求されたが、その態度の優雅さも必要とされた[353]。蔡元培は、このように、幼稚園から大学までの教育内容として「美育」を重視すべきとともに、家庭教育と社会教育においても「美育」に力を入れなければならないことを強調したのであった[354]。

このように、蔡元培の提唱した「美育」は、中国の新教育一般における芸術の位置付けの重要な一部分となって、中国新教育建設の歴史的な指導と開拓的教育実践となったのである。

2. 聞一多における芸術の位置づけ

さて、この蔡元培の提唱した「美育」に共鳴し、これに呼応して、中国の大学の新教育を建設する代表者の一人となった聞一多（1899～1946）[355]の新教育一般における芸術の位置づけを概観してみよう。

「美育」の理論に関して、聞一多は、特に美の本質と「美育」の効用について論じた。「これまで人類は物質文明に頼った結果、悲惨な恐ろしい血戦（第一次世界大戦のこと──筆者）を生み出してしまった。これを認識した人々は芸術に寄り添い、芸術の保護の下にいたいという願望を抱くのである」[356]。そのために、美育を必要とする。つまり、人々は美を欲求し、美を愛する本性を持っているからであるとする。この美を求めることは、人類の内発的、自発的な力で人類の自由生存を促進し、社会的レベルを高め、これらのすべては芸術に寄与し、そこに、芸術的価値が見られるのである[357]。聞一多によれば、教育における「倫理、宗教、芸術」の問題についてみると、芸術は人間の内部にあり、倫理と宗教の両者は人間の外部にあるから、美育は教育の中で最も重要であるということになるのである[358]。

聞一多は中央大学や西南大学の文学と美術の講師として、学生を「新詩」の創造、新劇の演出、音楽演奏会や絵画クラブの活動等に導いた。学生たちは聞一多から、きわめて生々しい美育を受けたと同時に、学生としての成長と最高に人間的な教育を、美育によって受けたという実感

第7章　新教育一般における芸術の位置づけ　151

を持ったのである[359]。当時、欧米から伝わった「快感」だが、それと「美感」とは混同されやすい状況であったために、聞一多は、明快な見解と分析を示した。「快感」とは、五感を通しての快楽であるが、「美感」は人間としての独特な深層的心理的感覚による快楽、いわゆる心の底に感じる快楽である。開化された人間の快楽と、獣や原始人の快楽とは違うのである。一人の人間としては、口や鼻の快楽は耳や目の快楽には及ばない。耳や目の快楽は心霊の快楽に及ばないのである。それによって、彼の認識した「快感」と「美感」とは全く次元の違う問題だとされた。彼の主張・実践した「美育」の思想および教育の内容が、東洋芸術と西洋芸術の精華との融合物であり、低俗的な邪見を許容しないからでもあった[360]。

　以上のように、蔡元培と聞一多の「美育」の思想およびその教育実践を概観した場合、中国新教育一般における芸術の位置付けに、「美育」は重要な意義を持っており、この「美育」は、古代中国教育における「六芸」とも、欧米の近代文明の遠源である古代ギリシア教育における美の意識とも関連を持つもののように思われる。「美についてのセンスを育てること」「審美観についての教育」は、「五・四運動」の時期から崇拝された「賽先生」（賽因斯・science・サイエンス）と「徳先生」（徳莫克拉西・democracy・デモクラシー）を主点とした新教育の実践に対して、いかに新時代と新社会を作る人間の教育のバランスをとっていくのかという課題を提起した不可欠の教育的試作と見ることができるのではなかろうか。

第2節　魯迅、茅盾、葉聖陶の児童文学における美の重視

　中国新教育運動の中では、魯迅をはじめ文人たちは、中国の子どものための文学作品をたくさん創作せよと呼び掛けた。そして、「五・四運動」以降には、実際、児童文学の作品が数多く出版されたのである。茅盾と葉聖陶は、その中の二人であった。

　なぜ、その時代に、子どものために多くの文学作品を作らなければな

152 第二部 陶行知の芸術教育論

らなかったか。魯迅[361] (1881-1936) は言う。「子どもは天真爛漫で、遊戯や生き生きとした挿絵がある書物が好きである。美を愛する天性を持つ。豊かな創造力を持つのである」[362]。

茅盾[363]は言う。「子どもが年々、に大きくなると、玩具とおやつ以外に、精神的食料品が要求されている」。これはつまり、児童文学作品のことである[364]。

葉聖陶[365]は言う。「子どもは誰でも、濃厚な感情を心の中で燃やしている。彼らは文芸に対して、文芸の魂と感情を強烈的に欲求し、本気でその作品に打ち解けることを欲している」[366]。しかし、この時代には、幼年時代から成人時代にかけて読む児童のための文学作品はほとんどなかった。また、児童文学を専業とする人はいなかった。そのために、1918 年からは、魯迅をはじめとする人たちが、児童の適性に合わせた優美な文学作品を創作すべきであること、児童文学の創造、外国の児童文学作品の翻訳など、子どものためにたくさん創作してほしいことを、繰り返して呼び掛けたのである[367]。

蔡元培が教育総長の時代に提出した「美育」の教育方針は、1912 年の臨時教育会議によって取り消された。これに対して、魯迅は、「此種豚犬、可憐可憐!」(このような行為はまるで豚犬の行為である。かわいそうに、かわいそうに!)[368] と評した。魯迅には児童文学作品がほとんどないが、1918 年の『狂人日記』では、「喫人」の社会を怒ると同時に、「"救救孩子!(子どもを救おう!)」という呼びかけをしたことが有名である。

1920 年代から、児童文学作品の創作は盛んになったが、これらの児童の書物について、魯迅が特に力を入れ指導したのが挿絵であった。彼は、(挿絵は)「いい加減で平板である。書かれた人間や物は実物に似ていなく、色彩も悪い。挿絵の児童の顔や姿は、不良の子どものようだ。あるいは横暴なイメージがある。主人公の子どもの表情も一般的には惚けていた」[369]と批評している。挿絵は、「単なる絵を描く技芸だけでなく、一種の民族的教育思想を反映している」[370]と厳しく教えたのである。ここに言う「一種の民族的な教育思想」云々とは、天真爛漫で美を愛す

第7章　新教育一般における芸術の位置づけ　153

る子どもたちの天性をどう引き出すかが、まったく考えられていないという、思想的欠落を指摘したのであろう。子どもたちの豊かな創造力を引き出せそうにない大変貧しい当時の児童文学の低い教育力への反省と批判でもあった。

　茅盾は、1930年代の児童文学の出版物に対して、10年ほど前の魯迅とは別の角度からの批判と指摘をした。彼によれば、児童文学の作品の量の増大は喜ぶべきであるが、質はまだ低いという[371]。「児童文学者は子どもたちの心に一種の愉快をあたえなければならない。また、子どもたちの想像力を引き出さなければならないのである」[372]。その上に、「児童文学は価値ある文芸作品であり、文章がはっきり明快でなければならない」[373]。ユーモアたっぷりで生き生きとした天真さと素朴さがあり、物語の構造が明白でしかも賑やかな方が、子どもの趣味を引くからである。実際、児童文学は、子どもを教育し、彼らに生活の活路を拓き、趣味と思考を発達させ、将来の職業の選択さえにも影響をあたえるであろうからと、茅盾は児童文学の質をなぜ向上させねばならないかの理由を挙げたのである[374]。

　したがって、茅盾自身、まずよい児童文学作品を創作しようと努力した。彼は童話（代表作『獅子の蟻よりの侮辱』、『兎の嫁とり』）をはじめ、子どものための科学小説（代表作『三百年で孵化された卵』、『二十世紀後の南極』）、小説と散文（代表作『大きな花物語』、『少年印刷』）など、数多くの作品を発表したほかに、ギリシア神話（代表作『皇帝の新装』、『十二が月』）、北欧神話（代表作『辛い海水物語』、『青いリンゴ』）などの翻訳の仕事を残している[375]。

　葉聖陶の児童文学作品の創造は、彼が小学校の教師になった時に始まる。彼は授業の中で、子どもたちの好奇心に応じて、中国の昔話や、外国の童話や物語を話した。例えば、司馬遷の『項羽本紀』、モーパッサンの『二人の友』、ドーデの『最後の授業』などを子どもに話して、子どもの熱烈の反応を引き出した。子どもに対して、ひたすら書物を暗記させるばかりの旧教育は、葉聖陶の忌避したものであった。彼は、子ど

154 第二部　陶行知の芸術教育論

もの感情の陶冶を無視して物質的に知識を詰め込み、機械的に発達成長させるような旧教育の教育方法には大反対でもあったからである。実際、葉聖陶が予想した通り、彼が授業の話した『二人の友』の物語は、子どもによって脚本が作られ、学芸会で演出されたのであった。劇の終わりには、二人の友達が敵の銃殺の前、互いに「さようなら」と震えた声で永遠に別れる場面があった。観衆の誰もが感動で涙が出た。このことを通して葉聖陶は、児童文学は子どもたちの感情陶冶を行うことができると確認したと同時に、子どもというのは、文学作品を深く理解し、作品の人物の性格をよく表現できることがわかった。子どもにとって、よい文学作品は、豊富な栄養をもつ精神上の食料品であり、彼らの高尚で純美な感情を発揮させ、創作の刺激をあたえるものになるに違いない[376]。葉聖陶はこのように指摘しながら、彼の最愛の後継者である子どもたちに輝く宝石のような児童文学の作品を数多く捧げたのである。彼の作品は、視野が広く、将来を見通すような性格を持ち、子どもの内面的感情に触れ、子どもの心の純美さを保つものである[377]。しかし、その反面、戦争についての彼の児童文学作品は、例えば、上述の『二人の友』のように、その内容は反戦的であり、戦争は悪であるというメッセージを子どもにあたえるものである。葉聖陶は考えた。もしも『二人の友』を子どもたちに教えなければ、戦争はどのような悲惨さと残酷さもつもなのかのイメージを抱かせることができない。子どもの心の中には、戦争が悪い、戦争をしてはいけないという感情が出てこないであろう[378]と。

　このように、葉聖陶は、子どもの心理の奥にある認識、連想、思考を身体的感情と結び付けさせ、子どもが精神と身体を連関させて複雑な思考と行動を大きく伸ばさせる文学芸術的なものを発見したのである[379]。

　葉聖陶の児童文学作品は、童話をはじめ、歌謡、小説、散文、歌劇など、実に多くがある。代表作には、『小白船』『薔薇と金魚』『鳥言獣語』などがある。

　以上、魯迅、茅盾、葉聖陶らの児童文学創造の思想と実践を挙げることで、新教育における彼らの芸術の位置付けも見えてきた。禁欲させら

れた旧教育下の子どもの心が、新教育における児童文学の芸術によって解放され、自由でかつ快く成長発達するこができるのであった。

第 8 章 陶行知の生活教育における芸術

はじめに

すでに第 6 章で瞥見したように、陶行知は、1917 年から 46 年まで、ほぼ 30 年間の教育実践の中で、数多くの文学芸術作品[380]を創造した。彼が作った小説、詩、劇作などは全部で 350 篇以上[381]あり、陶の作詞で作られた歌曲が 41 首[382]ある。中国の物語や寓話と古詩の中には、陶によって英訳されたものがこれまでにわかっているだけで計 48 篇[383]、英語から中国語に訳された詩が 21 篇[384]ある。また、彼が編纂した初等教育段階の国語・算数・天文学の教科書にも彼が創造した物語も多く載っていた。それらの芸術作品はすべて、陶が考えた大衆教育の理念に基づいて創出され、そして大衆教育のために尽くすべきものであった。陶行知は芸術作品は民主的・大衆的・科学的・創造的な性格をもつべきである[385]と主張しながら、それを実践に移しつつ、教育学研究を重ねていたのである。

本章では、陶行知の代表的な芸術作品を挙げ、その性格を分析し、彼の芸術作品と一体となった教育現場の模様を見据えつつ、彼が開拓した大衆教育の学校、すなわち、1919 年の平民学校、1927 年の暁荘学校、1930 年の工学団、1939 年の育才学校で学んだ生徒たちの活躍ぶりを考察し、彼の生活教育における美育を論じたいと考える[386]。

陶行知が中国の新教育で活躍した時代は、打倒された清王朝から民主国家になった時代であったが、封建的体制・思想もまだ残っていた。これに対して「芸術創造」は、第一に、民主的性格をもつべきであった。

158 第二部　陶行知の芸術教育論

または、少数の貴族や権力者の利益だけを満足させて変動している社会に対して、大衆的性格の「芸術」を創造するべきであった。以降で詳細に見るように、これらはすべて、陶行知の芸術論の根幹をなす考え方である。

　さらに陶行知は、「芸術創造」は、不合理な風俗習慣・文化伝統と混同され迷信ともいえるような芸術に対して、「科学的性格」をもった「芸術」を創出すべきであると考えた。

　陶行知があたえた以上の「芸術性」をあますことなく表現した作品として、第6章では、歌の代表作『頭脳相長歌』(1931年作)[387]、『小先生歌』(1934年作)、[388]『自立立人歌』(1935年作)[389] を紹介したが、本章では、民主性・大衆性・科学性・創造性のそれぞれに重点を置く「芸術」作品を性格別に分け、分析してゆきたい。

第1節　民主的「芸術性格」

　陶行知は作品の「民主性」をどのように創ったのか。民主的「芸術性」を高揚する作品に『一個農夫之孔子観』(1925年頃作)、『子どもは小さくない』(1931年作)、『民主お嬢さんに求愛する』(1946年作) などの詩がある。

　短詩『一個農夫之孔子観』は言う。孔子の教えは古代から伝わった『論語』であるが、それは伝統的教育を受ける人々の必修教材であり、世の中の権威的書物であった。だが内容には農夫の生活や農業のやり方が一つも書いていなかった。民国時代になって、農民も民の一員であり、国家参政権も持つようになったのに、教育権さえもない。ここには、農民から見た孔子観を通して、農民の多様な非識字者レベルに応じなければならないという、教育者としては陶の配慮が見られる。以下に原詩と陶行知による英訳を掲げる。

『一個農夫之孔子観』

四体不勤

五穀不分

孰為夫子？ [390]

A Farmer's Picture of Confucius

Oh! That man toils not his hands and feet,

Distinguishes not the corns that he likes to eat,

What is he that pretends to teach? [391]

　農民教育の教師は知識人である教育者よりもむしろ、学習が進んだ農民自身であるほうが最も説得力があり、「農民の最も優れた教師は私ではなくあなたではなく、農民の中の最も進んでいる農民である」[392] あるとするのである。

　陶行知は孔子をすべて否定するのではなく、孔子を中国文化の優秀な先駆者として、世界宗教文化における釈迦、キリストと同じ教育的地位を持っていると考えていた[393]。「孔子少賤、故多能鄙事。他入太廟、毎事問。晨門称他是知其不可爾為知之者」（孔子は少年時代には高貴の身分ではなかったが、物事を何でも知りたがったため何についても問うていた。彼が「太廟」（天子の祖廟）に入ったとき、いろんなことを伺っていた。門番人は物事の因縁経緯までを知りたがった彼（孔子）を知者であると称賛した）[394] とも書いている。

　短詩『一個農夫之孔子観』は、陶行知が、当時、教育を受けることができなかった中国人口の80％以上の貧困大衆への「普及教育」を試みた際に、知識人教師を農夫教師に置き換えて、中国伝統文化における全く無視されていた農民の苦労を慰め、農民の力による社会の進歩と繁栄の功績を讃えたのである。もちろん、『一個農夫之孔子観』は同時に、中国の旧教育へ批判にもなっている。

160 第二部　陶行知の芸術教育論

　詩『子どもは小さくない』では、子どもの人権は大人の家長権をもっ
て侵害することはできないと主張し、大人は人生の先輩として子どもの
成長を助け、子どもの嬰児期、幼児期には養育の責任をとる保護者であ
る、と主張する。子どもがその本来持っている豊かな可能性を伸ばしす
ことを援助する仕事は大人の義務である。陶行知は、封建制度下の家族
内人間関係や社会の中の身分制について、革命的な発想と主張をした。
彼は、教育現場の教師と生徒との新しい人間関係を提唱した。それは、
「師生（師と生徒）」は互いに教育の建設と改革をともにする同志である
ということである。陶行知は、平等でしかも人間的愛情溢れる「師生」
関係を提唱したのである。

『子どもは小さくない』
人人都説小孩小
誰知人小心不小？
若小看小孩子
便比小孩還要小 **395**

みんな子どもは小さいと言う。
小さいけれど心は小さくないということを誰が知っているであろうか。
もしあなたが子どもを見下したりするならば
かえって子どもより小さくなってしまう

　当時、陶行知は教えた学生について「一番若いのが４歳で、一番年配
者が66歳。彼ら（学生たち）は私の学生であると同時に、私の先生で
ある」**396** と言っている。陶行知の子どもの見方は「民主」から成り立っ
ているのである。「民主の意義がまた発展していくであろう」**397** とも「本
当の民主は一に政治民主、二に経済民主、三に文化民主、四に社会民主、
五に国際民主を包括するのである」**398** とも言い、そして彼は、「民主教
育」を最後まで貫いたのであった。「民主教育」とは人間に自らを主人

公にすることを教え、そして、国家の主人公、さらに世界の主人公になることを教えてくれるものである[399]。この「民主精神」をもってすれば、「子どもの最も優れた教師は私ではなくあなたではなく、子どもの中の最も進んでいる子どもである」[400]となる。彼は子どもの「小先生」が「難しい知識を一般の人々の必要とする空気のようなものに変えた」[401]と賞賛したが、「小先生」の魅力は彼らがまさに「小学生」であることにある。例えば、「小学生」の彼らは、朝に習った単語や知識や技能を、その日の夕方にすぐ人々に教えて「小先生」になった。大人の先生と違って「小先生」には給料が要らない。だから「小先生」は教育の普及にとって実力のある支援者であり、旧風俗の中の実力派である[402]。すでに本書で何度も言及したように、当時の農村には「男女授受不親」「男女七歳不同堂」の風習が強く、農村の教育普及のため、非識字者の20代以上の女性たちに男性の教員が教えようものなら、前例がないことなので事実無根の噂が広がって教育を展開しにくい環境なのであった。10代の「小先生」が20代の女性に教えれば、積極的に「登門施教」（ドアを敲いて部屋に入って教える）しても無根の噂が立たないのである[403]。

　　長詩『民主お嬢さんに求愛する』は次のような内容である[404]。
　　登場人物は、民主お嬢さん（人々が憧れた「民主」を擬人化した女性）、「求愛者一」と「求愛者二」と「求愛者三」（いずれも求愛の失敗者）、「求愛者四」（求愛の勝利者）がいる。
　　「民主お嬢さん」は、健康で素朴で美しい娘である。住んでいる平屋の玄関口には虎がいて、勝手口には狼がいる。そして、次から次へと求愛者が訪れる。
求愛者一が登場。
　求愛者一：美しいお嬢さん、僕はあなたを愛しています。あなたは僕
　　を愛してくれますか、美しいお嬢さん。
　民主お嬢さん：あなたはどういうふうに私を愛してくれますか、お話
　　しください。

162 第二部　陶行知の芸術教育論

求愛者一：僕は、朝から晩まで、深夜から夜明けまで、あなたを想い
　会いたいが、あなたの玄関口には虎がいて、勝手口には狼がいて、
　どうしても会えない。あなたに恋いこがれて、恋煩いをしても、ま
　だあなたを思い続けているのです。

民主お嬢さん：ありがとうございます、空想だけのお友だち。あなた
　は恋煩いを慰めてくれることしか求めないでしょう。あなたとお供
　するわけにはまいりません。
　　続いて、求愛者二が登場。

求愛者二：美しいお嬢さん、僕はあなたを愛しています。あなたは僕
　を愛してくれますか、美しいお嬢さん。

民主お嬢さん：あなたはどういうふうに私を愛してくれますか、お話
　しください。

求愛者二：僕は、朝から晩まで、深夜から夜明けまで、あなたと一緒
　になることを神に祈っていますが、あなたの玄関口には虎がいて、
　勝手口には狼がいて、あなたとふれあうことがどうしてもできませ
　ん。美しいお嬢さん、僕は神がキューピッドを遣わし、あなたの心
　の真ん中に一本の愛の矢を射るようにと祈っています。

民主お嬢さん：ありがとうございます、天命に頼るお友だち。あなた
　には、ただ待っていて慰めてくれることしか求めないでしょう。恋
　人は天から降りてくれませんよ。

次に求愛者三が登場。

求愛者三：美しいお嬢さん、僕はあなたを愛しています。あなたは僕
　を愛してくれますか、美しいお嬢さん。

民主お嬢さん：あなたはどういうふうに私を愛しますか、お話しくだ
　さい。

求愛者三：僕が、朝から晩まで、深夜から夜明けまであなたを敬って
　議論しているが、しかしあなたの玄関口には虎がいて、勝手口には
　狼がいて、あなたとどうしても手をつなぐことができません。美し
　いお嬢さん。僕はただ、会う人ごとにあなたについて話し、あなた

のことが話に出てくると思います。

民主お嬢さん：ありがとうございます、清談のお友だち。あなたは清談で慰めてくれることを求めるしかないでしょう。恋人は清談によって手に入れることはできません。

最後に求愛者四が登場。

求愛者四：美しいお嬢さん、僕はあなたを愛しています。あなたは僕を愛してくれますか、美しいお嬢さん。

民主お嬢さん：あなたはどういうふうに私を愛しますか、お話しください。

求愛者四：僕があなたを追い求め、あなたに近づき、あなたを僕の中に溶かしこみ、僕をあなたに融合し、あなたと僕は一体になります。

民主お嬢さん：私の玄関口には虎がいますよ。

求愛者四：僕が玄関口の虎を打倒します。

民主お嬢さん：また、勝手口には狼がいますよ。

求愛者四：僕が勝手口の狼を打倒します。

民主お嬢さん：あなたが私と近づく途中には、81種の災難に遭遇しますよ。

求愛者四：僕は水火をも辞さないで、命と愛を交換します。

民主お嬢さん：来てください。勇敢な人に幸運が来ました。命を失うことに恐れない人が、命をあたえてくれます。

求愛者四：命より大事な命をあたえられました。僕はあたなのもの。

民主お嬢さん：私もあなたのものです、約束します。

求愛者四：我々は抱き合いしましょう。

民主お嬢さん：私たちは愛しましょう。

求愛者四：私たちは踊りましょう。

民主お嬢さん：絶対に破壊されないように。

求愛者四：あなたと僕と連合して。

民主お嬢さん：西洋のファシズムを征服して。

164 第二部　陶行知の芸術教育論

求愛者四：東洋のファシズムも征服します。

民主お嬢さん：あなたと私と連合するのを願って、

求愛者四：あなたが一切を統治することを願って、あなた自身の愛も
　　統治する。

民主お嬢さん：新中国を統治します。

　求愛者四：世界も統治します[405]。

　中華民国以来、知識人は民権の研究を精力的に続けてきた。陶行知も
デューイに師事し、かつ、デューイを中国に招き、中国内陸の各高等教
育機関において、民主国家の哲学、政治、教育について講演と講義をし
てもらった。したがって彼は、デューイの思想的後継者の一人であった。
陶行知が考えていた民主は一人一人が力を十分に発揮できることであっ
て、少数の特権階級が中国全般に支配することは民主と言えない。すべ
ての人が平等という理念を持って行動すべきであるというのが陶行知の
主張であり、とりわけ、飢饉と寒暖に苦闘している人口の80％を占め
る人民大衆が守ることこそが民主だと言えるであろう。

第2節　『読書』『教人』『做工』に見る大衆性

　ここでは、小説『古廟敲鐘声』(1933年作)、詩『農民のために絵を描く』
(1945年作)、短詩『読書』(1935年作)、短詩『教人』(1935年作)、短詩『做
工』(1935年作)、『抗日』(1935年作) を見てゆきたい。

　小説『古廟敲鐘禄』[406]は、全体を84節に分けた中篇小説である。主
人公は私と朱先生二人であって、「工学団」（働きながら基礎学習をする団
体）の設立と建設のためにどのように骨を折って苦闘したかを物語風に
書き下ろしたものである。その内容は、陶行知が、実際に大衆教育の開
拓、創造の過程で厳しい環境と財政の条件の下で実践を行った記録に由
来する。古い廟を教室として教育を展開するのは古代からの例としては

少なくなかったが、この小説のような写実的な教育建設の教室はその一例といえよう。

　詩『農民のために絵を描く』は、陶行知が育才学校の朝会で作ったものであった。学校の芸術のいろいろな勉強が芸術のための芸術になってしまうと、結局生活から遊離することになってしまう。それではいけない。なぜなら、大衆が望むことに反するからである。学生はいつも、自分を育ててくれた故郷と抗日戦争中のことを忘れてはいけない。これが、陶行知が『農民のために絵を描く』で訴えたことである。「農民のために絵を描こう、農民の行列に入って絵を描こう、農民について絵を学ぼう、農民に絵を教えよう。農民を描いて、農民のお父さんとお母さんと子ども、農民の好きと嫌い、悲しみと喜び、仕事と休みと奮闘を描き出そう。農民の平凡さと偉大さを描き出そう」[407] と。さらに陶行知は、次のようなユートピアをもって詩を結ぶ。「絵で農民の家々を装飾し、さらに彼らが生活している所々を絵で美しく飾ろう」「郷村を美術化し、都市も美術化しよう。中国も世界も美しくしよう。それらは農民の心を慰め、農民の知恵を啓発させ、農民の一人一人の創造力を刺激し、農民が願う新天下を造り出そう」[408] と。ここに、陶行知が考えた民主と大衆の奮起、そして、大衆教育を徹底化することで実現する輝かしい未来の描写がある。

　次に、短詩『読書』『教人』『做工』の原詩と陶行知による英訳を掲げる。

『読書』
　喫飽飯
　不読書
　什麼人
　老母猪

Reading
　With the belly full,

Reading no book

What are you?

Just a hog!⁴⁰⁹

『教人』

　死読書

　不教人

　什麼人

　木頭人

Teaching

　Reading a lot,

　Teaching not

　What are you?

　A hard nut⁴¹⁰

『做工』

　不做工

　要喫飯

　什麼人

　王八蛋

Doing

　Doing not work;

　Eating much rice

　What are you?

　A bunch of lice!⁴¹¹

　　短詩『抗日』は以下のとおりである。

『抗日』

　教死書

　不抗日

　什麼人

　放狗屁

Resist Japan

　Teaching dead book;

　Seeing China broke

　What are you?

　Just a joke![412]

　以上の作品は大衆の言語で書かれ、現在の私たちの目から見れば詩と
は思えないくらい乱暴な罵り言葉のように思える（これら四篇の詩の最後
はいずれも、英訳は韻を踏ませるために最も近い単語を充てているが、中国の
ほうでははるかに強烈な意味を持つ汚い罵り言葉である）。しかし、当時の中
国大衆の言葉としての詩は、このくらい大衆の口調で詩を作らなければ
ならなかったのである。それは陶行知がどれほど、大衆の思いを知って
いたのかを伺わせるものである。その英訳詩によって、その芸術的レベ
ルがわかったのであるが、陶行知自身は自分のことを謙遜して自身のこ
とを人民大衆に褒められた「詩人」とは認めていなかったのである。

第3節　科学性の教育的役割

　科学的性格を魅力的にもつ陶行知の生活教育には、水、火、空気、石
鹸、天文学、数学、物理学の教科書があり、科学理論を、おもしろい対
話、芝居、詩などの文学作品の形式で書いたものが多い。

168　第二部　陶行知の芸術教育論

　例えば、『空気』(1923 年作) には、先生と学生の問答を通して、空気がどこにあるか、さらに、自然現象から人為で風を作ることまでを話していた。空気は人体に不可欠の栄養源であり、ある意味では食べ物以上に重要である。新鮮な空気は健康によいので部屋の窓を開け、外部と通気するべきであり、戸外で体を動かすと健康によいなどの説明がある[413]。

　「児童読物」としての『空気の科学遊び』(1931 年作) には、2 人の子ども「ワンちゃん」と「嫌がりちゃん」が遊びながら空気を掴んで、空瓶に入れて化学実験をしたり、風車を考察したりして、人間にとっての空気の役割をわからせる児童の書物である[414]。

　児童天文学を教える『児童天文学活頁指導』(1932-33 年作) には、まず「坐飛球遊天」(風船に乗って天空を遊覧) で子どもたちの好奇心を起こさせ、天球観察の仕方、1 月から 12 月までの見やすい星座を教えている。1907 〜 1936 年の間の土星の環の外観の違いが掲載されている。それらは説明的な役割を果たすだけでなく、芸術的変化に心惹かれるものになっている[415]。

　『数学の遊び』(1932-33 年作) には、「一二三四五六七八九、排成三行讓人数。直加是十五、横加是十五、対角加来也是一十五。你若排得対、中央必是一個五」(一二三四五六七八九、三行を並べて数えよう。縦に加算し十五であり、横に加算し十五であり、斜めに対角で加算しても一十五である。もしもあなたが正しく並べれば、中央に必ず一つの五が来る)[416] として、楽しみながら数を覚えられる工夫がこらされている。

第 4 節　永遠の創造性の開発

　創造性の開発をうかがうものとしては、作品『両位姉妹―― 1936 年パリ「双十節」に参加される中国とフランスの友人に捧げる』(1936 年作)[417] などがこれにあたる。

　「両位好姉妹、生辰有意義：一是七一四、一為十月十。姉名大中華、

妹名法蘭西。拿起筆与剣、保衛徳謨克拉西」（二人の仲の良い姉妹、その誕生日には意義がある。一人は七月十四日[418]、一人は十月十日である。姉さんの名前は大中華であり、妹さんの名前はフランスである。姉妹共に筆と剣をもって、徳謨克拉西（デモクラシー）を守る）[419]。

　このように創造的な性格である詩は、前述の『民主お嬢さんに求愛する』のような詩と同様に巧みな比喩や隠喩を含んでいた。例えば「科学下嫁」、すなわち、擬人化した「科学」が身分の低い人に嫁ぐ——科学が大衆と結合することを言う。「抱着愛人遊泳」は、愛人を抱えて水泳をする——「愛人」とは「大衆教育」、「遊泳」とは模索するの意味である。ここではまた、陶行知が自分の最も愛する「大衆教育」と一体して、未曾有の「普及大衆教育」の大海を泳ぐことをも比喩している。

　「普及大衆教育」の大海の中で、陶行知は、上のような作品で示した文学的造詣と才能があったゆえに、「大衆の詩人」と評価されたのである。すなわち郭沫若の評価によれば、陶行知は詩を作るプロ作家ではないにもかかわらず一流の詩を作り出していた。陶行知の大学時代は、中国知識人の文章の文題はほとんど古体に近かったが、彼は留学先から帰国し、貧困の農民大衆教育を志した後の詩は、中国の基礎教育を普及するために、農村で何百年にもわたって歌われ続けた民謡体で詩を書くことが多かったのであり、その後も彼の四十代また死去に至るまで、この傾向は続いた。息子の呉立邦に宛てた『談詩』[420]という手紙に中で陶行知は、「詩のいのちを持たなければ絶対にいのちの詩を作れない」と言い、よい詩はいのちと一体になっていることを強調した。陶行知は1931年の『詩の学校』の中で、「宇宙為学校、自然是吾師、衆生皆学生、書呆不在茲」（宇宙を学校とし、自然は吾が師であり、衆生が皆学生、本の虫は役に立たない）[421]と主張した。陶行知にとっていのちの力とは何であったのか。それは宇宙から自然から衆生から習得したものであり、地球上の人類が有史以来創造したあらゆる文化を吸収・消化しようとする精神で、教育のユートピアに向かって創造し、開拓することであった。

　陶行知の著作は、彼が古典中国文学にも深い興味と学識を持っていた

170 第二部　陶行知の芸術教育論

ことを示している。再三記しているように彼は中国の伝統的教育で育て
られ、その後ミッション・スクールにも 6 年ほど在学し米国にも留学し
た。東洋文化と西洋文化そして古典文化と現代文化の薫陶を受けたゆえ
に、曹操の『短歌行』、李白の『静夜思』と『月下独酌』、杜牧の『贈別』、
馬致遠の『征人』、朱元璋の『菊花詩』と『雪竹詩』、鄭板橋の『岩竹詩』
など 422 という数多くを英訳した。これは陶行知の大学時代から開始さ
れ、1914 年には古詩の『木蘭詩』[423] を英訳した。

　苦しい大衆の生活を同情する詩も陶行知によって英訳された。陳世伯
の『煮粥詩』には、貧しい生活の特別の哲学がある。以下に、原詩と陶
行知の英訳を掲げる。

『煮粥詩』
　煮飯何如煮粥強？
　好同児女細商量。
　一升可做三升用、
　両日堪為六日糧。
　有客只需添水火、
　無銭不必作羹湯。
　莫嫌淡泊少滋味、
　淡泊之中滋味長。

On Congee

　To cook rice or congee, which is better?

　With our boys and girls discuss this matter.

　One liter of grain may have the use of three.

　Two day's food may last for six days believe me.

　Should guests come, we add water and fuel only.

　No need for soup if our purse be empty.

　Avoid not plain food for lack of delicacy.

第 8 章　陶行知の生活教育における芸術　171

Plain taste in pail food will feed us a long way. [424]

　このほか、有名な庶民の民謡『賣布謡』[425]『小白菜』『長起来』『可憐的秋香』『鳳陽歌』[426] も陶行知によって英訳された。

　民衆の幸福のために教育実践をしてきた陶行知は、民衆と一体となり、一緒に生活教育を体験し、共に学び、教えた。彼は教育者としての、また実は芸術家としての使命を自覚して、作品を創造する源泉を生活教育の実践から絶えずくみだし彼の渾身に流れていたのではないか、30 年間の教育実践とは 30 年間の「教育芸術家」といえよう。現代の研究者である高海燕と莫先武も指摘するように、陶行知はまず教育者であり、そして、文学者であった。教育現場は彼の美学思想の舞台となり、彼の文学作品はいつもいきいきと教育思想を表現し、彼の芸術的天才がその作品に輝かしい美を満たし、こうして、彼の教育活動は芸術化されていったのである [427]。

第9章　現代中国における陶行知の教育思想の応用

第1節　現代中国における陶行知教育思想の再評価

前章までで明らかにしたことを要約すると、以下のようになろう。

陶行知は王陽明の「知行合一」学説や、デューイの民主主義教育思想に感銘を受け、中国での教育革命を志し、「民有」（民衆が教育をもつ）、「民治」（民衆が教育を作る）、「民享」（民衆が自分の必要によって教育を行う）という中国的な民主主義に基づく生活教育論を提唱した。

陶行知は1923年、それまで彼が務めていた社会的地位（例えば、南京高等師範学校教授、教育学科主任、中華教育改進社主任幹事、『新教育』雑誌編集長など）を投げうち、南京、安徽、北京などに平民学校を創設するとともに、教科書『平民千字課』を編集し、平民教育の実践に専念することになる。1927年春には、全く新たなタイプの農民の教員を養成するために、南京郊外に「実験郷村師範学校（暁荘学校）」を創設する。付属幼稚園・小中学校をもつ同師範学校は、彼の生活教育論の実践の場であると同時に、そこから彼独特の生活教育思想が創出されることになった。1932年には、上海市内と郊外に、「山海工学団」「晨更工学団」「報童工学団」を設立、労働者、農民と彼らの子どもたちに識字教育を行う。また、1939年には、重慶に「育才学校」を創立する。同校は、芸術的才能をもつ難童（戦争による一家離散によって生み出された孤児たち）の学校であり、子どもたちに民主主義的生活教育に基づく芸術作品を多数創出させることで、人民の芸術家を養成するという理念を掲げていた。

陶行知の生活教育思想は、伝統的な旧教育を批判する「中国的、節約的、

平民的」教育であった。官僚、地主、資本家などの頭脳労働者のための「小衆教育」ではなく、全国人口の80％に占める肉体労働者のための「大衆教育」であり、大衆の貧困と苦痛を解放し、彼らの生活の向上をはかるための教育であった。その生活教育思想は、主に、「教学做合一」「在労力上労心」という2つの教育論に結実している。

「教学做合一」では、教えること、学ぶこと、做すること（doing）、は一つのこととされる。教え、学ぶことは「做」を通じなければならないのである。「在労力上労心」では、思考力は肉体労働を通じて養われなければならないとする。以上の「做」と「労力」によって、大衆の生活力は活性化され、「民有」「民治」「民享」という民主主義的生活教育思想の着実な根源になりうるのである。

さらに陶行知は、「小先生制」というユニークな教育実践を提唱した。これは、小さい子どもでも教師になりうるということである。陶行知による「小先生」の発見は、陶行知の6歳の息子が非識字者の老婆に文字を教えたこと、また、暁荘学校付属小学校の児童や、「山海工学団」「晨更工学団」「報童工学団」の子どもたちが、同輩・先輩に教えたという教育実践例から生み出されたものであった[428]。

陶行知は、教育学者であると同時に民族解放運動の先駆者でもあった。1930年代後半からの抗日戦争中、陶行知は積極的に民族の独立解放運動に努め、外国教育の視察の際にも、帝国主義反対、民族解放を訴える多くの演説を行い、その影響力は、当時の欧米、東南アジアにまで広がっていった。

陶行知の教育思想は、近代中国の農村教育改革の中の実践によって創出されたものである。半世紀にわたった現代の中国の教育改革に用いられて、教育改革に様々な問題を解決することに貢献した。1981年の「陶行知再評価」以来、全国的に展開されていた「学陶師陶」運動は、実は、陶行知の教育思想の応用の運動と言えよう。彼の「中国的郷村教育思想」によって、特に農村教育の現状を改善させようという勢いが強かったが、現在になってその成果がはっきり見えてきたと言ってよいの

である。

　他方で1970年代後半に始まった「改革開放」の政策は、二億の非識字者がいる困難な現状に直面していた。ほとんど何十年間も進んでいなかった「郷村教育」を根本的には改善しなかったことに気付かされたのである。これが重要な課題として検討され、具体的政策を陶行知の教育思想の広範的活用によって行うことが決まったのである。

　「改革開放」後の「郷村教育」における陶の教育思想の応用は、以下のような前提となる状況とそれへの対応という特徴をもっていた。

１．全国的な「農村師範教育改革」の動きは、十年来停止してほぼ存在しなかった。すなわちそれは、主に師範卒業生の進路の問題に傾注していたのである。したがって、「郷村教育」における陶の教育思想の応用の根本問題とは、奉仕する対象は自分（師範生）ではなく農民であるという観念を、陶行知の教育思想を学ぶ中で自己反省を通じて確立してゆくことであった。

２．伝統的に「軽農」意識が強く、それを一掃しなければならなかった。農村と農民が全国的にどのように位置付けられているのか、徹底的な検討が必要であった。幼児・少年時代からはじまる「愛農」教育はその一つの典型的事例である。

３．農民の衣、食、住などの生活向上を目指す「農科教統籌」の実践と理論は、陶行知教育思想の現代版の応用であって、全国的に展開されている。それは、「発財致富」に達するためよりも、道徳と学習と技術の人材を養成するためである。

４．農村の技術職業中学は、その新役割を果たし始めた。都市部を中心としたカリキュラムを改善し、農業に関する農、林、畜、漁、機械、電子技術などの内容を入れた。また、「労技課」は全カリキュラムの40％を占め、それらの学習成果は最も重要な位置付けとなった。

５．全国で展開されていた「希望工程」は、農村小学校の失学、退学の

176　第二部　陶行知の芸術教育論

少年に経済的援助を提供し、彼らを復学させる民間の組織である[429]。現代の農民たちは、自分の子どもたちに学習させる必要性が徐々にわかってきたものの、年間一人当たり 40 元の学費にすら悩んでいる父母が多くいるという事実もある。

　「学陶師陶」以来の 10 年間、人口の八割に占めている農民の変貌は大きかった。そのすべてが、陶行知の教育思想の応用と密接に関係あるとは言えないであろうが、本章では、その農民の変貌の重要な一側面としての現代中国における陶行知の教育思想の応用について見てゆきたい。

第2節　現代中国の「行知学校」

　今日の中国では、陶行知は、教育関係者だけでなく多くの研究者が高く評価する思想家・教育実践家であるが、彼に対する評価は、ほぼ 1980 年を起点として大きく変遷している。

　1981 年は、陶行知への積極的評価が現れた年である。言い換えれば、陶行知は、中国建国直後から文化大革命時代とその終了の時代に至るまで長きにわたって、批判された人物であった。その最大の理由は、彼が、「帝国主義国家のアメリカ」に留学してデューイのプラグマティズム哲学の継承者となったと見られたことであり、これは当時の党公認のマルクス主義、さらには文化大革命時代の教条主義的毛沢東思想の許すところではなかった[430]。

　しかし、1980 年初頭を画期として、それまで封印されてきた陶行知教育思想は、彼の誕生 90 周年記念行事から、再評価されるようになり、「陶行知再評価」運動が全国で展開していったのである。そして、中国教育部（当時、国家教育委員会）に所属する中央教育科学研究所には、中国史上初めて中国陶行知研究会が設けられたのである。

　中国陶行知研究会は、北京国際空港から車で西南の方へ向かい 20 分

ほど行った中央教育科学研究所の中に設置されている。上述のように設立からすでに30余年が経っている。陶行知の教育思想の実現に力を注いでいるのはその会の名の通りで、毎年、陶行知の学術検討会を各省・市で開催することや国際シンポジウムの主催と国際的交流、陶行知研究論文集や『陶行知全集』などの書籍の編纂出版、また「行知学校」の創立と命名を行っている。

1991年陶行知生誕100周年国際シンポジウムは北京の人民大会堂で開催され、陶行知の教え子、1930年代「上海工学団」の小先生が出席、さらに、中国陶行知研究会の現在の方明会長（当時75歳）をはじめとする中国陶行知研究会会員、全国の陶行知研究者たちが出席した。筆者もこの国際シンポジウムに出席し、これらの人々と研究交流し、15年以上になる[431]。

近年、市場経済により、中国の都市部、特に北京市と上海市の流動人口が急速に増加し、それまで差別されてきた流動人口子女[432]が、義務教育を十分に受けることが重要視されてきた。2002年2月28日、教育部に属する企画部門・全国教育科学企画領導小組が、「陶行知教育思想と新世紀基礎教育改革と発展研究」を全国教育「十五」企画重点課題の通知として発布した。そして、2003年7月10日に、陶行知の直弟子・中国陶行知研究会会長の方明が、温家宝総理宛で、中国の農村教育を陶行知が一貫主張したように徹底的に実行していこうという方針を掲げた。それは、「農村・都市差別」と貧富差別の状況に対して、農村教育と貧困者教育を最も力入れるべきであるとの提案であった。

中国陶行知研究会が2003年から「行知学校」成立にあたる規則を制定し、全国の流動人口子女教育を一種の「民弁教育」（民弁＝私立）の形式で、政府の政策と民衆の願望と国内外の経済援助で作りあげたのである。本章の目的は、現代中国の貧困者・農村の余剰労働力いわゆる流動人口層の子どもたちが、「行知学校」でいかに学び、教育者たちがいかに陶行知教育思想を用いて教えているかを、「行知学校」の実践から考察することである。

178　第二部　陶行知の芸術教育論

第3節　流動人口子女教育の概況と「行知学校」

まず、流動人口と流動人口子女教育の概況を見てみよう。

国家統計局 2003 年の統計によれば、中国の農村労働力 5 億人近くに現代化を実行して以来、余った労働力として約 1.5 億人がいる。いま、全国の流動人口は主に民工（農民労働者）で約 1500 万である。民工の子女は約 700 万、その小学校の入学率は約 85％、中学校の入学率は約 20％、失学した児童少年は約 100 万人、年ごとに前年を上回る勢いである。北京、上海、深圳の 3 大都市の例を、以下の統計に掲げる[433]。

・北京の戸籍人口 1200 万人、流動人口 360 万人、流動児童少年 22 万人、簡易民工学校 350 ヶ所。

・上海の戸籍人口 1300 万人、流動人口 380 万人、流動児童少年 24 万人、簡易民工学校 519 ヶ所。

・深圳の戸籍人口 132 万人、流動人口 336 万人、流動児童少年 35 万人、簡易民工学校 221 ヶ所。

以下では、「行知学校」の代表校のうち、北京市大興区「行知学校」と「北京行知打工子弟学校」を取り上げ、その実績を考察する[434]。

「行知学校」は、中国陶行知研究会が陶行知の教育思想を研究し、実践するために作ったものである。陶行知の名前を冠した行知学校は、以下に見るように、各市各区のいずれでも、一定の条件が満たされるならば、学校の建校が可能である[435]。しかし、いずれも創設主体は中国陶行知研究会である。

(1) 名称：〇市〇区陶行知学校
(2) 創立者：中国陶行知研究会
(3) 学校の性質：①私立学校、義務教育を施行。②貧困者たちの教育科学実験学校である。

(4) 教育趣旨：①流動人口子女が平等でよい教育を受ける権利を守る。②流動人口子女教育の理論とモデルを探求する。

(5) 建学思想①党と国家の教育方針と政策。②人民教育家・陶行知の教育思想。③主体教育と環境保護教育の思想。

(6) 校訓：愛国愛校愛天下、做人做事做学問、做学教合一。

(7) 募集対象：流動人口の子女

(8) 募集原則：応募を歓迎、応募しない者には薦める。

(9) 教員資格：全国各地の流動人口の子女教育を熱愛し、かつ奉仕精神をもつ青年教師。

(10) 設備：義務教育の基準。

(11) カリキュラム：国家のカリキュラム設置の基準、ただし流動人口の子女の現実に応じたテキストを使用する課程もある。

(12) 経費出所：社会の寄付金。

1．北京市大興区「行知学校」

　北京市大興区陶行知学校は、北京市の公立学校ではなく、上で見たように私立学校である。前身は、差別された流動児童のために建てた元「棚鵬学校」であった。「棚」とは襤褸屋、貧困者の意味で、「鵬」とは遠く飛ぶ大きな一種の鳥である。流動児童を愛する黄鶴ら7名の熱血青年たちが、中国青少年発展基金会と北京小学と中国陶行知研究会など団体、そして貧困者の教育を支持する教育関係の同志たちと、2001年8月6日に創立したものであった。

　彼らは陶行知の精神——「来たるときは一心を捧げ、去ぬるときは草一本も奪わずに」（原文：捧着一顆心来、不帯半根草去）という名句に表れる——を実行し、新しいタイプでかつ教育部の規則に合う流動人口子女の学校を作った。棚鵬学校のモットーは「棚居何陋有真教、鵬翔万里在良師」（襤褸屋にいても本当の教育があり、大きな遠く飛ぶ鳥になれるのはよい教師がいるから）である。学校は流動人口子女と「下崗工人子弟」（リ

ストラされた労働者の子女）の希望を生み出す揺籃となった。

　中国陶行知研究会は 2003 年 6 月 25 日に「中国陶行知研究会流動人口子女教育工作組」を成立させた。その結果、棚鵬学校は陶行知学校と改名したのである。

　学校は北京市大興区西紅門鎮第 6 村にある。在籍生徒が 582 名、内訳は男子 216 名、女子 366 名である。生徒たちは 19 ヶ省・70 ヶ県の出身である。専任教師 24 人、内訳は男性 8 人、女性 16 人。この中には中学校高級教師 3 人、中学校一級教師 1 人、小学校高級教師 3 人。大学卒業以上の学歴が 20 人、大学専科卒業は 4 人、大学院に在籍しながらの非常勤教師は 6 人である。

　学校の敷地は 6600 平方メートル、建築面積は 1643 平方メートル、グラウンドは 4000 平方メートル。専用教室 24、電算室と図書室がある。パソコン 40 台、図書 30000 万冊以上、VCD 教材 300 部、小学校用の「自然」と「数学」機材各 1 セット、体育用と音楽用機材もある。これらはすべて社会からの経済援助でまかなわれている。最近のある 2 年間で学生のための学費免除をした額は総計で 100780 元であった。

　学校建設中には、北京テレビ局と中央テレビ局、華夏時報と京華時報と光明日報、スイス国家放送局、ロイター通信社と香港鳳凰衛視により報道された。北京師範大学農民之子協会と北京大学法律援助協会と中国人民大学学生と中国陶行知研究会などが、積極的に建学に参加した。さらには、自然之友環境保護組織と首都書画界と北京大学人民医院と中国科学院心理研究所、中国農業大学図書館と北京 173 中学、北京大興区教育委員会と大興区西紅門鎮政府および父兄からの後援を受けている。またアメリカ星星共同体、ジョンズ・ホプキンズ大学教授アン・サーストン、RCI アジア太平洋集団、アジア児童基金会、駐華領事夫人協会、香港調節顧問センターなども支援を寄せている。

　2003 年 11 月 17 日月曜日「行知学校」が西紅門村から黄村に移転した。全校の教職員と生徒が喜んだ。なぜならば、2001 年 8 月 6 日に建校以来、数えて 4 回の移転であったが、移転ごとに正式の学校の基準にますます

接近してきたからである。

　建校の当初、学校には数人の教員と数十人の生徒がおり、使えなくなり廃棄された教室を借り受け、教員には専用の事務室すらなかった。3回目の西紅門村に移動した後、教職員は十数人、生徒が600余人になった。学校は事務室、宿舎、食堂、グラウンド、図書室、パソコン室を持つようになった。しかし、廃棄された工場から改築された狭い教室と設備は、教育部の規則に合わなかった。その改善策として、今回の移転となったのである。

　現在の校舎は黄村の鎮の中心にある。キャンパスには一棟の三階建ての建物で4つの基準化された教室棟がある。教室は広くて清潔であり、広い窓から明るい採光が可能となっている。教室ごとにホワイトボード、天井に3列のランプ、机といす、スピーカなどが完備している。右側に位置する二階建ての建物は、二階のみ教室棟に通じて、校長室、会議室、財務室などの行政機関がある。一階には独立した北京政府からの許可証をもつ食堂がある。教室棟の向かい側に一つの平屋があり、生徒募集所と教務課と指導所がある。また、グランドにはバスケット用などの体育器具があり、その向かい側にはパソコン室と実験室と倉庫がある。その隣には、小さい庭を囲む教職員宿舎がある。キャンパス全体は1万平方メートル以上ある。

　新校舎は元々、北京里光高級職業技術培訓学校の小学部・里光小学であった。里光小学大興区教育委員会が支援する「打工子弟学校」であったが、募集人数を満たせず、つねに倒産する危機にあった。一方、北京市大興区陶行知学校には優れた教師陣と数多くの生徒がいながら、長い間に校舎が基準不合格のため、大興区教育委員会は「弁学許可証」をなかなか出さなかった。これは長い間、同校にとっての大問題であった。

　今回、大興区教育委員会が積極的に陶行知学校と里光小学との合併を進めたのは、言うなれば一石二鳥の戦略である。陶行知学校の校舎問題を解決し、里光小学の経営問題も解決するからである。人数が多い陶行知学校の教職員と生徒を主体とし、人数の少ない里光小学の教職員と生

182 第二部　陶行知の芸術教育論

徒を受け入れた。

　新校舎に移転した陶行知学校の生徒は初めて楼房の中で授業を受けた、廊下で跳ねながら歓声を上げた。週末には、寄宿生はみんな自発的に学校の移転を放課後の時間を利用したり、土曜日の夕方から翌日の朝3時までを使って手伝った。寄宿生たちは大変苦労したにもかかわらず、朗らかに言った「疲れないよ。素晴らしい教室に引っ越すなんて、夢さえも見たことがなかったよ。いま、喜んでいるから、力が一杯だよ」[436]。引っ越す時には、生徒がまず、学校の机といす、そして図書などを運搬して、最後の一日に個人の荷物を運んだ。生徒たちが学校を愛するこの行動が、校長と教職員を感動させた。

　教職員が最初から最後まで第一線で荷物を運んだ。資金を節約するため、週末の土曜と日曜日の2日間を荷物の運搬作業に費やしたが、月曜日の一時限からの授業にはさしさわりなかったのである。運送会社などに頼まず、教職員と生徒の力で、学校を丸ごとに引っ越してきたのであった。

　新校舎は教育部の規則に合格したので、まもなく「弁学許可証」が下りた。陶行知学校は2年前に遭った「封鎖」の悪夢（当時、公安局が全学校の集会時に、教職員と生徒の前で校長を検問に連れ去ったという）から解放され、遠くから漂流してきた子どもたちも「学校で勉強できなくなる危機を乗り越えた」と大喜びした。彼らはこれから、安らかな環境で学習に励み、健康で成長できるからであった。

　陶行知学校の教職員と生徒の喜びを表している「校園歌曲」が、陶行知学校中学校二年生・張艶姣によって作詞された。以下は歌詞である。

一番
われらが祖国の四方八方
首都北京がわれらの第二の故郷
陶行知学校に入学し
われらが健康に成長

ともに美しい時候を過ごし

ラララ、ともに美しい時候を過ごし。

二番
先生はわれらを知識の海に案内し
知識に理想の翼を付けてもらい
愛国愛校愛天下
做人做事做学問
做学教合一、校訓をわれらが心にかけ
ラララ、校訓をわれらが心にかけ。

三番
響いた歌声がキャンパスに
先生たちの熱い希望に
祖国に報い
故郷を変革し
われらが手をつなぎ前に向き
ラララ、われらが手をつなぎ前に向き。

2. 「北京行知打工子弟学校」

　北京市の西部、広々とした平地を貫く西四環路沿いに、雑然とした胡同の町がある。そこに、各地方からの出稼ぎ労働者の子どもたちのための学校「北京行知打工子弟学校」がある。見るからに粗末な木造校舎からは、時おり、子どもたちが元気よく朗読する声が聞こえてくる。事務室兼宿舎である校長室があり、この学校を創立した李素梅と彼女の夫で現校長の易本耀がいる。夫婦の2人とも40歳前後で、河南省の南部、息県の出身である。易校長は高等専門学校を卒業し、北京に来る前は県の食糧局で働いていた。夫人の李素梅は以前、教鞭を執ったことがあり、

184 第二部　陶行知の芸術教育論

1993年に野菜売りの出稼ぎのため、北京へとやってきた。早くから北京に出稼ぎに来ていた李素梅の兄妹は、故郷から連れてきた子どもの教育問題に頭を悩ませており、李素梅に学校を創立してもらおうと何度も懇願していた。

1994年9月1日（中国の学校の入学式の日）、北京市郊外の野菜畑の一角に、掘っ建て小屋を教室に、レンガや板を机やイスにした小さな学校が開校した。李素梅が創立したこの学校は、労働者の子ども九人を生徒としたスタートであった。

思いもよらなかった学校創立のニュースが出稼ぎ労働者たちの間に広まり、入学希望の子どもたちが続々と送られてきた。学校はみるみるうちに拡大発展し、李素梅一人では手が足りなくなり、夫の易本耀も退職し、学校運営のため北京へやってきた。学校運営は、実に厳しいものであった。これまでに3回の移転を余儀なくされ、現在はすでに使われなくなった古い工場（約4000平方メートル）を校舎として借りている。ここ数年、学校は徐々に整備されてきた。学齢前児童クラスや小学生、中学生の各部が設置されて、しだいに北京で最大の出稼ぎ労働者子弟学校へと発展した。全校児童は3200人。9年制の義務教育と学齢前教育を行う学校として、国家教育部（日本の文部科学省にあたる）が制定する学習指導要領に沿った全コースを開設、北京市の一般的な小・中学校と同じ教育計画を実施している。

月曜の朝、学校では恒例の国旗掲揚式が行われる。学校から遠く離れた家では、親が出勤前に子どもを送りとどける。全国各地から集まった労働者の子どもたちの多くは農村から来たのであり、都会の児童に比べると身なりは貧しいが、無邪気で元気一杯である。学校の周辺には出稼ぎ労働者の家が密集している。易校長によれば、現行の9年制義務教育の規定では、学齢児童は原則として、戸籍の所在地において入学し、その教育費は当地の政府がまかなうことになっている。しかし、市場経済の発展により、農村の余剰労働力が大量に都市へと流れ込んでいるのも事実である。現在、全国の流動人口は1億人近く、北京に入った流動人

口は300万人余り、彼らの子どものうち学齢の児童は10万人余りと考えられている。児童の義務教育費は、移転先へと移すわけにはいかないし、児童の教育をすべて移転先の公立学校にゆだねるならば、学校側に大きな負担がかかる。そのため、これらの中には転校生から「賛助費」や「借読費」（他の学校が委託されて学業を履修させる費用）を徴収する公立学校が出てきたのである。

　地方からの出稼ぎ労働者、とりわけ低額所得者の場合は、子どもを都市の公立学校に転校させたくても、学費が高くてとうてい無理である。貧しさのために入学できないか、たとえ入学できたとしても、その多くは中途退学せざるを得なくなる。そのため要求が徐々に高まり、私設の出稼ぎ労働者子弟学校が全国各地に生まれ始めたのである。

　こうした現状に対応しようと、国家教育委員会（現在の教育部の前身）は98年、『流動児童少年の就学臨時規則』を発表、「流動児童少年の就学は、おもに移転先（の学校）が管理すること」という通達を出した。また、国民個人が「流動児童少年を専門に募集する学校、または簡易学校を開設すること」を許可した。こうして、出稼ぎ労働者の子弟学校もしだいに社会から認められるようになったのである。

　北京行知打工子弟学校では臨時に使った校庭が、みるみるマンションに取り囲まれてしまった。学校はまた転居を迫られている。大まかな統計によると現在、北京にある出稼ぎ労働者の子弟学校は、300カ所を超えている。学齢の流動児童の就学率はすでに90％に達し、そのうちの70％は出稼ぎ労働者子弟学校で学んでいる。

　行知学校の学費は、他校と比べてもかなり安いものである。小学生と学齢前児童は毎学期一人あたり300元（1年2学期制、1元は約15円）、中学生は毎学期1人あたり600元（もし正規の学校に移転児童が入る場合は、借読費に600元、賛助費に3500元か、それ以上が必要となる）。孤児、障害児童、特別困窮児童、被災地児童、一人親の家庭や教職員の子どもなど、これらの立場の児童生徒は、学校側が学費を免除にする。

　しかし教室の借用料など、学校側の負担は相当な額に上っている。教

育設備を整える経費もなければ、正規の学校のようにさまざまな課外活動を行うことも、教育条件を改善することも難しい。

　ここ数年、行知学校の苦しい運営は国内外に知られ、広く同情を集めることとなった。支援の手が続々と差し伸べられ、学校運営に対して寄せられたアドバイスや資金・物資が、しだいに危機に瀕した学校を救っていった。

　1996年9月、『華声月報』の記者・曹海麗は、北京行知打工子弟学校を取材し、その動態を熱のこもった筆致で伝えた。遠くはアメリカのロサンゼルスに住む華僑の任玉書（80歳）が、報道を目にして涙を流し、行知学校に20万元を寄付したという。易校長は、感激した面持ちで語った。「どんな支援にも、感動の物語が一つひとつ込められている。それはお金や物を贈るだけにとどまらない、心が強く揺さぶられるような物語なのです！」

　同年2月には、流動人口の研究にあたる趙樹凱が訪れ、貧困地区でしか見られないような教育環境を目の当たりにして、感無量になった。彼は、テレビ局の記者を取材に呼んだり、貧困救済基金会に連絡して机やイスを寄贈したり、大学生を動員し、義務（必修課目）として授業を受け持たせたりした。

　そもそも、中国の「陶行知教育思想研究会」の会長・方明は、学校を自ら「行知」と名付けたのである。貧しい人たちのために学校をつくった有名な教育家・陶行知氏のような人物を目指すよう、教師たちを激励するためであった。

　教室は狭い。時には50、60人が押し込められている。行知学校に勤める169人の教師は、全国十数の省と市から集まっている。学校には当初、低学年クラスしかなかった。そのため、教師の多くは校長が郷里から連れてきた親戚や友人で、教育の経験もほとんどなかった。規模の拡大にともない、学校は学歴や教育経験のある比較的高いレベルの教師を広く求めるようになった。

　現在、高等専門学校卒業以上の学歴を持つ教師が78人、高級教師が

19 人、教師を兼任する大学生が 9 人勤めている。月給は 700 〜 1200 元。北京にある正規の学校と比べると、半額近くも安い賃金である。

　環境や待遇の面でなお善処が求められるものの、教師たちの児童への愛情にはなんら変わりがないようである。1 年生を教える范先生は、東北地方のある師範専門学校を卒業し、話が子どもたちのことに及ぶと、目を輝かせて言った。「子どもたちはとてもかわいい。子どもたちに好かれたら、あなたもすぐに友達になれますよ」。授業を早めに終えると、子どもたちに物語を話して聞かせる。放課後は、子どもたちといっしょにジェンズ（羽つきの羽のようなものを蹴る遊び）や縄跳び、ダンスなどをして遊ぶ。

　20 歳の汪廉は、首都師範大学で英語教育を専攻する学生である。必修課程の一環で、ここで教鞭を執っている。子どもたちの家庭の貧しさや一生懸命学ぶ姿を見るたび、彼女の胸はいっぱいになる。クラスには、ほとんど「太った」子がいない。着ている服といえば多くが十数年前のもので、かなり着古されている。冬になっても、教室にはスチームの設備がない。教室で石炭ストーブをつけると、すきま風がひどいせいもあって、すぐにむせ返るような煙のにおいが立ち込めてしまう……しかし、こうした厳しい環境で育つ児童を、汪廉はこう見ている。「ここの男の子たちは、正規の学校の児童よりもずっと元気がいいし、勇敢で、責任感が強いのです」。貧しさが彼らの豊かな経験を養い、向上心や自己処理能力を培っているのである。子どもたちは自ら石炭ストーブをつけ、学習用の用具をつくり、壊れた戸や窓を修理することができるのである。

　入学したばかりのころは、異なる地域や家庭から集まった子どもたちのレベルはバラバラである。「2」という算用数字が書けない 9 歳の子どももいた。しかし教師たちは厭うことなく、しんぼう強く、手に手をとって教えている。

　一部の児童は、学校から家が遠く離れている。そのため毎朝五時には起床し、通学途中はバスを 2、3 回乗り換えて、ようやく学校にたどり着く。安全の面から、学校側は生徒の一人ひとりに、首にかけるカード

188 第二部 陶行知の芸術教育論

を手渡した。自分一人で帰宅する時には、教師と親の双方のサイン（許可）を必要とする規則がある。

子どもたちの作文には、生活に関する独特な理解が記されている。「両親が汗びっしょりになって働いている時、私はいつも思います。『お父さん、お母さん、本当にお疲れさまです！　大きくなったら必ず、私を育ててくれたご恩に報います』と」。また、ある子どもは、「大きくなったらお金をもうけて、労働者子弟学校をたくさんつくります。入学できなかった幼なじみを改めて迎えてあげたいのです」。

教師や学生たちの努力によって、児童生徒の成績も上にあがり、教育レベルも都市の正規の学校になった。

出稼ぎ労働者の子弟学校は、彼らの教育の基本的な要求をある程度満たすものである。しかし、多くの教育家が指摘するのは、「学校の教育方法が規範をはずれており、教育の質も低い。またその多くが、児童の非識字率を抑えるという低レベルを維持するのに精一杯だ」という問題点である。

流動児童の教育問題は、すでに各界の高い関心を集めている。2000年、国連教育科学文化機関（ユネスコ）は北京市社会科学院に対し、社会において不利な境遇にある児童の教育問題を、専門的に調査・研究するよう委託した。また、中国労働力資源開発研究会の専門家たちは、都市においてますます大きくなる移住者二世の教育問題を重視している。各地の政府も政策を変え、戸籍政策を改革し、流動児童の就学について積極的に取り組んでいる。出稼ぎ労働者の子どもの教育問題は、近い将来、必ず正しい方向に解決されるであろう。

このほど（2003年）、北京で開かれた全国人民代表大会（全人代、国会にあたる）では、多数の代表から、「出稼ぎ労働者の子どもたちの就学問題を、一刻も早く解決しよう」との提案が出された。

『北京日報』によると、「北京市の努力を通して、出稼ぎ労働者の子どもたちの公立学校入学問題は、ほぼ解決した。市政府は、出稼ぎ労働者の子どもたちの入学にいっそうの便宜を図り、市民の子どもと同じ待遇

をあたえることを明記した関係書類を提出する」という。

　子どもの知識欲はいたって旺盛である。労働者の子どもたちだけに、みな掃除が得意である。ほとんど何の体育設備もないが、運動場には子どもたちの笑い声が絶えない。簡単な遊びでも熱中する子どもたちである。学期末には、教師が児童一人ひとりに成績表を手渡しながら、いっそう努力するよう激励する。しかし前述のように教師たちも同じように粗末な教員室で、答案の採点をしている。臨時に使った校庭が、みるみるマンションに取り囲まれてしまった。学校はまた転居を迫られている[437]。

第4節　陶行知の教育思想から見る現代の陶行知学校

　陶行知が主張した生活教育は、現実と切り離せないものである。彼の主眼は、最も苦労があり、貧困を続けている労苦大衆とその子女の教育をすることであった。

　時代は変遷し、現在、農村の現代化が進み、機械の導入によって余った農村の労働力が、都市部に流れ込んで、建築と道路作りと野菜売りと人力車と自転車修理と靴磨きと使用人という相対的に安い月収の肉体労働をし、都市部の発展と繁栄に貢献している。

　現代の「行知学校」の校長と教員にはすべて共通するような学校を作る際のエピソードがある。それは、陶行知の優れた教育理念を学んでから学校を作ったのではなく——陶行知は批判された時期が長かった——ただ、親戚や友人たちが、子どもたちを学校に入れるための都市戸籍をもっていないために、何とかしてくれという願いを受けて、やむにやまれずに学校を始めたということである。

　これらの人々は、こうして、教育実践の過程の中で、陶行知の教育思想を発見し、その思想を現実の生活の中で活性化させたのである。陶行知は労苦の大衆教育には「愛満天下」（愛は天下を満ちていく）という理想をもっていた。陶行知の教育思想の核心は「愛」であると言えよう。

190 第二部　陶行知の芸術教育論

中国語で「愛」を表現すれば「熱愛」ということである。以下にあげる「行知学校」の教員と生徒の作文から、彼らが学校と学習と周りの人々と大自然と小動物を愛する生活を見通して成長する姿がわかろうかと思う。

(1)「熱愛学校、熱愛学習」(学校を愛し、学習を愛する)

　教員が貧困の子どもを愛し、その子どもの教育に尽力したい一心から、子どもの生活苦やいろいろな方言をしゃべる子の話の難解さなどを克服できている。教員はみな喜んで遠い地元から「行知学校」へやってきたのである。また、教員とは、陶行知の教えで言えば学生と同じように時々刻々と新しい課題に挑戦し、真理と善良という美しい頂上に登攀しなければならないのである。

　生徒が学校を愛するのは、「行知学校」が北京市の戸籍をもっていない子どものための学校であるからである。学生にとって学習とは主要な任務と義務なのであるが、何よりも善い人間になっていこうという陶行知の教えに応えようとする意欲のほうが勝っているのであろう。

　「行知学校」の教員邱小珍先生はシンガポールの華人であり、1995 年『中国青年報』の記者解海龍によるシンガポールでの写真展「希望工程」[438]を見て感動し、そして、貧困の子どもたちに貢献したいと思い、「行知学校」の無償奉仕をするために訪中した。彼女は自分の美術作品を売り出し、「行知学校」に寄付し、現在この学校の英語教師として活躍している。

　ある生徒の日記には、先生と一緒に暴風雨と闘う感動的な奮戦記が記されている。

　2003 年 10 月中旬のある日、暴風雨の一日であった。グランドには水溜り、校舎が簡易な建物なので、戸外には大雨、教室内にも小雨が入り、机や地面は水だらけであった。5 年生と 6 年生の教室は電線が付いてなく蛍光灯がなく真っ暗であった。これはいけないぞと、教師の王立新が、自転車で暴風雨の中、3 キロ以上の所へ電線を買いに行って、膝までの水溜りの道で戻ってきた時、びっしょりと濡れてしまって、雨靴に汚水

が一杯入ったのであった。生徒たちも一生懸命に手伝ってくれて、電線を付けて、蛍光灯が光ってきた。生徒は教室内が雨水溜りでも授業を続けて受けていた。教師の王立新が濡れた衣服の着替えもできず、そのまま次の仕事に奮戦していた。こうして、困難な学校建設の中でも教員と生徒はいつも友情を作って、勝ち取っていた。

また、「行知学校」中学校1年生の趙偉は、作文に次のように書いた。

　　僕、五官が端正、体が健康、背が高くない。真っ黒な髪の毛、二本の濃い眉の下に輝く大きな目がしている。これは僕、趙偉、今年が13歳、中学校1年生、生まれつきの腕白だ。ある日、放課後の帰宅に、プラスチックの瓶が道に横たわるのを見かけ、右足を力いっぱいに出し、瓶を空に蹴り飛ばした。しかし、同時に足を石にもぶっつけ、怪我をし流血した。痛みを耐えながら、帰宅したら、母に叱られた「あっちもこっちも蹴るのは足が要らないつもりなの？」これは僕の大欠点だ。

　　しかし、僕は優れたところがある。人を助けるのも、読書も大変好きである。なぜなら困難に遭う友たちを助けるなんて僕自身も快くなるから。読書によって視野が広がり、知識も増すからだ。最も特徴の一つは何に対しても「なぜだ？」と聞くのだ。それは父と母が評判したとおり、「打破砂鍋問到底」（とことんまで問いただす）だ。家にいるとき、いつも母に問いかける。例えば、「箸を水に挿すとなぜ曲がって見えるの？」「あるものが水に入れると浮かぶ、あるものが沈む、なぜなの？」母が喜んでゆっくりと答えるときもあるし、話してくれないときもある。それで僕は母のことが理解できる。母は外の仕事も家事も両方忙しいから。

(2)「熱愛老師、熱愛朋友」（家族を愛し、友達を愛する）

　子どもの性質は活発で腕白である。しかしみな教員の苦労がわかって、教員を愛する。教師の遅晶は陶行知は労苦の大衆教育には「愛満天下」

192 第二部　陶行知の芸術教育論

という理想をもっていた。2003年9月10日「教師デー」の日に、生徒たちが真心を込めて自分のことを感謝してくれる一場面を書いている。

　　「教師デー」の日、事務室の私の机上に一枚の精巧なお祝いカードが置いてあった。それをあけると、きれいなベートーヴェンの「エリーゼのために」が流れて一本のバラが出てきた。中に美しい字体で書いてある「敬愛する遅先生　一本のバラをさしあげます。教師デーの楽しみを心よりお祝い申し上げます。——中学1年2クラス全員」。引き出しを開けると、お人形と花瓶と写真額——これはすべて私の担当するクラスの子からのプレゼント——。「先生、おめでとうございます」の声にふり向くと、我がクラスの子・王磊であった。王磊は手にサボテンの盆栽を持ち、「どうぞ、収めてください」と言った。緑の植物を受け取って、ひそかに涙があふれてきた。手の中には、植物より子どもたちの厚い愛情、そして教育者の重任をもっているようであった。人の師になるのは簡単なことではない。子どもたちが教師を尊敬するのは当たり前のことだが、教師を心より深く愛することはなんという難しいことであろう。私は子どもから最高の奨励をもらったのである[439]。

　師弟関係のほかに、友達を愛し、て朋友の真意を探求して、「行知学校」中学校の生徒が友情について次のように綴っている。
「千里にも捜し難いのは『朋友』であり、朋友がよければ道を歩みやすくなる。誠実な心を持てば成功に違いない。われわれは永遠の朋友になりたい」。これは「友達」の歌である。「友達」と言えば、すぐに「素友」（友情が素朴で純潔の友達関係）と「知友」（互いのことをよく知っている）と「戦友」（一緒に戦った友人）と「難友」（生死の難をともにした友人）と「校友」（同じ学校の友人）と「契友」（助けあう友達）と「諍友」（直言で批評しあう友人）の言葉を思い出す。
　友情は太陽の光、心と心を結ぶ虹、生きるための露と水である。アイ

ンシュタインがいう。「世界中で最大な幸福は、頭脳と心の両方をわかちあう何人かの友達がいることである」。友情は一本のゆっくりと成長する植物であり、誠実の太陽の光と新鮮で肥沃な大地で養われるのである。友情は心と心との結び付きであるが、一方の心がもう一方の心を束縛したり、言い聞かせたりするのではなく、古今の良い友人関係は、みんな互いにともに苦楽したり、ともに勝と敗を経歴したりしているのである。順調の時には黙々と祝福してくれる。失意の時には支持してくれる。まるで人生の航路で帆前を揚げてくれる人であり、例えば、間違いがあれば指摘や助けをしてくれる人である。これこそ、真の友人の証である。反対に、虚偽の友達なら、太陽の光の下で追いかけてくるのに、暗くなったら逃げてしまう。これは真の友人ではないであろう。真の友人よ、良い友人よ、愛の広い心でこの世界を大きく包容しよう。勇敢に真の友情を探求し、本当の同志になろう。これこそさらに友情の花を多くに絢爛に咲かせよう。

　まさに、「行知学校」の子弟と友人関係は真の友情をもつことを目指して、学校の発展と壮大な前途をもつ未来が見えるようである。

(3)「熱愛大自然、熱愛小動物」(大自然を愛し、小動物も愛する)

　学校のグランドでは放課後に教員と生徒が、また子どもたちが駆けごっこ、縄跳び、羽根蹴り、定期的に網引き大会やバレボール、バスケットボール、バトミントン、ピンポン大会などをする。

　都市部の子どもが流行に追いかけるテレビゲームの遊びと違って、行知学校の生徒たちは大自然を愛し、小動物も愛する趣味を持っている。放課後に友達と駆けごっこ、縄跳び、羽根蹴り、また、網引き大会やバレボール、バスケットボール、バトミントン、ピンポンなどをする。帰宅後には犬や鶏が友とする。この生活が彼らの少年期に喜びと悲しみと感慨と感動を心に残し、鮮烈な記憶として残る。

　小学校6年生の徐晶晶は次のように春を描いている。

194 第二部　陶行知の芸術教育論

　冬の日が去ったばかり、「春姑娘」[440]が軽快にやってきた。万物が「春姑娘」を歓迎している。見てごらん。一列一列の柳の木が、一群れの美しい少女のように踊っていながら「春姑娘」を迎える。一輪一輪の花がきれいな歌を歌いながら「春姑娘」を迎える。小鳥たちが絶え間なくチュチュとなき、万物に「春姑娘」の到来を報告するようである。「春姑娘」もみなの期待に応じて、大地を蘇生させ、万物に活力をあたえる。大地が緑のカーペットになり、上には様々な色の小花を飾りそなえてくれる。…私は「春姑娘」を愛する。

　鶏に対する思いと飼っている子犬への思いが、「行知学校」の次の中学生の作文にみえる。

　小学校4年の初冬に、母は私に一羽の子鶏を買ってくれた。かわいくて活発な様子。私は「喜喜」という名を付けてあげた。「喜喜」が私の生活に入った日から、毎日の喜びな気持ちでいっぱいだった。餌をやったり、一緒に遊んだりしていた。子鶏がだんだんと大きくなった。私が子鶏を訓練始めた。春末にいたって「喜喜」が半歳になって、私の話をよく聞いてくれて、わたしがどこに行っても「喜喜」もどこに付いてくるのだ。もしも、「喜喜」が外で遊びに行ったとしても、しばらくして家に戻ってくる。こんな可愛い姿を見て心より嬉しくてしょうがなかった。しかし、ある日、「喜喜」突然にわたしの家から姿がなくなった。それはあの日の昼に出かけて遊んでいた。帰ってきたときに庭のドアが開いていた。「喜喜」は絶対に戻ってくると、刻一刻待っていた。しかし、帰って来なかった。私は狂ったように家から出て、西黄村鎮のすみからすみまで探しまわった。だが無駄だった。私は抑えきれず大きく泣いていた。本当に心を痛めたことだった[441]。

注

1 西順蔵編『原典中国近代思想史』第 4 冊、岩波書店、1977 年、3-4 頁

2 陳学恂主編『中国近代教育大事記』上海教育出版社、1981 年、287 頁。李大
釗著『李大釗選集』、人民出版社、1959 年、77-81 頁

3 新村出編『広辞苑』岩波書店、昭和 58 年第三版、2205 頁。
　変法自強（法を変じて自ら強する意）ともいう。清朝末期に康有為、梁啓
超らが明治維新にならって唱えた、憲法制定、国会開設、学制改革などの
政策。徳宗（光諸帝）は康有為を登用し、その主張によって、種々の改革
を行った。しかし、西太后らの保守派から武力の弾圧を受けて、失敗。

4「五四運動」新村出編『広辞苑』岩波書店

5 John Dewey. "On the Two Sides of The Eastern Sea" *Middle Works*, Vol. 11,
pp.174-179; "The Student Revolt in China," *Middle Works*, Vol. 11, pp.186-

6 陳学恂主編『中国近代教育大事記』上海教育出版社、1981 年、323 頁

7 蒋夢麟主編『新教育』雑誌第 1 巻第 1-5 期（1919 年 2-8 月）には、陶行知の
「試験主義と新教育」、鄭宗海訳の「杜威氏之教育主義」、胡適の「杜威哲学
的根本概念」、「杜威的教育哲学」※)、蒋夢麟の「杜威之倫理学・道徳教育」、
潘公展の「記杜威博士講演的大要—平民主義・平民主義教育・平民教育主
義的方法」※)、劉経庶の「杜威之論理学」、朱進の「教育と社会」※)、涵
廬のデューイ講演記録「現代教育的趨勢」、姜琦訳のデューイ講演「理科教
育之目的」が載っていた。この雑誌は江蘇省教育会、北京大学、南京高等
師範学校、曁南学校、中華職業教育等五つの部門に組織された、新教育共
進社による発行であった。同社は叢書と月刊誌を出版した。『新教育』は月
刊誌であった。（中共中央マルクス、エンゲルス、レーニン、スターリン著
作編訳局研究室編『五四時期期刊介紹』生活・読書・新知三聯書店、1959
年より）

8『杜威五大講演』の一部—高一涵・孫伏園記録の「社会哲学と政治哲学」※)
が『新青年』雑誌第 7 巻 1 〜 4 号『1919 年 12 〜 1920 年 3 月』にも連載された。
この雑誌はマルクス主義的な刊行物であって、後に共産党の雑誌になった
という。（中共中央マルクス、エンゲルス、レーニン、スターリン著作編訳
局研究室編『五四時期期刊介紹』生活・読書・新知三聯書店、1959 年より）

9 浙江省教育会編『教育潮』第 1 〜 3 期（1919 年 4 〜 8 月）には、同誌編集
者の「記杜威博士」、「米国杜威博士来華講演紀聞」；朱疏魁訳のデューイ講

演「平民教育」の序文)、潘公展訳「現代教育的趨勢」の伝載(『毎週評論』
より)が掲載された。

　『教育潮』は教育の専門雑誌で、世界中の新教育思想を紹介したり、中国
教育の弊習を批判したりする二ヶ月一回の刊行物であったが、1920 年 10 月
以後、経済困難が原因で停刊。(中共中央マルクス、エンゲルス、レーニン、
スターリン著作編訳局研究室編『五四時期期刊介紹』生活・読書・新知三
聯書店、1959 年より)

　『杜威五大講演』の一部—高一涵・孫伏園記録の「社会哲学と政治哲学」※)
が『新青年』雑誌第 7 巻 1 〜 4 号『1919 年 12 〜 1920 年 3 月』にも連載された。
この雑誌はマルクス主義的な刊行物であって、後に共産党の雑誌になった
という。(中共中央マルクス、エンゲルス、レーニン、スターリン著作編訳
局研究室編『五四時期期刊介紹』生活・読書・新知三聯書店、1959 年より)

10 羅家倫主編　『新潮』第 2 巻第 1 号 (1919 年 10 月 30 日) に、志希の「杜
威博士的『学校と社会』,『徳育原理』」);第 2 巻第 2-5 号「1920 年 4-10 月」に、
羅家倫・呉康訳の「思想的派別」(「杜威講壇」連載);第 3 巻第 2 号 (1922
年 3 月) に、羅家倫訳の杜威著「哲学改造」があった。
月刊『新潮』は 1919 年 1 月、北京大学の学生が組織した新潮社によって、
編集された刊行物であった。著名作家・翻訳家周樹人(魯迅)、兪平伯など
が参加、北京大学文科学長陳独秀、教授胡適の支持をもらい、経済的には
大学からの援助があった。(中共中央マルクス、エンゲルス、レーニン、スタ
ーリン著作編訳局研究室編『五四時期期刊介紹』生活・読書・新知三聯書店、
1959 年より)

　邵振青他編　『新中国』第 1 巻第 2.3.6.7 号 (1919 年 6.7.10.11 月) には、
胡適の「杜威論思想」、陶行知の「介紹杜威先生的教育学説」※)、涵廬の
デューイ講演伝載「米国之民治的発展」「現代教育的趨勢」(『毎週評論』よ
り)、胡適通訳・鄧初民記録の「杜威博士在山西之講演」、母忘記録のデュー
イ講演叢録「社会哲学与政治哲学」※)「教育哲学」※)「倫理学」※);志
希記録の「実業教育論」「学問的新問題」;志希記録のデューイ夫人講演「初
等教育」※)「歴史学的研究」があった。第 2 巻第 1.2.4.6.8 号 (1920 年 1.2.4.6.8
月) には、鄒恩潤訳の『徳謨克拉西与教育』※)の連載、母忘記録のデュー
イ講演叢録の連載「倫理哲学」等。

　『新中国』は北京のいくつかの新聞社の記者、大学の教授、北京大学の学
生によって編集された。(中共中央マルクス、エンゲルス、レーニン、スター
リン著作編訳局研究室編『五四時期期刊介紹』生活・読書・新知三聯書店、
1959 年より)

11 志希「杜威博士的『学校と社会』、『徳育原理』」（以上の雑誌で※をつけたものについては実物のコピーが筆者の手元にある）

12 羅家倫主編 『新潮』第 2 巻第 1 号（1919 年 10 月 30 日）に、志希の「杜威博士的『学校と社会』、『徳育原理』」※）；第 2 巻第 2-5 号「1920 年 4-10 月」に、羅家倫・呉康訳の「思想的派別」（「杜威講壇」連載）※）；第 3 巻第 2 号（1922 年 3 月）に、羅家倫訳の杜威著「哲学改造」があった。

　　月刊『新潮』は 1919 年 1 月、北京大学の学生が組織した新潮社によって、編集された刊行物であった。著名作家・翻訳家周樹人（魯迅）、兪平伯などが参加、北京大学文科学長陳独秀、教授胡適の支持をもらい、経済的には大学からの援助があった。（中共中央マルクス、エンゲルス、レーニン、スターリン著作編訳局研究室編『五四時期期刊介紹』生活・読書・新知三聯書店、1959 年より）

13 朱沢甫著『陶行知年譜』安徽教育出版社、1985 年、19 頁

14 この言葉は John Dewey. *The Middle Works* 1899-1924 Vols. 11-13 1982-1983. でよく使われる言葉である。"The Sequel of The Student Revolt," *MW*, Vol.12, p.25; "The New Leaven in Chinese Politics," *MW*, Vol.12, pp.49, 53-54, 59; "Industrial China," *MW*, Vol.12, p.75; "Old China And New," *MW*, Vol.13, pp.94, 97-99, 103; "New Culture in China," *MW*, Vol.13, pp.108, 111-114, 117; "Divided China," *MW*, Vol.13, pp.135; "America and Chinese Education," *MW*, Vol.13, pp.229-230.

15 六三運動とは五四運動を継続した全国大都市の労働者、農民のデモ運動。中国社会科学院近代史研究所編『五四運動回憶録』中国社会科学出版社、1979 年、299-301 頁

16 新村出編『広辞苑』岩波書店、昭和 58 年第三版

17 高奇著『中国現代教育史』北京師範大学出版社、1985 年、18-27 頁。陳独秀「実行民治的基礎」『新青年』第 7 巻第 1 号 1919 年 12 月、11-21 頁。同じこの文章は小林文男「『五四』期中国のアメリカ教育思想」安部洋　編『米中教育交流の軌跡』興学社、昭和 60 年、384 と 415 頁にも次のように引用している「われわれが、いま民治主義を実行しょうとするならば、アメリカを手本しなければならない。政治・経済の両方面に注意するならば、民治堅実な基礎の上に築かなければならないし、人民自身の一小部分一小部分が、この基礎を創造のでなければならない」。

18 胡適訳『杜威五大講演』（上）、1-110 頁

19 陳独秀「実行民治的基礎」『新青年』第 7 巻第 1 号、1919 年 12 月、11-21 頁

20 陳独秀「実行民治的基礎」『新青年』第 7 巻第 1 号、1919 年 12 月、11-21

198 第二部 陶行知の芸術教育論

頁

21 顧樹森著『中国歴代教育制度』江蘇人民出版社、1981 年、254-279 頁

22 陳啓天編著『近代中国教育史』台湾中華書局、民国 58 年、198-211 頁。華
東師範大学教育系教科所編『中国現代教育史』華東師範大学出版社、1983 年、
36-46 頁

23 この論点は、Ching-Sze Wang（王清思）. "John Dewey in China: To Teach and to
Learn."（Unpublished Ph.D. dissertation, Indiana University, 2004）. によって主張
されたものである。彼女は、これまでの訪中期のデューイへの評価は、い
わゆる「五大講演」など、限られた史料に——しかも、翻訳上のバイアス
に——基づいたものであったとして、当時の中国語による地方新聞の報道
を収集することで、デューイが中国で行った講演や講義をできる限り再現
した。その結果、「デューイの主要講演シリーズは理論を基にしていたもの
の、必要に応じておこなわれた彼の講演は状況に応じたものであり、当時
の中国の時代背景にしばしば言及したものであった。デューイは地方の現
状に無関心であったという（これまでの先行研究で行われた——引用者注）
非難とはまったく逆に、デューイは彼の周りで起こりつつある出来事にき
わめて意識的であったのである」（39 頁）としている。

24 John Dewey. *The Middle Works* 1899-1924 Vols. 11-13 1982-1983. などでよく使わ
れる言葉である。

25 軍隊・国民教育、「富国強民」の建国方針。高奇著『中国現代教育史』北
京師範大学出版社、1985 年、18-27 頁

26 実利教育、1912 年実用主義教育の訳語。高奇著『中国現代教育史』北京師
範大学出版社、1985 年、18-27 頁

27 陳学恂主編『中国近代教育大事記』上海教育出版社、1981 年、220 頁

28 陳学恂主編『中国近代教育大事記』上海教育出版社、1981 年、246-247 頁

29 陳学恂主編『中国近代教育大事記』上海教育出版社、1981 年、278 頁。袁
世凱（1859-1916）、中国の政治家。1911 年辛亥革命によって首相。1912 年
清帝退位後、中華民国初代大統領。15 年自ら帝位についたが、反帝制運動
が起こり、失脚、憤死。『広辞苑』第 5 版、岩波書店。

30 陳学恂主編『中国近代教育大事記』上海教育出版社、1981 年、265 頁

31 陳学恂主編『中国近代教育大事記』上海教育出版社、1981 年、271 頁

32 いわゆる「理想主義」は空想・幻想のことである。

33 陳学恂主編『中国近代教育大事記』上海教育出版社、1981 年、271 頁

34 陳学恂主編『中国近代教育大事記』上海教育出版社、1981 年、284 頁

35 陳学恂主編『中国近代教育大事記』上海教育出版社、1981 年、282 頁

36 陳学恂主編『中国近代教育大事記』上海教育出版社、1981 年、282 頁

37 G・ダイキューゼン著、三浦典郎・石田理訳『ジョン・デューイの生涯と思想』清水弘文堂、昭和 52 年、276-302 頁

38 胡適「杜威的教育哲学」蒋夢麟主編、蔡元培・胡適・陶行知編集『新教育』第 1 巻所収、1919 年 4 月、298-308 頁

39 胡適「杜威的教育哲学」蒋夢麟主編、蔡元培・胡適・陶行知編集『新教育』第 1 巻所収、1919 年 4 月、298-308 頁

40 胡適「杜威的教育哲学」蒋夢麟主編、蔡元培・胡適・陶行知編集『新教育』第 1 巻所収、1919 年 4 月、298-308 頁

41 朱進「教育と社会」蒋夢麟主編、蔡元培・胡適・陶行知編集『新教育』第 1 巻所収、1919 年 4 月、227-231 頁

42 朱進「教育と社会」蒋夢麟主編、蔡元培・胡適・陶行知編集『新教育』第 1 巻所収、1919 年 4 月、227-231 頁。(John Dewey, *My Pedagogic Creed*)

43 朱進「教育と社会」蒋夢麟主編、蔡元培・胡適・陶行知編集『新教育』第 1 巻所収、1919 年 4 月、227-231 頁

44 胡適「杜威的教育哲学」蒋夢麟主編、蔡元培・胡適・陶行知編集『新教育』第 1 巻所収、1919 年 4 月、298-308 頁

45 胡適「杜威的教育哲学」蒋夢麟主編、蔡元培・胡適・陶行知編集『新教育』第 1 巻所収、1919 年 4 月、298-308 頁

46 胡適「杜威的教育哲学」蒋夢麟主編、蔡元培・胡適・陶行知編集『新教育』第 1 巻所収、1919 年 4 月、298-308 頁。蒋夢麟に備えられた「後書」より

47 『哲学事典』平凡社、1971 年、1036 頁

48 高木八尺編『人権宣言集』岩波書店、昭和 32 年、114 頁

49 高木八尺編『人権宣言集』岩波書店、昭和 32 年、131 頁

50 『哲学事典』平凡社、1971 年、1036 頁

51 『哲学事典』平凡社、1971 年、1036 頁

52 John Dewey,*Democracy and Education*,1916 Macmillan Company. 松野安男訳『民主主義と教育』岩波書店、1975 年

53 John Dewey, The School and Society, University of Chicago Press 1900. 宮原誠一訳『学校と社会』岩波書店、1957 年

54 John Dewey,*Democracy and Education*,1916 Macmillan Company. 松野安男訳『民主主義と教育』岩波書店、1975 年

55 1919 年 5 月 4 日に、デューイは中国において初めての講演「平民主義！平民主義的教育‼平民教育主義的方法‼」をした。蒋夢麟通訳、潘公展記録、江蘇教育協会にて。(『新教育』第 1 巻第 3 期 1919 年 4 月杜威号、326-331 頁。

200 第二部　陶行知の芸術教育論

Barry Keenan,*The Dewey Experiment in China*,1977 pp.169,229. 小林文男 「『五四』時期中国のアメリカ教育思想」昭和 60 年、392 頁の訳文などにより構成）

56 『新教育』第 1 巻第 3 期 1919 年 4 月杜威号、326-331 頁。Barry Keenan,*The Dewey Experiment in China*,1977 pp.169,229. 小林文男 「『五四』時期中国のアメリカ教育思想」昭和 60 年、392 頁の訳文などにより

57 胡適訳 「教育哲学」『杜威五大講演』北京晨報社、民国 9 年、7-9 頁。永野芳夫訳、大浦猛編『デューイ倫理・社会・教育（北京大学哲学講義）』飯塚書房、昭和 50 年、219-225 頁

58 胡適訳 「教育哲学」『杜威五大講演』北京晨報社、民国 9 年、7-9 頁。永野芳夫訳、大浦猛編『デューイ倫理・社会・教育（北京大学哲学講義）』飯塚書房、昭和 50 年、219-225 頁

59 胡適訳 「教育哲学」『杜威五大講演』北京晨報社、民国 9 年、17 頁。　永野芳夫訳、大浦猛編『デューイ倫理・社会・教育（北京大学哲学講義）』飯塚書房、昭和 50 年、232-233 頁　（誤訳について。233 頁 の 1 行目「というのは学ぶ人たちの何人かは一点の知識に到達しうるであろうから」は遺憾ながら誤訳である。「というのは、学ぶ人たちは少なくともいくらかの知識は獲得することができるから。」に訂正する。──筆者注。以下同じ）

60 胡適訳 「教育哲学」『杜威五大講演』北京晨報社、民国 9 年、17 頁。　永野芳夫訳、大浦猛編『デューイ倫理・社会・教育（北京大学哲学講義）』飯塚書房、昭和 50 年、233 頁　（233 頁 6-7 行の誤訳について。「私らはそれを利用して最新的最適当方向に向かって行かすべきである」を「私らはそれを利用して、児童に最新的最適当方向に向かって発展させるべきである」に訂正する。）

61 胡適訳 「教育哲学」『杜威五大講演』北京晨報社、民国 9 年、51-22 頁。永野芳夫訳、大浦猛編『デューイ倫理・社会・教育（北京大学哲学講義）』飯塚書房、昭和 50 年、230-237 頁

62 胡適訳 「教育哲学」『杜威五大講演』北京晨報社、民国 9 年、97-105 頁。永野芳夫訳、大浦猛編『デューイ倫理・社会・教育（北京大学哲学講義）』飯塚書房、昭和 50 年、302-309 頁

63 胡適訳 「教育哲学」『杜威五大講演』北京晨報社、民国 9 年、93 頁。　永野芳夫訳、大浦猛編『デューイ倫理・社会・教育（北京大学哲学講義）』飯塚書房、昭和 50 年、302 頁

64 胡適訳 「教育哲学」『杜威五大講演』北京晨報社、民国 9 年、97 頁。　永野芳夫訳、大浦猛編『デューイ倫理・社会・教育（北京大学哲学講義）』飯塚書房、昭和 50 年、302 頁

65 胡適訳「教育哲学」『杜威五大講演』北京晨報社、民国 9 年、98 頁。　永野芳夫訳、大浦猛編『デューイ倫理・社会・教育（北京大学哲学講義）』飯塚書房、昭和 50 年、302-303 頁

66 胡適訳「教育哲学」『杜威五大講演』北京晨報社、民国 9 年、99 頁。　永野芳夫訳、大浦猛編『デューイ倫理・社会・教育（北京大学哲学講義）』飯塚書房、昭和 50 年、304 頁

67 胡適訳「教育哲学」『杜威五大講演』北京晨報社、民国 9 年、100 頁。　永野芳夫訳、大浦猛編『デューイ倫理・社会・教育（北京大学哲学講義）』飯塚書房、昭和 50 年、305 頁

68 胡適訳「教育哲学」『杜威五大講演』北京晨報社、民国 9 年、100-101 頁。永野芳夫訳、大浦猛編『デューイ倫理・社会・教育（北京大学哲学講義）』飯塚書房、昭和 50 年、305 頁

69 胡適訳「教育哲学」『杜威五大講演』北京晨報社、民国 9 年、102 頁。　永野芳夫訳、大浦猛編『デューイ倫理・社会・教育（北京大学哲学講義）』飯塚書房、昭和 50 年、306 頁

70 胡適訳「教育哲学」『杜威五大講演』北京晨報社、民国 9 年、107 頁。　永野芳夫訳、大浦猛編『デューイ倫理・社会・教育（北京大学哲学講義）』飯塚書房、昭和 50 年、310 頁

71 胡適訳「教育哲学」『杜威五大講演』北京晨報社、民国 9 年、109 頁。　永野芳夫訳、大浦猛編『デューイ倫理・社会・教育（北京大学哲学講義）』飯塚書房、昭和 50 年、312 頁

72 田浦武雄『デューイとその時代』玉川大学出版社、1986 年、21-22 頁

73 胡適訳「教育哲学」『杜威五大講演』北京晨報社、民国 9 年、109 頁。　永野芳夫訳、大浦猛編『デューイ倫理・社会・教育（北京大学哲学講義）』飯塚書房、昭和 50 年、312 頁

74 田浦武雄『デューイとその時代』玉川大学出版社、1986 年、21-22 頁

75 胡適訳「教育哲学」『杜威五大講演』北京晨報社、民国 9 年、1 頁。永野芳夫訳、大浦猛編『デューイ倫理・社会・教育（北京大学哲学講義）』飯塚書房、昭和 50 年、219 頁

76 胡適訳「教育哲学」『杜威五大講演』北京晨報社、民国 9 年、1 頁。永野芳夫訳、大浦猛編『デューイ倫理・社会・教育（北京大学哲学講義）』飯塚書房、昭和 50 年、219 頁

77 胡適訳「教育哲学」『杜威五大講演』北京晨報社、民国 9 年、1 頁。永野芳夫訳、大浦猛編『デューイ倫理・社会・教育（北京大学哲学講義）』飯塚書房、昭和 50 年、219 頁

78 胡適訳「教育哲学」『杜威五大講演』北京晨報社、民国 9 年、2 頁。永野芳夫訳、大浦猛編『デューイ倫理・社会・教育（北京大学哲学講義）』飯塚書房、昭和 50 年、220 頁

79 中国伝統上の儒教教育思想の要約語

80 胡適訳「教育哲学」『杜威五大講演』北京晨報社、民国 9 年、8-14 頁。永野芳夫訳、大浦猛編『デューイ倫理・社会・教育（北京大学哲学講義)』飯塚書房、昭和 50 年、224-229 頁

81 胡適訳「教育哲学」『杜威五大講演』北京晨報社、民国 9 年、8-14 頁。永野芳夫訳、大浦猛編『デューイ倫理・社会・教育（北京大学哲学講義)』飯塚書房、昭和 50 年、224-229 頁

82 清朝末期における西洋を学ぶスローガンである

83 『哲学事典』222 頁参照

84 胡適訳「教育哲学」『杜威五大講演』北京晨報社、民国 9 年、51 頁。永野芳夫訳、大浦猛編『デューイ倫理・社会・教育（北京大学哲学講義)』飯塚書房、昭和 50 年、265 頁

85 胡適訳「教育哲学」『杜威五大講演』北京晨報社、民国 9 年、51 頁。永野芳夫訳、大浦猛編『デューイ倫理・社会・教育（北京大学哲学講義)』飯塚書房、昭和 50 年、265 頁

86 胡適訳「教育哲学」『杜威五大講演』北京晨報社、民国 9 年、51 頁。永野芳夫訳、大浦猛編『デューイ倫理・社会・教育（北京大学哲学講義)』飯塚書房、昭和 50 年、265 頁

87 胡適訳「教育哲学」『杜威五大講演』北京晨報社、民国 9 年、54 頁。永野芳夫訳、大浦猛編『デューイ倫理・社会・教育（北京大学哲学講義)』飯塚書房、昭和 50 年、266 頁

88 胡適訳「教育哲学」『杜威五大講演』北京晨報社、民国 9 年、54 － 55 頁。永野芳夫訳、大浦猛編『デューイ倫理・社会・教育（北京大学哲学講義)』飯塚書房、昭和 50 年、266 － 267 頁

89 胡適訳「教育哲学」『杜威五大講演』北京晨報社、民国 9 年、60 頁。永野芳夫訳、大浦猛編『デューイ倫理・社会・教育（北京大学哲学講義)』飯塚書房、昭和 50 年、271 頁

90 胡適訳「教育哲学」『杜威五大講演』北京晨報社、民国 9 年、30 － 36 頁。永野芳夫訳、大浦猛編『デューイ倫理・社会・教育（北京大学哲学講義)』飯塚書房、昭和 50 年、244 － 250 頁

91 胡適訳「教育哲学」『杜威五大講演』北京晨報社、民国 9 年、113 － 114 頁。永野芳夫訳、大浦猛編『デューイ倫理・社会・教育（北京大学哲学講義)』

飯塚書房、昭和50年、316 - 317頁

92 胡適訳「教育哲学」『杜威五大講演』北京晨報社、民国9年、113 - 114頁。
永野芳夫訳、大浦猛編『デューイ倫理・社会・教育（北京大学哲学講義）』
飯塚書房、昭和50年、316 - 317頁

93 胡適訳「教育哲学」『杜威五大講演』北京晨報社、民国9年、113 - 121頁。
永野芳夫訳、大浦猛編『デューイ倫理・社会・教育（北京大学哲学講義）』
飯塚書房、昭和50年、316 - 322頁

94 胡適訳「教育哲学」『杜威五大講演』北京晨報社、民国9年、113-121頁。
永野芳夫訳、大浦猛編『デューイ倫理・社会・教育（北京大学哲学講義）』
飯塚書房、昭和50年、316-322頁

95 胡適訳「教育哲学」『杜威五大講演』北京晨報社、民国9年、113-121頁。
永野芳夫訳、大浦猛編『デューイ倫理・社会・教育（北京大学哲学講義）』
飯塚書房、昭和50年、316-322頁

96 胡適訳「教育哲学」『杜威五大講演』北京晨報社、民国9年、113-121頁。
永野芳夫訳、大浦猛編『デューイ倫理・社会・教育（北京大学哲学講義）』
飯塚書房、昭和50年、316-322頁

97 胡適訳「教育哲学」『杜威五大講演』北京晨報社、民国9年、113-121頁。
永野芳夫訳、大浦猛編『デューイ倫理・社会・教育（北京大学哲学講義）』
飯塚書房、昭和50年、316-322頁

98 胡適訳「教育哲学」『杜威五大講演』北京晨報社、民国9年、113-121頁。
永野芳夫訳、大浦猛編『デューイ倫理・社会・教育（北京大学哲学講義）』
飯塚書房、昭和50年、316-322頁

99 胡適訳「教育哲学」『杜威五大講演』北京晨報社、民国9年、113 - 121頁。
永野芳夫訳、大浦猛編『デューイ倫理・社会・教育（北京大学哲学講義）』
飯塚書房、昭和50年、316-322頁

100 胡適訳「教育哲学」『杜威五大講演』北京晨報社、民国9年、122-130頁。
永野芳夫訳、大浦猛編『デューイ倫理・社会・教育（北京大学哲学講義）』
飯塚書房、昭和50年、323-332頁

101 胡適訳「教育哲学」『杜威五大講演』北京晨報社、民国9年、122-130頁。
永野芳夫訳、大浦猛編『デューイ倫理・社会・教育（北京大学哲学講義）』
飯塚書房、昭和50年、323-332頁

102 胡適訳「教育哲学」『杜威五大講演』北京晨報社、民国9年、37-43頁。
永野芳夫訳、大浦猛編『デューイ倫理・社会・教育（北京大学哲学講義）』
飯塚書房、昭和50年、251-256頁

103 胡適訳「教育哲学」『杜威五大講演』北京晨報社、民国9年、37-43頁。

永野芳夫訳、大浦猛編『デューイ倫理・社会・教育（北京大学哲学講義）』
飯塚書房、昭和 50 年、251-256 頁

104 胡適訳「教育哲学」『杜威五大講演』北京晨報社、民国 9 年、69-73 頁。
永野芳夫訳、大浦猛編『デューイ倫理・社会・教育（北京大学哲学講義）』
飯塚書房、昭和 50 年、286-293 頁

105 陳学恂主編『中国近代教育大事述』上海教育出版社、1981 年、220 頁

106 陳学恂主編『中国近代教育大事述』上海教育出版社、1981 年、220 頁。『哲
学事典』平凡社 1206 と 737 頁参照

107 陳学恂主編『中国近代教育大事述』上海教育出版社、1981 年、220 頁

108 Dewey. "The Sequel of The Student Revolt," *Middle Works*, Vol. 12, pp.22-28.

109 胡適訳「教育哲学」『杜威五大講演』北京晨報社、民国 9 年、70-77 頁。
永野芳夫訳、大浦猛編『デューイ倫理・社会・教育（北京大学哲学講義）』
飯塚書房、昭和 50 年、286-293 頁

110 胡適訳「教育哲学」『杜威五大講演』北京晨報社、民国 9 年、70-77 頁。
永野芳夫訳、大浦猛編『デューイ倫理・社会・教育（北京大学哲学講義）』
飯塚書房、昭和 50 年、286-293 頁

111 胡適訳「教育哲学」『杜威五大講演』北京晨報社、民国 9 年、70-77 頁。
永野芳夫訳、大浦猛編『デューイ倫理・社会・教育（北京大学哲学講義）』
飯塚書房、昭和 50 年、286-293 頁

112 胡適訳「教育哲学」『杜威五大講演』北京晨報社、民国 9 年、70-77 頁。
永野芳夫訳、大浦猛編『デューイ倫理・社会・教育（北京大学哲学講義）』
飯塚書房、昭和 50 年、286-293 頁

113 胡適訳「教育哲学」『杜威五大講演』北京晨報社、民国 9 年、78-87 頁。
永野芳夫訳、大浦猛編『デューイ倫理・社会・教育（北京大学哲学講義）』
飯塚書房、昭和 50 年、286 － 294 頁

114 胡適訳「教育哲学」『杜威五大講演』北京晨報社、民国 9 年、78 － 87 頁。
永野芳夫訳、大浦猛編『デューイ倫理・社会・教育（北京大学哲学講義）』
飯塚書房、昭和 50 年、286-294 頁

115 胡適訳「教育哲学」『杜威五大講演』北京晨報社、民国 9 年、78-87 頁。
永野芳夫訳、大浦猛編『デューイ倫理・社会・教育（北京大学哲学講義）』
飯塚書房、昭和 50 年、286-294 頁

116 Yusheng Yao. "National salvation through education: Tao Xingzhi's educational
radicalism,"（Unpublished Ph.D. dissertation, University of Minnesota, 1999），
pp.23-24.

117 何榮漢、「陶行知：一位基督徒教育家的再発現」（未刊行博士論文、香港

中文大学、2002 年）、第 2 章。Yusheng Yao, "National salvation through educa-
tion," Chapt.2.

118 Yao. "National salvation through education," p.26.

119 より正確には、最初、陶は地元の中等学校であった慧文学校に編入する
が、すぐに同学校は他校との吸収合併によって南京金陵大学として新発足、
陶は自動的に人文学部の学生になり、そのまま同大学を卒業するのである。
Yusheng Yao, "National salvation through education," p.27.

120 朱沢甫著『陶行知年譜』安徽教育出版社、1985 年、1 頁

121 朱沢甫著『陶行知年譜』安徽教育出版社、1985 年、14-15 頁。この間の事
情については、牧野　篤『中国近代教育の思想的展開と特質──陶行知「生
活教育」思想の研究』（日本図書センター、1993 年）が詳しい。

122 朱沢甫著『陶行知年譜』安徽教育出版社、1985 年、18 頁

123 朱沢甫著『陶行知年譜』安徽教育出版社、1985 年、45-496 頁

124 朱沢甫著『陶行知年譜』安徽教育出版社、1985 年、13 頁

125 朱沢甫著『陶行知年譜』安徽教育出版社、1985 年、13 頁

126 朱沢甫著『陶行知年譜』安徽教育出版社、1985 年、13 頁

127 斉藤秋男『陶行知生活教育理論の形成』明治図書、1983 年、67 頁

128 朱沢甫著『陶行知年譜』安徽教育出版社、1985 年、25 頁

129 朱沢甫著『陶行知年譜』安徽教育出版社、1985 年、531 頁

130 John Dewey to Dewey family, dated April 5, 1920. Larry A. Hickman.（Ed.）.*The
Correspondence of John Dewey*. Volume 2: 1919-1939. First Edition, June 2001. CD-ROM,
InteLex Corporation.

131 Alice Chipman Dewey to Dewey children, dated June 16,1920. Larry A. Hickman.
（Ed.）.*The Correspondence of John Dewey*. Volume 2: 1919-1939. First Edition, June
2001. CD-ROM, InteLex Corporation.

132 "Marshal Feng Talks of Poems He Does, But Says Tale of Knitting Is Just a Yarn,"
New York Times. December 7, 1946, p. 12.

133 朱沢甫著『陶行知年譜』安徽教育出版社、1985 年、18 頁

134 曹先捷編『陶行知全集』第 3 巻、湖南教育出版社、1984 年、571-573 頁

135 朱沢甫著『陶行知年譜』安徽教育出版社、1985 年、18 頁

136「平民教育概論」中央教育科学研究所編『陶行知教育文選』教育科学出版
社、1981 年、23 頁

137「中国師範教育建設論」中央教育科学研究所編『陶行知教育文選』教育科
学出版社、1981 年、42 頁

138「在労力上労心」中央教育科学研究所編『陶行知教育文選』教育科学出版

社、1981 年、79-80 頁

139「在労力上労心」中央教育科学研究所編『陶行知教育文選』教育科学出版社、1981 年、79-80 頁

140「在労力上労心」中央教育科学研究所編『陶行知教育文選』教育科学出版社、1981 年、79-80 頁

141「在労力上労心」中央教育科学研究所編『陶行知教育文選』教育科学出版社、1981 年、79-80 頁

142「行是知之始」曹先捷編『陶行知全集』第 2 巻、湖南教育出版社、1984 年、152-154 頁

143「教学做合一」曹先捷編『陶行知全集』第 2 巻、湖南教育出版社、1984 年、41-43 頁

144「従野人生活出発」曹先捷編『陶行知全集』第 2 巻、湖南教育出版社、1984 年、74-75 頁

145 近代から現代にかけて、中国の教育者が解釈したデューイ教育思想の要約語

146 陶行知の中国におけるデューイ教育思想根幹の訳語

147 中国における孔子思想の理解と応用を意味する。

148「中国大衆教育問題」中央教育研究所編『陶行知教育文選』教育科学出版社、1981 年、212 頁

149「中国大衆教育問題」中央教育研究所編『陶行知教育文選』教育科学出版社、1981 年、212 頁

150「創設郷村幼稚園宣言書」中央教育研究所編『陶行知教育文選』教育科学出版社、1981 年、34-36 頁

151「創設郷村幼稚園宣言書」中央教育研究所編『陶行知教育文選』教育科学出版社、1981 年、34-36 頁

152「創設郷村幼稚園宣言書」中央教育研究所編『陶行知教育文選』教育科学出版社、1981 年、34-36 頁

153「民主教育」中央教育研究所編『陶行知教育文選』教育科学出版社、1981 年、325-326 頁

154「民主教育」中央教育研究所編『陶行知教育文選』教育科学出版社、1981 年、325-326 頁

155「生活教育之特質」中央教育研究所編『陶行知教育文選』教育科学出版社、1981 年、249 頁。陶行知の生活教育論を扱った先行研究はきわめて多いが、近年のものとしては、張蓉、「中国近代民衆教育思潮研究」、(未刊行博士論文、华东师范大学、2001 年)、纳光舜、「陶行知"生活教育论"浅析」、『贵

州社会科学』2000 年 1 期、53-58 頁、张效珍・申勇「陶行知生活教育理論的特征及其启示」、『宁波教学院学报』2000 年 1 期、7-11 頁が挙げられる。このうち、张蓉の博士論文では、陶行知の生活教育論はこの時代のさまざまな中国民衆教育論の一分派として扱われている（96-98 頁）。

156「生活教育之特質」中央教育研究所編『陶行知教育文選』教育科学出版社、1981 年、249 頁。曹先捷編『陶行知全集』第 3 巻、湖南教育出版社、1984 年、25 頁

157「生活教育之特質」中央教育研究所編『陶行知教育文選』教育科学出版社、1981 年、250 頁。曹先捷編『陶行知全集』第 3 巻、湖南教育出版社、1984 年、26 頁

158「生活工具主義之教育」曹先捷編『陶行知全集』第 1 巻、湖南教育出版社、1983 年、76-78 頁

159「生活教育之特質」中央教育研究所編『陶行知教育文選』教育科学出版社、1981 年、250 頁。曹先捷編『陶行知全集』第 3 巻、湖南教育出版社、1984 年、26 頁

160「生活教育之特質」中央教育研究所編『陶行知教育文選』教育科学出版社、1981 年、250 頁。曹先捷編『陶行知全集』第 3 巻、湖南教育出版社、1984 年、26 頁

161「社会大学運動」中央教育研究所編『陶行知教育文選』教育科学出版社、1981 年、343-345 頁

162「社会大学運動」中央教育研究所編『陶行知教育文選』教育科学出版社、1981 年、343-345 頁

163「社会大学運動」中央教育研究所編『陶行知教育文選』教育科学出版社、1981 年、343-345 頁

164「社会大学運動」中央教育研究所編『陶行知教育文選』教育科学出版社、1981 年、343-345 頁

165 朱沢甫『陶行知年譜』安徽出版社、1985 年、297 頁

166 ジョン・デューイ著、山下徳治訳『ソヴエートロシヤ印象記』自由社版、昭和 5 年「偉大なる実験とその未来」より。中央教育研究所編『陶行知教育文選』教育科学出版社、1981 年、111 頁

167 ジョン・デューイ著、山下徳治訳『ソヴエートロシヤ印象記』自由社版、昭和 5 年「偉大なる実験とその未来」より。中央教育研究所編『陶行知教育文選』教育科学出版社、1981 年、111 頁

168 曹先捷編『陶行知全集』第 2 巻、湖南教育出版社、1984 年、39 頁

169 曹先捷編『陶行知全集』第 2 巻、湖南教育出版社、1984 年、39 頁

170「小先生と民衆教育」曹先捷編『陶行知全集』第 2 巻、湖南教育出版社、1984 年、743-746 頁

171「小先生と民衆教育」曹先捷編『陶行知全集』第 2 巻、湖南教育出版社、1984 年、743-746 頁

172 朱沢甫『陶行知年譜』安徽出版社、1985 年、174 頁

173 朱沢甫『陶行知年譜』安徽出版社、1985 年、174 頁

174 朱沢甫『陶行知年譜』安徽出版社、1985 年、175 頁

175 朱沢甫『陶行知年譜』安徽出版社、1985 年、175 頁

176 朱沢甫『陶行知年譜』安徽出版社、1985 年、133-160 頁

177 曹先捷編『陶行知全集』第 3 巻、湖南教育出版社、1984 年、85 頁

178 朱沢甫『陶行知年譜』安徽出版社、1985 年、175 頁

179 朱沢甫『陶行知年譜』安徽出版社、1985 年、187 頁

180 董純才「新民主主義教育」董純才ら編『中国大百科全書・教育』中国大百科全書出版社、1985 年、426-429 頁

181 董純才「新民主主義教育」董純才ら編『中国大百科全書・教育』中国大百科全書出版社、1985 年、426-429 頁

182 董純才「新民主主義教育」董純才ら編『中国大百科全書・教育』中国大百科全書出版社、1985 年、269-270 頁

183 董純才「新民主主義教育」董純才ら編『中国大百科全書・教育』中国大百科全書出版社、1985 年、269-270 頁

184 董純才「新民主主義教育」董純才ら編『中国大百科全書・教育』中国大百科全書出版社、1985 年、426-429 頁

185「陸定一同志代表中共中央於 1946 年 8 月 11 日在延安陶行知追悼会上的悼詞」朱沢甫『陶行知年譜』安徽出版社、1985 年、扉頁

186「陸定一同志代表中共中央於 1946 年 8 月 11 日在延安陶行知追悼会上的悼詞」朱沢甫『陶行知年譜』安徽出版社、1985 年、扉頁

187「大同社会」とは、康有為の言葉を引用。『大同書』(1913 年、不忍雑誌により発表された) には、康有為は資本主義を理想社会として、自由・平等・階級のない社会を目指した。

188 胡適訳「教育哲学」『杜威五大講演』北京晨報社、1919 年、8 頁

189 胡適訳「教育哲学」『杜威五大講演』北京晨報社、1919 年、62 頁

190 胡適訳「教育哲学」『杜威五大講演』北京晨報社、1919 年、62 頁

191 曹先捷編『陶行知全集』第 5 巻、湖南教育出版社、1985 年、55 頁

192 中国のミッション・スクールは、イギリス、アメリカからのキリスト教団が 19 半ば頃から中国内陸につくっていった学校である。

193 陳鶴琴は中国近代・現代の教育学者。1910 年代、私費で留米、陶行知と同船した。初めジョン・ポプキンズ大学に、後にコロンビア大学ティーチャズ・カレッジに転じた。教育心理学を専攻、帰国後、東南大学の教授、陶行知と同僚。斉藤秋男「陶行知・晏陽初と教育運動の曲折」安部洋編『米中教育交流の軌跡』霞山会、昭和 60 年所収

194 斉藤秋男「陶行知・晏陽初と教育運動の曲折」安部洋編『米中教育交流の軌跡』霞山会、昭和 60 年所収

195 晏陽初　四川省出身。1916 年渡米、エ - ル大学で政治経済学を専攻。第一次大戦中、連合国軍ＹＭＣＡのよびかけに応じて 1918-1919 年、フランス戦線で中国労働者を対象に識字従事した。1921 年陶行知らと『平民千字課』を作成。

196 斉藤秋男「陶行知・晏陽初と教育運動の曲折」安部洋編『米中教育交流の軌跡』霞山会、昭和 60 年所収

197 小林文男「『五四』期中国のアメリカ教育思想」安部洋編『米中教育交流の軌跡』霞山会、昭和 60 年、419-432 所収

198 陳啓天『近代中国教育史』台湾中華書局、民国 58 年、211 頁

199 陳独秀『毎週評論』31 号胡適「問題を多く議論し、主義を少なく研究すべき」1919 年 7 月。李大釗「再論『問題』と『主義』」1919 年 8 月

200 陳独秀『毎週評論』31 号。胡適「問題を多く議論し、主義を少なく研究すべき」1919 年 7 月。李大釗「再論『問題』と『主義』」1919 年 8 月

201 曹先捷編『陶行知全集』第 3 巻、湖南教育出版社、1985 年、292-294 頁

202 有賀貞『アメリカ史概論』東京大学出版会、1987 年、4-5 頁

203 バートランド・ラッセル著　市井三郎訳「3　近代哲学」『西洋哲学史』みすず書房、1970 年、811-820 頁

204 陶行知「平民教育概論」1924 年、中央教育研究所編『陶行知教育文選』教育科学出版社、1981 年、23 頁

205 胡適訳「教育哲学」『杜威五大講演』北京晨報社、1919 年、8 頁

206 斉藤秋男『陶行知生活教育理論の形成』明治図書、1983 年、67-74 頁

207 クルプスカヤ（1869-39）ソビエトの革命家、教育学者である。1917 年革命成功後、ロシア共和国教育人民委員部の参与会の委員、29 年からは次官とした。五十嵐顕ら編『岩波教育小辞典』岩波書店、1982 年、91 頁

208 五十嵐顕ら編『岩波教育小辞典』岩波書店、1982 年、91 頁

209 Jonh Dewey. "As the Chinese Think," *Middle Works*, Vol. 13, pp.217-227.

210 Dewey. "As the Chinese Think," p.225.

211「離婁上」『孟子』、商聚徳ら編『中国哲学名著簡介』河北人民出版社、1984 年、

44-48 頁

212 田を「井」形に 9 等分し、中央の 1 区画分の収穫を租税とした田制、周代に施行された。商聚徳ら編『中国哲学名著簡介』河北人民出版社、1984 年、145 頁

213「滕文公」『孟子』商聚徳等編『中国哲学名著簡介』河北人民出版社、1984 年

214 朱沢甫『陶行知年譜』安徽教育出版社、1985 年、406 頁

215 馮玉祥：中国の軍人・政治家、安徽省人。国民党に入って、蒋介石の北伐軍に呼応したが、やがて蒋と対立。日中戦争後、内戦反対と反蒋を声明。『広辞苑』第 5 版、岩波書店、2050 頁

216 田を「井」形に 9 等分し、中央の 1 区画分の収穫を租税とした田制、周代に施行された。商聚徳ら編『中国哲学名著簡介』河北人民出版社、1984 年、145 頁

217 陶行知「普及現代生活之路」1935 年、中央教育研究所編『陶行知教育文選』教育科学出版社、1981 年、164-187 頁

218「教学做合一」についての先行研究は以下のようである。

　　a．斎藤秋男著『陶行知　生活教育理論の形成』明治図書 1987 年、19 頁

　　b．世良正浩「暁荘実験学校における陶行知生活教育論の形成とその実践の検討」『東京大学教育学部紀要』第 19 巻 1979 年、139-141 頁

　　c．Don-chean Chu, *Patters of Education For the Developing Nations.* Kao-chang Printing Company Tainan,Taiwan,China. p .9, p .42, pp.74-83, pp.91-96

　　d．Barry Keenan, *The Dewey Experiment in China.* Harvard University Press 1977, p.87,p.109

　　e．中国陶行知研究会編『陶行知教育思想研究文集』人民教育出版社 1985 年には、郭笙、 劉碩「陶行知対大半殖民地半封建社会的旧教育的批判」141-143 頁、康庄「『教学做合一』的精神実質」120-129 頁がある。

　　f．中国陶行知研究会編『陶行知一生』湖南教育出版社、1984 年には、厳鈍「生活教育実例五則」136-142 頁がある。

　　g．江蘇省陶行知教育思想研究会『紀念陶行知』湖南教育出版社、1984 年には、陸静山「陶行知的教育方法『教学做合一』」130-137 頁がある。

　　h．葉上雄編『生活教育十講』四川教育出版社 1989 年には、「教学做合一的智育過程及其特徴」と「教学做合一的智育原則」135-140 頁などの論文があげられる。

219 陶行知「在湘湖師範教学做討論会上的答問」1929 年 11 月 10-11 日会議記録（方与厳編『教学做合一討論集』上海教育書店、1951 年、『陶行知全集』

第 2 巻、湖南教育出版社、1984 年所収、161 頁）。陶行知「答操震球之問」『陶行知全集』第 2 巻、湖南教育出版社、1984 年所収、79 頁

220 陶行知「教学合一」『時報・教育週刊・世界教育新思潮』第 1 号 1919 年 2 月 14 日、『陶行知全集』第 1 巻、湖南教育出版社、1984 年所収、87-90 頁

221 陶行知 1927 年の書簡「談教学做合一」『陶行知全集』第 5 巻、湖南教育出版社、203-213 頁。陶行知「教学做合一」1927 年 11 月 2 日「寅会」講演、陶行知「在労力上労心」1927 年 11 月 3 日「寅会」講演、『中国教育改造』上海亜東図書館版、1928 年、『陶行知全集』第 2 巻、湖南教育出版社、44-46 頁。陶行知「手脳相長」（1933 年 1 月 16 日『新社会』第 4 巻第 2 号）『陶行知全集』第 2 巻、湖南教育出版社、603-609 頁

222 「捧着一顆心来、不帯半根草去」とともに「愛満天下」も陶行知の名言の一つである。『陶行知全集』第 2 巻、湖南教育出版社、1984 年、扉頁の陶行知筆跡写真より。陶行知「暁荘三歳敬告同志書」『陶行知全集』第 2 巻、湖南教育出版社、1984 年、206-207 頁。陶行知「我的信条」『陶行知全集』第 1 巻、湖南教育出版社、1984 年、651 頁。陶行知「中国郷村教育運動之一斑 - 中国代表致カナダ世界教育会議報告之一」（『教育季刊』1929 年 9 月 27 日）『陶行知全集』第 2 巻、湖南教育出版社、1984 年、26 頁

223 陶行知「中国郷村教育之根本改造」『陶行知全集』第 1 巻、湖南教育出版社、1984 年、654 頁

224 「中国郷村教育運動之一斑 - 中国代表致カナダ世界教育会議報告之一」『陶行知全集』 第 2 巻、湖南教育出版社、1984 年、33 頁

225 「教学做合一」『陶行知全集』第 2 巻、湖南教育出版社、1984 年、41 頁

226 陶行知「再論中国郷村教育之根本改造」（1927 年 4 月『中華教育界』第 16 巻、第 10 期）『陶行知全集』第 2 巻、湖南教育出版社、1984 年、1-6 頁

227 草創期の「暁荘師範」の卒業生達は、今日、中国の政治界、教育界、科学界の重要な仕事をするようになった。例えば、一期生の劉季平と操震球のそれぞれは、北京図書館館長と安徽省政治協商会議副主席・安徽省陶行知教育思想研究会会長である。李楚材と江兆虎は、華東師範大学と震旦大学の教授である。彼らはすでに 80 代に至った。中国陶行知研究会編『陶行知一生』湖南教育出版社、1984 年、148 頁、382 頁、383 頁。江蘇省陶行知教育思想研究会・南京暁荘師範陶行知研究室合編『陶行知文集』江蘇人民出版社、1981 年、2 頁。本文に関する註は、朱澤甫『陶行知年譜』安徽教育出版社、1985 年、110-112 頁と許士騏「崢嶸歳月、暁荘巡礼」、中国陶行知研究会編『陶行知一生』湖南教育出版社、1984 年。『陶行知一生』1984 年、121 頁。易鉄夫「在陶先生的熏陶下」、中国陶行知研究会編『陶行知一生』

212

湖南教育出版社、1984 年、123 頁。王琳「『為中国教育尋覓曙光』」、中国陶
行知研究会編『陶行知一生』湖南教育出版社、1984 年、115 頁

228 陶行知「試験郷村師範答客問」『陶行知全集』第 1 巻、湖南教育出版社、
1984 年、666 頁。陶行知「中国師範教育建設論」『新教育評論』第 3 巻第 1
期、1926 年 12 月 3 日、『陶行知全集』第 1 巻、638-642 頁。「中国郷村教育
運動之一斑 - 中国代表致カナダ世界教育会議報告之一」『陶行知全集』第 2
巻、湖南教育出版社、1984 年、33 頁。「暁荘師範」三期生・厳鈍「生活教
育実例五則」、中国陶行知研究会編『陶行知一生』湖南教育出版社、1984 年、
141 頁。「暁荘師範」指導員・邵仲香「聯村自衛団」、中国陶行知研究会編『陶
行知一生』湖南教育出版社、1984 年、148-153 頁。朱沢甫編『陶行知年譜』
安徽教育出版社、1985 年、91-176 頁

229 朱沢甫編『陶行知年譜』安徽教育出版社、1985 年、129-130 頁

230 厳鈍「生活教育実例五則」、中国陶行知研究会編『陶行知一生』湖南教育
出版社、1984 年、138-139 頁

231 中央教育科学研究所教育理論研究室『陶行知年譜考』教育科学出版社、
1982 年、25 頁

232 陶行知「暁荘三歳敬告同志書」(『郷村教師』第 7 期 1930 年 3 月 15 日)『陶
行知全集』第 2 巻、湖南教育出版社、1984 年、206-215 頁

233 陶行知「暁荘三歳敬告同志書」(『郷村教師』第 7 期 1930 年 3 月 15 日)『陶
行知全集』第 2 巻、湖南教育出版社、1984 年、206-215 頁

234 陶行知「試験郷村師範答客問」『陶行知全集』第 1 巻、湖南教育出版社、
1984 年、669 頁。「暁荘師範」一期生・李相維「暁荘師範生活片断」『陶行
知一生』143 頁

235 陶行知「試験郷村師範答客問」『陶行知全集』第 1 巻、666 頁。陶行知「中
国師範教育建設論」(『新教育評論』第 3 巻第 1 期 1926 年 12 月 3 日)『陶行
知全集』第 1 巻、湖南教育出版社、1984 年、640-642 頁

236 「中国郷村教育運動之一斑 - 中国代表致カナダ世界教育会議報告之一」『陶
行知全集』第 2 巻、湖南教育出版社、1984 年。

237 厳鈍「生活教育実例五則」『陶行知一生』湖南教育出版社、1984 年、
137-138 頁

238 厳鈍「生活教育実例五則」『陶行知一生』湖南教育出版社、1984 年、
137-138 頁

239 厳鈍「生活教育実例五則」『陶行知一生』湖南教育出版社、1984 年、
137-138 頁

240 「中国郷村教育運動之一斑 - 中国代表致カナダ世界教育会議報告之一」『陶

行知全集』第 2 巻、湖南教育出版社、1984 年。

241 厳鈍「生活教育実例五則」『陶行知一生』湖南教育出版社、1984 年、139-140 頁

242 厳鈍「生活教育実例五則」『陶行知一生』湖南教育出版社、1984 年、139 頁

243 陳宏稲「憶暁荘、念陶師」『陶行知一生』湖南教育出版社、1984 年、162 頁

244「暁荘中心小学校」は、1930 年に「暁荘師範」が国民党政府に閉鎖されてからも、小学生による復校活動（1932 年より）と小学校の運営も続けられた。校長と教師は、小学生自身の選挙によって、年長の少年が選ばれ、理事長は、一人の農民が担当した。——暁荘中心小学生であった胡同炳「陶行知与児童自動学校」『陶行知一生』湖南教育出版社、1984 年、169-182 頁

245 夏孟文「回憶暁荘」『陶行知一生』湖南教育出版社、1984 年、134 頁

246 陶行知「児子教学做」『陶行知全集』第 2 巻、湖南教育出版社、1984 年、460 頁

247 陶行知「以教人者教己」『陶行知全集』第 2 巻、湖南教育出版社、1984 年、47-48 頁

248 陶行知「児子教学做」『陶行知全集』第 2 巻、湖南教育出版社、1984 年、460 頁

249 陶行知「以教人者教己」『陶行知全集』第 2 巻、湖南教育出版社、1984 年、47-48 頁

250 陶行知「以教人者教己」『陶行知全集』第 2 巻、湖南教育出版社、1984 年、47-48 頁

251 陶行知「普及現代教育之路」中央科学教育研究所編『陶行知教育文選』教育科学出版社　1981 年、185 頁

252 陶行知「行是知之始」（『郷教叢訊』第 3 巻第 12 期）『陶行知全集』第 2 巻、湖南教育出版社、1984 年、152-154 頁

253 陶行知「思想的母親」『陶行知全集』第 2 巻、湖南教育出版社、1984 年、404 頁

254 陶行知「教学做合一之教科書」（1931 年 8 月『中華教育界』第十九巻第 4 期）『陶行知全集』第 2 巻、湖南教育出版社、1984 年、290 頁

255 陶行知「実験主義与教育」『陶行知全集』第 1 巻 59-64 頁。陶行知「経験主義与教育方法」『陶行知全集』第 1 巻、湖南教育出版社、1984 年、60 頁

256 陶行知「実験主義与教育」『陶行知全集』第 1 巻 59-64 頁。陶行知「経験主義与教育方法」『陶行知全集』第 1 巻、湖南教育出版社、1984 年、60 頁

214

257 陶行知「コロンブス探得新大陸」『陶行知全集』第2巻、湖南教育出版社、1984年、147-148頁

258 陶行知「コロンブス探得新大陸」『陶行知全集』第2巻、湖南教育出版社、1984年、147-148頁

259 朱沢甫編『陶行知年譜』安徽教育出版社、1985年、121-122頁

260 朱沢甫編『陶行知年譜』安徽教育出版社、1985年、121-122頁

261 陶行知「従野人生活出発」『陶行知全集』第2巻、湖南教育出版社、1984年、74頁

262 陶行知「学做一個人」『陶行知全集』第1巻、594-596頁。陶行知「追求真理做真人——致陶暁光」『陶行知全集』第5巻、湖南教育出版社、1984年、700－701頁

③陶行知四男・陶城「捧着一顆心来、不帯半根草去」、曹先捷主編『紀念陶行知』湖南教育出版社、1984年、367-368頁

263 「暁荘師範」は、草創期の三年間（1927-30年）、陶行知が創立者または校長であった。1930年4月に国民党政府によって閉鎖される前には、在校生が200名いた。生物館、科学館、芸術館、図書館などの設備があり、附属中学校と小学校と幼稚園など師範学校としての規模を持ち、中心茶園と民衆夜校など農民識字教育の場所もあった。1949年中華人民共和国が成立して、「暁荘師範」がほぼ20年間の閉鎖から「復校」されたが、文化大革命（1966-72年）中には、一度中学校になり、教員たちは「下放」された。1973年より再び「復校」した。1984年の統計によると、在学生は800名、教職員は155名。国語、数学、物理、外国語、音楽、体育、美術、師範、普通師範などの学科を設け、構内には、陶行知記念館、校史館、附属工場一つと附属小学校二つがある。現在は、「江蘇省重点師範学校」と「全国優秀師範学校」である。――湯翠英「前進中的暁荘師範」（安徽省陶行知教育思想研究会『陶行知一生』湖南教育出版社、1984年所収、183頁、152頁）

264 これまでの陶行知研究における中国、日本、アメリカの先行研究の調査は、拙論「陶行知の『教学做合一』における『做』の概念」（お茶の水女子大学人間文化研究科『人間文化研究年報』第14号、1991年3月所収、175－178頁）にまとめてある。さらに、一見真理子「陶行知」（金子茂　三笠乙彦『教育名著の愉しみ』時事通信社、1991年所収、157－164頁）も参照。

265 陶行知「『偽知識』階級」「生活工具主義之教育」「従野人生活出発」は、1927年の三回にわたり、南京暁荘師範学校の「寅会」（朝会）での講演であった。江蘇省陶行知思想研究会、南京暁荘師範陶行知研究室編『陶行知文集』江蘇教育出版社、1991年所収、191-201頁、172-173頁、174頁。中央教育

科学研究所教育理論研究室『陶行知年譜稿』編者組編『陶行知年譜稿』教育科学出版社、1982 年、27-28 頁、30 頁

266 陶行知「従野人生活出発」1927 年「寅会」講演、江蘇省陶行知思想研究会、南京暁荘師範陶行知研究室編『陶行知文集』江蘇教育出版社、1991 年所収、174 頁

267 陶行知「従野人生活出発」1927 年「寅会」講演、『陶行知文集』所収、174 頁

268 陶行知「従野人生活出発」1927 年「寅会」講演、『陶行知文集』所収、174 頁

269 陶行知「従野人生活出発」1927 年「寅会」講演、『陶行知文集』所収、174 頁

270 陶行知「従野人生活出発」1927 年「寅会」講演、『陶行知文集』所収、174 頁

271 陶行知「従野人生活出発」「生活工具主義之教育」1927 年「寅会」講演、『陶行知文集』所収、174-175 頁、172-173 頁。中央教育科学研究所教育理論研究室『陶行知年譜稿』編者組編『陶行知年譜稿』教育科学出版社、1982 年、27-28 頁。

272 陶行知「『偽知識』階級」江蘇省陶行知思想研究会・南京暁荘師範陶行知研究室編『陶行知文集』江蘇教育出版社、1991 年所収、191-201 頁

273 陶行知「『偽知識』階級」江蘇省陶行知思想研究会・南京暁荘師範陶行知研究室編『陶行知文集』江蘇教育出版社、1991 年所収、191-201 頁

274 陶行知「『偽知識』階級」江蘇省陶行知思想研究会・南京暁荘師範陶行知研究室編『陶行知文集』江蘇教育出版社、1991 年所収、191-201 頁

275 徐特立は湖南省人。19 歳より教師の仕事し、43 歳にフランスへ留学。そして、ベルギー、ドイツに行って教育を研究した。帰国後、長沙女子師範学校を創立。湖南省立第一女子師範学校校長に担当。その頃、彼は毛沢東の先生であった。52 歳に共産党に参加、「二万五千里長征」を乗り越え、延安教育庁長、自然科学院長、中共中央宣伝部副部長などに任命された。彼は陶行知の教育学説を大変敬慕した。徐特立「留法老年学生之自述」中央教育科学研究所編『徐特立教育文集』人民教育出版社、1986 年、4 頁。吉多智　他編『徐特立教育学』広東人民出版社、1990 年、1-2 頁

276 陶行知「創造四通八達的社会」『陶行知全集』第 5 巻、湖南教育出版社、1984 年、55 頁

277 陶行知「『在暁荘』序」江蘇省陶行知思想研究会・南京暁荘師範陶行知研究室編『陶行知文集』江蘇教育出版社、1991 年所収、252 頁

278 魯迅「狂人日記」1918 年 5 月『新青年』第 4 巻第 5 号。孔範今編『魯迅選集・小説　散文巻』山東文芸出版社、1990 年所収、1-11 頁

279 陶行知「偽知識階級」より

280 周暁平「陶行知立木牌」(『人民教育』1988 年 2 期、人民教育出版社、48 頁)

281 周暁平「陶行知立木牌」(『人民教育』1988 年 2 期、人民教育出版社、48 頁)

282 陶行知「送給唐納先生」(1936 年書いた詩)『行知詩歌集』大孚出版公司、1947 年 (『陶行知全集』第 4 巻所収、351-352 頁)

283 陶行知「暁荘開学勉励桃紅──致陶宏」(桃紅は陶行知の長男陶宏の別名)『行知書信』亜東図書館版 1929 年 (『陶行知全集』第 5 巻所収、174 頁)

284 陶行知「『偽知識』階級」1927 年「寅会」(朝会) 講演「『偽知識』階級」(江蘇省陶行知思想研究会、南京暁荘師範陶行知研究室編『陶行知文集』江蘇教育出版社、1991 年、191-201 頁)

285 陶行知「行是知之始」『郷村叢訊』第三巻第 12 期 1929 年 7 月 (『陶行知全集』第 2 巻所収、152-153 頁) 斎藤秋男『陶行知　生活教育理論の形成』明治図書、1987 年、76-77 頁

286 陶行知「行是知之始」『郷村叢訊』第三巻第 12 期 1929 年 7 月 (『陶行知全集』第 2 巻所収、152-153 頁) 斎藤秋男『陶行知　生活教育理論の形成』明治図書、1987 年、174 頁

287 陶行知「偽知識階級」『陶行知文集』江蘇教育出版社、1991 年、199-200 頁)

288 陶行知「中国郷村教育之基本改造」『陶行知文集』江蘇教育出版社、1991 年、155 頁

289 暁荘師範 2 期生陳宏偉「憶暁荘　念陶師」(安徽省陶行知教育思想研究会『陶行知一生』湖南教育出版社、1984 年所収、154-168 頁)

290 陶行知「中国郷村教育之基本改造」『陶行知文集』江蘇教育出版社、1991 年、155 頁

291 周毅、向明著『愛満天下』江蘇教育出版社、1991 年、124-129 頁

292『陶行知文集』江蘇教育出版社、1991 年、265 頁

293 徐特立「陶行知的教育学説」『解放日報』1946 年 8 月 12 日　4 面、中央教育科学研究所編『徐特立教育文集』人民教育出版社、1986 年所収、4 頁

294 陶行知「偽君子篇」1913 年 11-12 月『金陵光』第 4 巻第 6-7 期、曹先捷編『陶行知全集』第 1 巻、湖南教育出版社、1984 年、28 頁。『金陵光』とは、陶行知の金陵大学時代の中文学報であった。このミッション系大学には、元来、英文学報しかなかった。陶行知の発起によって、英文学報第三巻に続き、第四巻第 1 期から英文学報と同時に中文学報『金陵光』も発刊した。彼は『金陵光』の中文編集主任であって、「『金陵光』出版之宣言」、「一夫多妻制之

悪果」、「民国三年之希望」、「医徳」、「共和精義」など、多くの論文を発表した。(朱沢甫編『陶行知年譜』安徽教育出版社、1985年、10頁と『陶行知全集』第1巻、1-54頁)

295「偽知識階級」『陶行知文集』江蘇教育出版社、1991年、191-192頁

296 陶行知「学做一個人」『陶行知全集』第1巻、湖南教育出版社、1984年、594-596頁。陶行知「平等与自由」『陶行知文集』江蘇教育出版社、1991年、179-181頁。陶行知「怎様做小先生」『陶行知全集』第2巻、湖南教育出版社、1984年、895頁。陶行知「育才学校創弁旨趣」『陶行知全集』第3巻、湖南教育出版社、1984年、379頁

297 陶行知「生利主義之職業教育」『陶行知文集』江蘇教育出版社、1991年、1頁

298 陶行知「創造宣言」『陶行知全集』第3巻、湖南教育出版社、1984年、482頁

299 陶行知「暁荘三歳敬告同志書」『陶行知全集』第2巻、湖南教育出版社、1984年、209-210頁

300 陶行知「育才学校創弁旨趣」『陶行知全集』第3巻、湖南教育出版社、1984年、379頁

301 陶行知「地方教育与郷村教育」『陶行知全集』第2巻、湖南教育出版社、1984年、128頁

302 陶行知「行是知之始」『陶行知全集』第2巻、湖南教育出版社、1984年、152-153頁

303 陶行知「学做一個人」『陶行知全集』第1巻、湖南教育出版社、1984年、594-596頁

304 以上の論述については、拙論、「陶行知の教育思想における『生活即教育』『社会即学校』、東京学芸大学教育学教室編『教育学研究年報』第8号、1989年、17-26頁。「陶行知の『教学做合一』における『做』の概念——草創期の暁荘試験郷村師範学校の『做』の実践を中心に」、お茶の水女子大学人間文化研究科編『人間文化研究年報』第14号、1991年、167-180頁。「陶行知の『真知識』論——『偽知識階級』の批判を中心とした実践と理論」『創価大学外国語学科紀要』第2号、1992年、29-49頁、参照。

305 刘晓梅、「陶行知的语言文字思想及其实践」、『南京晓庄学院学报』、2002年02期、王林义、「简论陶行知的儿童诗」、『山西大学师范学院学报』、2000年04期、陆汉军、「响彻时代之强音——试论陶行知爱国主义诗歌」、『南宁师范高等专科学校学报』、1998年04期を参照。

306 銭学文 金成之編『陶行知全集』第7巻、四川教育出版社、1991年、扉頁

218

307 陶行知の中国音楽教育への影響を論じた先行研究は多くはないが、近年のものでまとまった業績としては、賈洪進「陶行知音楽教育思想及其育才学校的創弁」『南京艺术学院学报（音樂及表演版）』1994 年第 1 期、41-43 頁。褚灝「陶行知音楽教育思想及実践研究」、『音楽研究』2001 年 12 月第 4 期、18-24 頁が挙げられる。

308 陶行知 1927 年作「幼苗集」『知行詩歌集』上海児童書局、1933 年、66-67 頁。銭学文、金成之編『陶行知全集』第 7 巻、四川教育出版社、1991 年、58-60 頁

309 陶行知 1927 年作「幼苗集」『知行詩歌集』上海児童書局、1933 年。銭学文、金成之編『陶行知全集』第 7 巻、四川教育出版社、1991 年、58-60 頁

310 李楚材（暁荘師範学校大学部学生）「破暁」1928 年 11 月 2 4 日作。程本海『在暁荘』中華書局版、1930 年。銭学文 金成之編『陶行知全集』第 7 巻、四川教育出版社、1991 年、扉頁。

311 この二曲のレコード盤録音は、以下のインターネット上の中国歌曲データベースで聴くことができる。http://www.lidicity.com/hjjq/ （2006 年 1 月 5 日現在）

312 陶行知「幼苗集」『知行詩歌集』上海児童書局 1933 年。銭学文、金成之編『陶行知全集』第 7 巻、四川教育出版社、1991 年、66-67 頁

313 陶行知 1927 年作「幼苗集」『知行詩歌集』上海児童書局、1933 年。銭学文、金成之編『陶行知全集』第 7 巻、四川教育出版社、1991 年、86-87 頁

314 1931 年作。陶行知「幼苗集」『知行詩歌集』上海児童書局、1933 年。銭学文、金成之編『陶行知全集』第 7 巻、四川教育出版社、1991 年、68 頁

315 鳳陽は明朝の第一代皇帝朱元章の故郷。歌詞は 1928 年の作。1933 年、著者の『暁荘歌曲集』に入れ出版した。1935 年 4 月 1 日付の『生活教育』第二巻 3 期にも掲載。同年、百代公司がこの歌をレコード盤に作った。陶行知「幼苗集」『知行詩歌集』上海児童書局 1933 年。銭学文・金成之編『陶行知全集』第 7 巻、四川教育出版社、1991 年、70 頁

316 銭学文、金成之編『陶行知全集』第 7 巻、四川教育出版社、1991 年、199-204 頁

317 育才学校での芸術教育の実践についての考察は、李日仙「陶行知在育才学校的美育実践述评」、『太原师范学院学报（社会科学版）』1998 年 4 期を参照。

318 1927 年作。陶行知「幼苗集」『知行詩歌集』上海児童書局、933 年。銭学文、金成之編『陶行知全集』第 7 巻、四川教育出版社、1991 年、73-74 頁

319 趙元任 ［1892-1982 年］は天津の出身。ハーバード大学に留学、Ph.D 取得。1920 年帰国。清華大学、中央研究所歴史語言研究所語言組主任などの教育、

語学研究に従事。作曲にも活躍。『趙元任歌曲選』を著作した。彼は陶行知の歌詞、例えば『暁荘歌曲集』『児童節歌曲集』に多くの曲をつくった。銭学文、金成之『陶行知全集』第7巻　1213頁

320 1931年作。銭学文、金成之編『陶行知全集』第7巻、213頁

321 賀緑汀（1903-）は湖南の出身。上海国立音楽専科学校卒業。明星影片公司音楽科長、育才学校音楽主任などに担当。1930年代、『牧童短笛』、『揺籃曲』がソ連の「中国的風格のピアノ曲に応募し、二曲のそれぞれが、当時のソ連音楽家一等奨と名誉二等奨を獲得。他には、管弦楽の作曲、歌の作曲が多い。中外名人研究中心編『中国当代名人録』上海人民出版社、1991年、710頁

322 陶行知「一分鐘歌謡講演」1933年。曹先捷編、『陶行知全集』第4巻、湖南教育出版社、1985年、269頁

323 1931年作。陶行知「幼苗集」『知行詩歌集』上海児童書局、1933年。銭学文、金成之編『陶行知全集』第7巻、四川教育出版社、1991年、90-91頁

324 1934年作。陶行知『知行詩歌続集』上海児童書局、1936年。銭学文・金成之編『陶行知全集』第7巻、四川教育出版社、1991年、99-100頁

325 高海燕, 莫先武、「陶行知文芸美学思想研究」、『南京暁庄学院学報』、2003年3期

326 高海燕・莫先武、「陶行知文芸美学思想研究」、『南京暁庄学院学報』（2003年9月）第19巻第3期、10頁

327 高海燕・莫先武、「陶行知文芸美学思想研究」、『南京暁庄学院学報』（2003年9月）第19巻第3期、11-12頁

328 王林義「简论陶行知的儿童诗」『山西大学師範学院学報』2000年第4期、2000年4月

329 1942年作。銭学文、金成之編『陶行知全集』第7巻、四川教育出版社、1991年、123頁

330 陳貽鑫は武漢にいた「難童」であった。音楽の才能を持ち、しかし禿頭になる皮膚病がひどかった。育才学校に入学後、陶行知は名医に頼んで陳の病気を治させたという。賈培基『陶行知』重慶出版社、1991年、103-105頁

331 1931年作。陶行知「幼苗集」『知行詩歌集』上海児童書局、1933年。銭学文、金成之編『陶行知全集』第7巻、四川教育出版社、1991年、90-91頁

332 1941年作。賈培基『陶行知』重慶出版社、1991年、209頁

333 王林義「简论陶行知的儿童诗」『山西大学師範学院学報』2000年第4期、2000年4月

334 陶行知「烏鴉歌」『児童生活』第三期、1931 年 7 月 1 日。李楚材編『陶行知和児童文学』 少年児童出版社、1990 年、149-153 頁

335 高海燕・莫先武、「陶行知文芸美学思想研究」、『南京暁庄学院学報』（2003年 9 月）第 19 巻第 3 期、10 頁

336『生活教育』第 1 巻 4 期、1934 年 4 月 1 日に登載。李楚材編『陶行知和児童文学』少年児童出版社、1990 年、157-161 頁

337 陶行知「創造宣言」1943 年。銭学文、金成之編『陶行知全集』第 4 巻、3頁

338 陶行知「怎様選書」1932 年。曹先捷編『陶行知全集』第 2 巻、湖南教育出版社、1985 年、474 頁

339 陶行知「怎様選書」1932 年。曹先捷編『陶行知全集』第 2 巻、湖南教育出版社、1985 年、474 頁

340 John Dewey. *Art as Experience* (1934) in *Later Works* Vol.10. (Southern Illinois University Press, 1985), 邦訳は鈴木康司訳『経験としての芸術』（春秋社、1952 年)

341 陳独秀（1880-1942）。安徽省懐丁県出身。18 歳に杭州求是書院にて「西学」と「新学」に接触。反清政府のために追放された。東京高等師範学校、早稲田大学で留学歴がある。後に、北京大学文学科科長。五四運動の指導者と共産党の創立者の一人であった。

342「経史子集」は、古代中国の書物の分類である。「経」とは「易」「書」「詩」「礼」「楽」「春秋」など、儒家経典の書物を指す。「史」は歴史の著作の意味である。「子」は「諸子百家」の著書である。「集」は文学作品、劇作である。華東師範大学教育系編『中国現代教育文選』人民教育出版社、1989 年、176 頁

343 陳独秀「新教育とは何であるか——広州師範高等学校での講演（1921年 1 月 2 日）」華東師範大学教育系編『中国現代教育文選』人民教育出版社、1989 年

344 蔡元培（1868-1940）。浙江省紹興県出身。24 歳で科挙の進士を取得。37歳でドイツのライプチヒ大学に留学。美学、哲学、心理学を研究。1911 年1 月に南京臨時政府教育総長になる。北京大学学長、国立中央研究院院長を歴任。華東師範大学教育系編『中国現代教育文選』人民教育出版社、1989 年、1-3 頁。さらには、林华・洛秦「纪念蔡元培、上海音乐学院的创始人、中国美育之父」『音乐艺术 - 上海音乐学院学报』2002 年 01 期、6-7 頁、「蔡元培先生音乐美育思想初探」『湖南科技大学学报（社会科学版)』2004 年 01 期、125-127 頁を参照。

345 胡国枢『蔡元培評伝』河南教育出版社、1990 年、187-188 頁

346「美育実施方法」（1922 年 6 月）『蔡元培全集』第 4 巻、211 頁

347「学生的責任和快楽」(1920 年 11 月)高平叔編『蔡元培論著選』人民教育
出版社、1991 年、309-310 頁。「哲学大網」(1915 年 1 月)『蔡元培全集』第 2 巻、
345-347 頁

348「美育」(1930 年)『蔡元培全集』第 5 巻、473-479 頁

349「美育」(1930 年)『蔡元培全集』第 5 巻、473-479 頁。「中国的書画」(1931
年 10 月)『蔡元培全集』第 6 巻、118 頁

350「美育」(1930 年)『蔡元培全集』第 5 巻、508-509 頁。「美学講稿」(1921 年秋)
『蔡元培全集』第 4 巻、114-115 頁

351「学生的責任和快楽」(1920 年 11 月)高平叔編『蔡元培論著選』人民教育
出版社、1991 年、309-310 頁

352「美育実施方法」(1922 年 6 月)『蔡元培全集』第 4 巻、213 頁

353蔡元培「美育」『教育大辞書』(1930 年)。高平叔編『蔡元培教育論著選』
人民教育出版社、1991 年、576 頁

354蔡元培「美育」『教育大辞書』(1930 年)。高平叔編『蔡元培教育論著選』
人民教育出版社、1991 年、576 頁

355聞一多 (1899-1946)、湖北省の出身。古代中国文学の研究者。詩人。
1912 年清華学校(アメリカを留学する予備校、8 年制)に入学。1922 年、
アメリカ留学、美術を専攻。1925 年帰国、中央大学、西南大学の講師に。
1946 年昆明に殺害された。劉恒編『聞一多教育文集』 江蘇教育出版社、
1990 年

356聞一多「征求芸術専門的同業者的呼声」『清華週刊』第 192 期 1920 年 10
月 1 日。劉恒編『聞一多教育文集』江蘇教育出版社、1990 年、41 頁

357劉恒編『聞一多教育文集』江蘇教育出版社、1990 年、42 頁

358劉恒「聞一多的思想和教育実践」劉恒編『聞一多教育文集』江蘇教育出版社、
1990 年、6-7 頁

359劉恒編『聞一多教育文集』江蘇教育出版社、1990 年、12-16 頁

360劉恒編『聞一多教育文集』江蘇教育出版社、1990 年、12-16 頁

361魯迅 (1881-1936) 浙江省紹興県出身。文学者。思想家。21 歳に日本留学。
1912 年南京臨時政府教育不部員に担当。北京大学、北京師範大学など 8 が
所の大学で教鞭を取る。生涯に文学作品の創造活動。

362顧明遠他著『魯迅的教育思想和実践』人民教育出版社、1980 年、125 頁

363茅盾 (1896-1981) 浙江省相郷県出身。作家。小説家。児童文学作品の創
造活動が、1918 年魯迅の『狂人日記』の『新青年』に登載以来であるという。
張鋒　主編『当代中国百科大辞典』档案出版社、1991 年、972 頁

364茅盾「給他們看什麼好吶」(彼らに何を読ませるか)『申報・自由談』

1933 年 5 月 11 日。孔海珠編『茅盾和児童文学』少年児童出版社、1990 年、4011 頁

365 葉聖陶（1894-1988）江蘇省蘇州市出身。幼少年時代より、蘇州地方の童謡が好きで、暗記したのが多数あった。中学校卒業の後に、蘇州公立小学校、上海の中学の教員に歴任。授業中に古事などを使って教授した。25 歳以降、教育活動しながら、『中学生』、『新少年』、『児童世界』などの編集者。作品多数がある。杜草甫他編『葉聖陶教育文集』河南教育出版社、1989 年、493-507 頁

366 葉聖陶「関於児童的想像和感情」『晨報副刊』1921 年 3 月 5 日。杜草甫他編『葉聖陶教育文集』河南教育出版社、1989 年、34 頁

367 顧明遠他著『魯迅的教育思想和実践』人民教育出版社、1980 年、123-125 頁

368 顧明遠他著『魯迅的教育思想和実践』人民教育出版社、1980 年、205 頁

369 顧明遠他著『魯迅的教育思想和実践』人民教育出版社、1980 年、127 頁

370 顧明遠他著『魯迅的教育思想和実践』人民教育出版社、1980 年、205 頁

371 茅盾「孩子們要求新鮮（子どもが新鮮さを要求する）」『申報・自由談』1933 年 5 月 16 日　孔海珠編『茅盾和児童文学』少年児童出版社、1990 年、403 頁

372 茅盾「関於『児童文学』（児童文学について）」孔海珠編『茅盾和児童文学』少年児童出版社、1990 年、412 頁

373 茅盾「関於『児童文学』（児童文学について）」孔海珠編『茅盾和児童文学』少年児童出版社、1990 年、412 頁

374 孔海珠編『茅盾和児童文学』少年児童出版社、1990 年、493-507 頁

375 孔海珠編『茅盾和児童文学』少年児童出版社、1990 年、510-530 頁

376 葉聖陶「関於児童的想像和感情」『晨報副刊』1921 年 3 月 5 日。杜草甫他編『葉聖陶教育文集』河南教育出版社、1989 年、15-16 頁と 33-34 頁

377 杜草甫他編『葉聖陶教育文集』河南教育出版社、1989 年、35 頁

378 杜草甫他編『葉聖陶教育文集』河南教育出版社、1989 年、34 頁

379 杜草甫他編『葉聖陶教育文集』河南教育出版社、1989 年、18 頁

380 『陶行知全集』1991 年版、四川教育出版社、全 12 巻

381 『陶行知全集』1991 年版、四川教育出版社、第 3 巻と第 7 巻と第 11 巻

382 前掲『陶行知全集』第 5 巻、1991 年版、四川教育出版社

383 陶行知が書いた論文、文学作品、教科書、文通などが散在していたため、近年になって次々に発見されている。『陶行知全集』1991 年版、四川教育出版社、全 12 巻は、1991 年時点でまだ 10 巻であった。1998 年から『陶行知

全集』第 11 巻と第 12 巻を補完として出版した。ほぼ 10 年前に湖南教育出版社による『陶行知全集』全 6 巻が初出であった。

384 『陶行知全集』第 6 巻、1991 年版、四川教育出版社

385 陶行知「大衆の芸術」『陶行知全集』第 4 巻、1991 年版、四川教育出版社、602-604 頁

386 近年の先行研究としてまとまっており、かつ、学問的批判にたえられるものは、高海燕・莫先武、「陶行知文芸美学思想研究」、『南京曉庄学院学報』（2003 年 9 月）第 19 巻第 3 期、9-15 頁、が挙げられる。

387 江蘇陶行知教育思想研究会・南京曉莊師範陶行知研究室合編『陶行知文集』江蘇教育出版社、1981 年、497 頁

388 江蘇陶行知教育思想研究会・南京曉莊師範陶行知研究室合編『陶行知文集』江蘇教育出版社、1981 年、501 頁

389 江蘇陶行知教育思想研究会・南京曉莊師範陶行知研究室合編『陶行知文集』江蘇教育出版社、1981 年、506 頁

390 曹先捷主編『陶行知全集』第 6 巻、湖南教育出版社、1985 年、658 頁

391 曹先捷主編『陶行知全集』第 6 巻、湖南教育出版社、1985 年、658 頁

392 陶行知「小先生と民衆教育」李楚材編『陶行知と児童文学』少年児童出版社、1990 年、226 頁

393 陶行知「小先生と民衆教育」李楚材編『陶行知と児童文学』少年児童出版社、1990 年、226 頁

394 『陶行知全集』第 11 巻、四川教育出版社、1998 年、313 頁

395 李楚材編『陶行知と児童文学』少年児童出版社、1990 年、50 頁

396 陶行知「談詩・致呉立邦」（1934 年）李楚材編『陶行知と児童文学』少年児童出版社、1990 年、227 頁

397 陶行知「談詩・致呉立邦」（1934 年）李楚材編『陶行知と児童文学』少年児童出版社、1990 年、227 頁

398 陶行知「民主」（1945 年）江蘇陶行知教育思想研究会・南京曉莊師範陶行知研究室合編『陶行知文集』江蘇教育出版社、1981 年、791 頁

399 陶行知「民主」（1945 年）江蘇陶行知教育思想研究会・南京曉莊師範陶行知研究室合編『陶行知文集』江蘇教育出版社、1981 年、791 頁

400 陶行知『民主教育』（1945 年）江蘇陶行知教育思想研究会・南京曉莊師範陶行知研究室合編『陶行知文集』江蘇教育出版社、1981 年、792-793 頁

401 陶行知「小先生と民衆教育」李楚材編『陶行知と児童文学』少年児童出版社、1990 年、226 頁

402 陶行知「小先生と民衆教育」李楚材編『陶行知と児童文学』少年児童出

版社、1990 年、226 頁

403 陶行知「小先生解」『陶行知全集』第 3 巻、1991 年版、四川教育出版社、296 頁。陶行知「女子教育総解決」『陶行知全集』第 3 巻、1991 年版、四川教育出版社、297-298 頁

404 江蘇陶行知教育思想研究会・南京暁荘師範陶行知研究室合編『陶行知文集』江蘇教育出版社、1981 年、847 頁

405 江蘇陶行知教育思想研究会・南京暁荘師範陶行知研究室合編『陶行知文集』江蘇教育出版社、1981 年、847-851 頁

406 『陶行知全集』第 2 巻、湖南教育出版社、1985 年、476-575 頁

407 陶行知「百姓のために絵を描く」、江蘇陶行知教育思想研究会・南京暁荘師範陶行知研究室合編『陶行知文集』江蘇教育出版社、1981 年、827 頁

408 陶行知「百姓のために絵を描く」江蘇陶行知教育思想研究会・南京暁荘師範陶行知研究室合編『陶行知文集』江蘇教育出版社、1981 年、827 頁

409 『陶行知全集』第 6 巻、湖南教育出版社、687 頁

410 『陶行知全集』第 6 巻、湖南教育出版社、688 頁

411 『陶行知全集』第 6 巻、湖南教育出版社、1985 年、686 頁

412 『陶行知全集』第 6 巻、湖南教育出版社、1985 年、689 頁

413 『陶行知全集』第 6 巻、湖南教育出版社、1985 年、144-145 頁

414 『陶行知全集』第 6 巻、湖南教育出版社、1985 年、298-315 頁

415 『陶行知全集』第 6 巻、湖南教育出版社、1985 年、349-374 頁

416 『陶行知全集』第 6 巻、湖南教育出版社、1985 年、375-377 頁

417 1911 年 -- 清、宣統 3 年、10 月 10 日 -- 旧暦 8 月 19 日に武漢蜂起に始まる辛亥革命により、孫文が臨時大統領の位につき中華民国が成立した。民国時代の 10 月 10 日を「双十節」という。-- 愛知大学中日大辞典編纂処編『中日大辞典』大修館書店、1989 年、2072 頁

418 フランス革命が始まったのが 1789 年 7 月 14 日であった。パリの人々が牢獄を攻め破って、同年の制憲会議で『人権宣言』を議決した（現代漢語大辞典編纂委員会『現代漢語辞典』、1978 年）

419 『陶行知全集』第 6 巻、湖南教育出版社、1985 年、690-691 頁

420 李楚材編『陶行知と児童文学』少年児童出版社、1990 年、227-228 頁

421 李楚材編『陶行知と児童文学』少年児童出版社、1990 年、52 頁

422 『陶行知全集』第 6 巻、湖南教育出版社、1985 年、631-642 頁

423 陶行知と Henry Clemons 合訳 1914 年 1 月金陵大学学誌『金陵光』、『陶行知全集』第 6 巻、湖南教育出版社、1985 年、624-630 頁

424 『陶行知全集』第 6 巻、湖南教育出版社、1985 年、643-644 頁

注　225

425『陶行知全集』第 6 巻、湖南教育出版社、1985 年、646-647 頁

426『陶行知全集』第 6 巻、湖南教育出版社、1985 年、678-679 頁

427 高海燕・莫先武、「陶行知文芸美学思想研究」、『南京暁庄学院学报』（2003年 9 月）第 19 巻第 3 期

428 現代中国における、この小先生制の実践については、例えば、胡玉珍、「"小先生"方法在外语教学中的运用」、『上海教育科研』、1997 年 05 期、齐易、邸艳平、「陶行知与他创办的育才学校音乐组」、『人民音乐』、1997 年 08 期を参照。

429「希望工程」は、内陸部や少数民族地域など、主に経済的な後発地域において、貧困が原因で就学できなかったり、中途退学せざるをえない子どもたちを、すでに経済発展を遂げた都市部の企業、団体、個人（あるいは、日本を含む海外のボランティア組織）が資金を寄付するかたちで資金援助するほか、山間部などの僻地に学校を建設するプロジェクトである。黄梅英、「希望工程」、『新教育事典』（勉誠出版、2002 年）参照。

430 Zhixin Su. "A Critical Evaluation of John Dewey's Influence on Chinese Education," *American Journal of Education*, Vol. 103, No. 3. (May, 1995), pp. 302-325. はこの間のデューイ評価の変遷を辿っている。彼女が正しく指摘したように、実は毛沢東自身、かつて五・四運動に身を投じる中、デューイの講演会に出席し多大な啓発を受け、彼が湖南で革命書店を開いた際には、真っ先にデューイの「五大講演」を仕入れたほどであったのである。さらに、Zhixin Su. "Teaching, Learning, and Reflective Acting: A Dewey Experiment in Chinese Teacher Education," *Teachers College Record* Vol. 98, No.1 (Fall 1996), pp.135-137. も参照。さらに 1982 年以降の研究論文によれば、権力者の江青は、その女優時代の恋愛史を陶行知に知られ、さらに陶行知は失恋した江青の相手・唐青年を自殺前に救ったこと、さらに、後に唐青年がフランスへ渡ったこと、これらの事実により、陶行知が江青によって疎んじられたことを挙げている。『陶行知研究』四川教育出版社　1991 年、および、徐铸成、「陶行知开罪江青始末」、『出版参考』2004 年 35 期、55-56 頁。

431 全国各省・市にも研究会の 23 ヶ所の分会を設立し、個人会員が国内外で合わせ、3 万人ほどである。こうして、陶行知教育思想の実践を全国的に広がっていて、全世界に宣伝していながら支持をえている。「中国陶行知研究会簡介」中国陶行知研究会 :http://www.xingzhi.org より。さらに、「上海东方行知学校举办 10 周年校庆」、『小演奏家』（2004 年 10 期）、62 頁。蒋博彦、「记东方行知钢琴进修学校十周军校庆」、『钢琴艺术』（2004 年 11 期）、63-64頁。翟灿・朱灵芝・刘巍・金欣婑、「流动人口子女教育问题调查——城市边缘的课桌」、『瞭望』2003 年 30 期（2003 年 7 月 28 日）、46-48 頁。胡奎、「北

京流動孩子“地下”教育」、『新聞周刊』2002 年 11 期（2002 年 5 月 20 日）、36-38 頁も参照。

432 流動人口の子女とは、1979 年以降、流動人口に対しての政策が弱化されつつあった結果である。それは、農村にあるいは都市に生まれたかどうかにもかかわらず、地方戸籍あるいは農民の戸籍をもつ子どもは流動人口の子女と定義される。このような子たちは、都市に入った親に連れられ、その都市の戸籍を持っていないため、公立小学校に入学できない規則がある。現在、国内の社会学者たちの研究によれば、流動人口の子女への教育機会均等の配慮は、政府と全国民の課題である。それは社会的差別をなくして、自由平等な社会と安定な社会を作る第一歩として、流動人口の子女の完全な義務教育化を目指すことである。鄒艶絹「流动児童教育：今日的教育問題」『中国青年報』（2001 年 11 月 16 日）。黄剣波．成功、「市場、社会、国家与流动人口子女的教育——以浦东新区的民工子弟学校为例」、『青年研究』（2005 年第 8 期）、1-10 頁。

433 中国陶行知研究会網 :http://www.xingzhi.org より

434「帮帮农村孩子们——教育之光」、『农村．农业．农民』2005 年第 1 期、7 頁。翟灿・朱灵芝・刘巍・金欣窈、「流动人口子女教育问题调查——城市边缘的课桌」、『瞭望』2003 年 30 期（2003 年 7 月 28 日）、48 頁。

435 この他、四川創業学院のように、四川省陶行知研究会が現地の他の団体と協力して設立した同じ系統の学校も存在する。顾美玲、「初级阶段理论与民办教育」、『四川师范大学学报（哲学社会科学版）』第 25 卷第 4 期（1998 年 10 月）、29-38 頁。

436 陶行知学校に関する資料は中央教育科学研究所網 :www.cnier.ac.cn 所載

437「北京行知打工子弟学校」に関しては、鲁忠民「北京　出稼ぎ労働者の子らにも教育の光が」『人民中国』2002 年 6 月号所収

438 中国青少年基金会が作った全国の経済的理由で失学した少年たちの組織である。鄧小平は二度にわたり、「一人の老共産党員」というサインで寄付したという。『鄧小平の教育思想』教育出版社、1995 年より

439 迟晶「収穫」前揭中国陶行知研究会網 :http://www.xingzhi.org

440 春を擬人化する現代中国文学的表現である。

441「陶行知学校」中学 1 生の王春頴「私の心の痛み」前揭、中国陶行知研究会網 :http://www.xingzhi.org

参考文献

　中国では、陶行知の教育思想研究は、1924-51 年が陶行知学説紹介期であり、1951-53 年が陶行知学説批判期であった。1981 年以来、陶行知学説の紹介とともに、さらに教育思想の研究も全国的に盛んになっている。彼の友人、教え子たちをはじめとするグループによる研究者が多いことは、その研究の一大特徴である。これらの研究の数値的な概況は、李庚靖「中国陶行知研究 80 年概述」『广西师院学報（哲学社会科学版）』223 巻第 1 期（2002 年 1 月）、74-78 頁を参照されたい。この李論文によれば、80 年にわたる陶行知の教育思想研究を概観すると、1985-2000 年の期間に、2272 件の研究成果（内訳は著作が 123 点、論文が 2149 篇）が発表されたが、1980 年代の研究成果がこのうちの 66％を占めるとしている。

①陶行知学説紹介期（1924–51 年）

・教育学者による著作の紹介

　　方与厳（陶行知の「暁荘試験郷村師範学校」の学生）編『陶行知・実施民主教育提綱』上海文建出版社、1947 年

　　方与厳編『陶行知教育論文選輯』上海生活読書新知三聯書店、1950 年

・陶行知の親友による陶の生涯と思想の紹介

　　麦青著『陶行知』上海読書新知聯合発行、1949 年

　　白韜著『陶行知的生平及其学説』新中国書局、1949 年

　　陶行知紀念委員会（陶行知葬式委員会のメンバ‐を中心とする）編『陶行知先生紀念集』上海発行、1950 年

・陶行知自身による著作と雑誌の出版

　　『平民千字課』上海商務、1924-27 年

　　『幼稚教育論文集』上海児童書局、1932 年

『老少通千字課』上海商務、1934 年

『中国大衆教育問題』大衆文化社、1936 年

『中国教育改造』上海亜東図書館、1937 年

『育才学校手冊』重慶私立育才学校、1944 年

『行知詩歌集』上海大衆出版、1947 年

『民族解放大学』上海文建出版社、1947 年

『行知歌曲集』生活教育社、1950 年

『偽知識階級』北京新北京出版社、1950 年

『古廟・鐘録』上海新児童書店、1951 年

『普及現代生活教育之路』北京新北京出版社、1951 年

『生活教育』雑誌　第 1 － 3 巻 12 期　上海児童書局、1934 年 2 月 -1936 年 8 月

②陶行知学説批判期（1951–53 年）

・著作

潘開沛著『陶行知教育思想的批判』北京大衆書店、1952 年

・雑誌の批判論文

董純才「我対陶行知先生及生活教育的認識」『人民教育』1951 年 3 巻 6 期
張健「重新認識陶行知先生的生平和事業」『人民教育』1951 年 4 巻 1 期
潘開沛「陶行知教育思想中幾個問題的商榷」『人民教育』1951 年 4 巻 2 期
張凌光「評『生活即教育』、『社会即学校』」『人民教育』1952 年 2 期
張宗麟「対陶行知先生的認識和我的初歩検討」『人民教育』1952 年 3 期
張健「略談陶行知先生教育思想的階級性」『人民教育』1953 年 5 期

③陶行知研究の停滞期（1954–80 年）

・香港

陶行知著『陶行知文献』九龍、龍文書店、1966 年

・以下の日本とアメリカの先行研究の項を参照

④陶行知教育思想研究の復活期（1981 年 - ）

・陶行知著作の出版

中央教育科学研究所編『陶行知教育文選』教育科学出版社、1981 年

江蘇省陶行知教育思想研究会・南京暁荘師範陶行知研究室合編『陶行知文集』江蘇人民出版社、1981 年

曹先捷編『陶行知全集』第一、二、三、四、五、六巻、湖南教育出版社、1984-85 年

中国陶行知研究会編『陶行知教育思想、理論和実践』安徽教育出版社、1986 年

・陶行知の研究書

中国教育科学研究所教育理論研究室　陶行知年譜稿編写組『陶行知年譜稿』教育科学出版社 1982 年

曹先捷主編『紀念陶行知』湖南教育出版社、1984 年

曹先捷主編『陶行知一生』湖南教育出版社、1984 年

曹先捷主編『陶行知研究』湖南教育出版社、1984 年

朱沢甫編『陶行知年譜』安徽教育出版社、1985 年

中国陶行知研究会編『陶行知教育思想研究文集』人民教育出版社、1985 年

安徽省陶行知教育思想研究会編『陶行知書信集』安徽教育出版社、1985 年

四川省陶行知教育思想研究会編『陶行知紀念文集』四川教育出版社、1985 年

・陶行知についての研究論文

郭笙　劉碩「略論陶行知人民教育思想的発展」『華東師範大学学報』1983 年第 1 期

陳侠「偉大人民教育家的豊碑」『光明日報』1986 年 8 月 8 日

劉元「陶行知為甚麼自称新武訓」『教育学』1986 年 9 期

李紹彬「陶行知教師思想浅論」『教育研究』1986 年 10 期

樓化蓬　潘冷雲「学習陶行知的新武訓精神」『教育研究』1987 年 1 期

曹恩四「陶行知教育思想的発展及其生活教育理論述評」『遼寧教育学院学報』1987 年 1 期

伍国晨「試談陶行知教育思想与武訓精神」『克山師専学報』1987 年 1 期

張健「陶行知教育思想研究的幾個問題」『広州教育論叢』1987 年 2 月

莫増栄「論陶行知的教師職業精神観」『教育研究』1987 年 9 期

張風山他「陶行知徳育思想試析」『教育研究』1987 年 10 期

劉洪「陶行知幼児教育理論浅識」『幼児教育』1988 年 1 期

張慶梅、徐大鈺、周正「学習陶行知幼児教育思想・努力発展社会主義幼児

教育事業」

『幼児教育』1988 年 4 期

呂景星「陶行知的大職業教育観」『教育研究』1988 年 6 期

周暁平「陶行知立木碑」『人民教育』1988 年 8 期

朝暉「陶行知教子軼事」『中国教育報』1988 年 8 月 6 日

　次に、日本では、陶行知の研究は、個人的研究という形で現れている。1930 ～ 46 年は陶行知の生涯・学説紹介期（池袋「児童の村」小学校と陶行知の文通交流も含む）であった。1946 年以降は、陶行知生活教育研究期に入って、調査と資料分析研究、近年までには思想研究にも顕著に成果があった。研究者としては特に、長年、陶行知研究を進めてきた斎藤秋男氏が挙げられる。近年では、牧野氏による一連の研究がある。

① 1946 年までの陶行知教育思想の紹介

　戸塚廉『児童の村と生活学校』双柿舎 1978 年 4 月、46-48 頁と、斎藤秋男『陶行知：生活教育理論の形成』明治図書、1987 年 4 月、117 頁によると、1930 年代、陶行知と「小先生」運動が雑誌『生活学校』1935 年 1 月創刊号に紹介されている。また、同年代に、陶行知が編集した雑誌『生活教育』には、児童の村小学校のことが紹介されたことや、「生活学校諸同志」あての署名で、彼の著書『生活教育論』と童謡パンフレットを贈ったことがあると、戸塚廉に記述されている。

② 1946 年以降の陶行知研究

斎藤秋男『新中国教師の父』刀江書院、1951 年

斎藤秋男「陶行知・民族解放の教育」『世界教育学選集 15』所収

斎藤秋男『中国現代教育史』田畑書店、1973 年

斎藤秋男「中国革命の中の子ども」『民族解放の教育学』亜紀書房、1975 年所収

溝口貞彦「デューイ・陶行知・毛沢東」、「陶行知論争」『中国の教育』日
　中出版、1978 年、149-194 頁

斎藤秋男「日本における陶行知・その研究と紹介と」『中国研究月報』中
　国研究所、1980 年 2 月

斎藤秋男「陶行知『生活教育論』の再検討　1　暁荘試験開設のあとさき」、
　「2『生活教育』から『民主教育』へ」、「3　新安旅行団の小先生たち」、
　「4　中国の革命と“児童の発見”」『現代教育科学』明治図書、1980 年 9
　-12 月　斎藤秋男「陶行知への旅」『専修人文論集』第 29 号、1982 年 6
　月

斎藤秋男『陶行知　生活教育理論の形成』明治図書、1987 年 4 月

斎藤秋男「陶行知年譜考」『専修商学論集』　1984 年 9 月

斎藤秋男著　楊暢訳『陶行知評伝』四川教育出版社、1987 年月

世良正浩「暁荘実験学校における陶行知生活教育論の形成とその実践の検
　討」『東京大学教育学部紀要』第 19 巻、1979 年

牧野　篤「陶行知『工学団』運動に関する共同体論的一考察」『名古屋大
　学教育学部紀要』第 30 巻、1983 年度

牧野　篤「陶行知教育思想の基底 - 金陵大学時代・王陽明思想の解釈と吸
　収」『教育学研究』第 56 巻第 2 号、1989 年 6 月

牧野　篤「陶行知幼少年期の行動と教養」『現代中国』第 63 号、1989 年

牧野　篤『中国近代教育の思想的展開と特質──陶行知「生活教育」思想
　の研究』日本図書センター、1993 年

　より近年の中国語論文で、筆者が参照したのは以下である。しかしな
がら、これらの大多数は、教育思想の論文というよりもむしろ、陶行知
の教育実践の現代的意義、あるいは、陶行知教育思想に基づくとされる
現在の中国での教育実践を扱ったものである。

　学位論文（硕士（修士）論文）

　　包琼、「陶行知民主教育管理思想与实践及其现代意义」、南京师范大学（2003
　　　年）

　　陈昌铎、「陶行知“创造的儿童教育”思想及其现实意义」、华中师范大学（2003
　　　年）

陈刚、「陶行知学校民主管理思想及其现代价值」、江西师范大学（2003 年）

李恒川、「陶行知生活德育思想研究」、南京师范大学（2003 年）

林永希、「陶行知的教师教育思想与我国教师专业化」、华中农业大学（2004 年）

刘长贵、「陶行知的生活德育理论及其当代价值」、南京师范大学（2003 年）

孟陶宁、「陶行之创造教育思想和语文教育改革」、东北师范大学（2002 年）

陶克祥、「陶行知健康教育思想研究」、安徽师范大学（2005 年）

涂雪峰、「陶行知社会改造思想初探」、湖南师范大学（2002 年）

许琼华、「陶行知的幼儿科学教育理论与实践探索」、福建师范大学（2003 年）

杨春平、「陶行知生活教育理论的语文教学实践研究」、西南师范大学（2005 年）

余庆东、「对陶行知与杜威教育哲学思想比较及思考」、江西师范大学（2005 年）

詹琼、「参与式教学在高中物理部分实验中的探索」、贵州师范大学（2005 年）

学位論文（博士論文）

张蓉、「中国近代民众教育思潮研究」、华东师范大学（2001 年）

学術論文

安蕾、「幼儿教育专家孙铭勋和戴自俺」、『贵阳文史』、2002 年 2 期

毕巨德、「生活教育思想中的爱国主义精神——读陶行知文集随想」、『泰安师专学报』、1995 年 1 期

操晓林、「记先父操震球追随陶行知的一生」、『江淮文史』、1998 年 3 期

陈荣德、「他促成了白求恩来华——杰出的民间外交家陶行知」、『贵阳文史』、2003 年 2 期

陈敏、「陶行知：把人写上现代化的旗帜」、『中国改革』、2002 年 5 期

陈仁发、「陶行知在香港」、『达县师范高等专科学校学报』、1997 年 4 期

陈善卿、「陶行知的德育理论实质上是生活德育论」、『道德与文明』、2002 年 4 期

陈旭、「陶行知轶事」、『陕西教育』、2003 年 2 期

陈运富、「陶行知感召白求恩」、『党史文汇』、1995 年 9 期

陈宗荣、「真正的田汉——缅怀人民教育家陶行知」、『山东教育』、1997 年 Z2 期

成立方、「陶行知」、『沧州师范专科学校学报』、2000 年 4 期

董芳、「千古两陶子、真淳铸诗魂——陶渊明田园诗与陶行知新体诗比较」、『榆林高等专科学校学报』

董开源、「伟大的人民教育家陶行知先生」、『科学中国人』、1999 年 9 期

董玉梅、「陶行知与汉口三小的"小先生"活动」、『武汉文史资料』、1996 年 3 期

段芬果、「陶行知邀请白求恩到中国」、『党史博采』、1999 年 8 期

范基公、「为师的楷模 创新的典范——纪念陶行知先生诞辰 110 周年」、『北京教育』、2001 年 10 期

方宏、「陶行知求"真"的故事」、『贵州教育』、2000 年 9 期

冯锡刚、「"瞠然自失"的检讨——郭沫若与武训批判」、『郭沫若学刊』、2001 年 1 期

高海燕, 莫先武、「陶行知文艺美学思想研究」、『南京晓庄学院学报』、2003 年 3 期

硌石、「献身教育救国的陶行知」、『职业技能培训教学』、1994 年 6 期

龚大明、「抗战时期的陶行知」、『贵州师范大学学报（社会科学版)』、1999 年 3 期

关依兰、「"陶行知诞辰 110 周年纪念会"在京举行」、『北京教育』、2001 年 12 期

郭维廉，王淑芝、「教师的楷模——陶行知的十大精神」、『锦州师范学院学报（哲学社会科学版)』、1995 年 4 期

国现华、「河北省的陶研盛会——河北省陶行知研究会成立大会暨第一届年会综述」、『邢台学院学报』、1994 年 3 期

哈尔宜、「毕竟兴邦先教化 犹记锄头革命歌——陶行知先生纪念馆抒笔」、『党史纵览』、2003 年 6 期

海涛、「可别搞错哟」、『石油政工研究』、2003 年 4 期

韩希田、「改革创新 成果卓著——特级政治教师丁培昌简介」、『中学政治教学参考』、1994 年 1 期

何炳章、「远东一种伟大之现象——晓庄精神和它的锻造者陶行知先生」、『学术界』、2002 年 6 期

何国华、「学习陶行知职业教育思想和实践的若干思考」、『岭南文史』、1997 年 1 期

洪晓青、「国难时期的陶行知」、『江淮文史』、1996 年 2 期

侯德础、「陶行知先生与武训精神」、『文史杂志』、1994 年 5 期

胡筠、「运用生活体育教育引导学生个性发展的方法探析」、『重庆工业高等

专科学校学报』、2004 年 4 期

胡美山、「仰慕陶行知」、『山东教育』、2002 年 Z1 期

胡霞、「论陶行知民主主义思想的形成」、『四川教育学院学报』、2001 年 7
期

胡晓风、「陶行知诞辰考」、『教育研究』、1996 年 11 期

胡晓风、韩邦彦、「中国现代化呼唤现代陶行知」、『中华文化论坛』、1996
年 1 期

胡晓风、金成林、「行以求知知更行——《陶行知全集》第十一卷（补遗一卷）
介绍」、『丽水师范专科学校学报』、1999 年 3 期

胡玉珍、「"小先生"方法在外语教学中的运用」、『上海教育科研』、1997 年
5 期

华天雪、「版画家、美术理论家王琦」、『美术观察』

黄岭峻、「中国近代知识分子与实用主义中国化——以张东荪、胡适、陶行
知为例」

黄子云、「寓理于趣 寓教于悦——陶行知诗教二三事」、『党史纵览』、1994
年 6 期

贾洪进、「陶行知音乐教育思想及其育才学校的创办」、『南京艺术学院学报（音
乐及表演版）』、1994 年 1 期

江巧珍、「陶行知与施剑翘」、『江淮文史』、1998 年 3 期

江志伟、「尊师情——记李鹏总理给陶行知纪念馆的一封信」、『党史纵横』、
1996 年 3 期

江舟、「马年赏马联」、『现代质量』、2002 年 2 期

金其安、「"无为的陶行知"——回忆我的祖父金稚石」、『江淮文史』、1994
年 5 期

金山、「贺陶行知"三卖"」、『咬文嚼字』、2001 年 5 期

凯亚、「陶行知先生与佘儿岗茶馆」、『中老年保健』、1998 年 5 期

凯亚、「陶行知和佘儿岗茶馆」、『农业考古』、1997 年 2 期

康志伟、「为洗衣者歌——《洗衣歌》与《衣联歌初稿》之较读」、『吕梁高
等专科学校学报』、2000 年 1 期

孔淑丽、「家长应培养孩子热爱祖国的感情」、『人口战线』、1995 年 1 期

李承勋、「冯玉祥演讲出语惊人」、『民国春秋』、1997 年 1 期

李承勋、「在世界各地宣传中国抗日的陶行知」、『文史精华』、1995 年 9 期

李德安、雒根生、辛明峰、「捧着一颗心来 不带半根草去——记武陟县人武
部部长樊瑞贞」、『中国民兵』、2000 年 8 期

李嘉曾、「国立东南大学时期的陶行知及其早期教育思想」、『中国大学教学』、

2002 年 4 期

李祥凤、「"星期学校"与李公朴较场口获救」、『纵横』、1996 年 6 期

李迅、「陶行知先生与绘画」、『黑龙江教育学院学报』、2001 年 2 期

梁伟生、「刍议陶行知的幽默」、『河南职业技术师范学院学报（职业教育版)』、1996 年 3 期

林承节、「陶行知的印度之行」、『历史教学』、1995 年 3 期

林铭纲、「不平凡的历程——周恩来与"新旅"的孩子们」、『党史纵横』、1995 年 6 期

刘超良、「试探陶行知的生活德育思想」、『河北师范大学学报（教育科学版)』、2004 年 4 期

刘唤群、「陶行知与茶馆」、『农业考古』、2003 年 4 期

刘慧群、「试论陶行知的价值观」、『四川师范大学学报（哲学社会科学版)』、1996 年 1 期

刘晓梅、「陶行知的语言文字思想及其实践」、『南京晓庄学院学报』、2002 年 2 期

陆汉军、「响彻时代之强音——试论陶行知爱国主义诗歌」、『南宁师范高等专科学校学报』、1998 年 4 期

马举贤、「以陶为师 与时俱进」、『达县师范高等专科学校学报』、2002 年 1 期

马能源、「寓教于诗 教人求真——谈陶行知教育诗篇的思想建构」、『职教通讯』、1998 年 2 期

马少华、「我们的政治主张——民国史上一次知识界的"参政"经历」、『书屋』、2002 年 2 期

孟维杰 , 黄冬梅、「谈陶行知体育思想的启示」、『松辽学刊（社会科学版)』、1998 年 1 期

牛立明、「王矍 : 翻身不忘毛泽东」、『当代电视』、1999 年 12 期

欧宏、「自称"过渡"指挥家的卞祖善」、『东方艺术』、1996 年 1 期

彭佩红、「陶行知的幽默」、『教育与职业』、1996 年 1 期

朴华、「黄山钟灵秀 苦难育英才——伟大的人民教育家陶行知的成长历程」、『山东教育』、2000 年 Z3 期

齐易 , 邸艳平、「陶行知与他创办的育才学校音乐组」、『人民音乐』、1997 年 8 期

钱达锦 , 辛国俊、「试论陶行知的体育观」、『南京体育学院学报』、1994 年 4 期

钱广荣、「陶行知的爱国思想述论」、『安徽师范大学学报（人文哲学社会科

学版)』、1994 年 4 期

任宗德、「危难中的陶行知在我家辞世」、『炎黄春秋』、1997 年 3 期

邵传贤、「生命奇迹施健行」、『长寿』、2000 年 10 期

盛风、「陶行知诗讽胡适」、『江淮文史』、1997 年 4 期

石磊、「"三农"回头看」、『小城镇建设』、2000 年 9 期

寿魁成、「陶行知夫人忆周总理和邓大姐」、『紫金岁月』、1996 年 1 期

宋晶、「论教师的心理素质」、『新乡师范高等专科学校学报』、1997 年 4 期

孙鸿斌、「吃得苦中苦 方为人中人」、『对联 . 民间对联故事』、2003 年 9 期

孙瑜、「我编导《截止训传》的经过」、『纵横』、1997 年 11 期

孙瑜、「我编导电影《武训传》的经过」、『文史精华』、1995 年 2 期

唐阳昭、「生活教育是我国社会主义道德教育的良好途径」、『达县师范高等
专科学校学报』、1997 年 4 期

唐正芒、「陶行知的"反汪结婚"」、『党史纵览』、1998 年 2 期

陶丽苹、「走在"行知"路上的人」、『中国教师』、2003 年 5

涂雪峰、龚鹏、「陶行知与近代中国的交通事业——纪念陶行知先生诞辰
110 周年」、『克山师专学报』、2001 年 4 期

汪昌益、「陶行知："把恋爱当饭吃"」、『江淮文史』、1994 年 5 期

王达明、曾强毅、王礼龙、「生活体育教学模式探索」、『四川体育科学』、
2000 年 3 期

王德明、「"诗教"的魅力」、『四川教育』、1995 年 Z1 期

王林义、「简论陶行知的儿童诗」、『山西大学师范学院学报』、2000 年 4 期

王群生、「"天下第一关"——我所认识的陶行知先生」、『重庆社会主义学院
学报』、2002 年 1 期

王荣成、「黄开富与育才学校」、『达县师范高等专科学校学报』、1998 年 3
期

王书田、「筑起人格长城——弘扬陶行知廉洁律己的道德风范」、『中小学管
理』、1995 年 Z1 期

王向友、「名人相册」、『档案与建设』、2002 年 12 期

王向友、「陶行知先生与晓庄」、『南京晓庄学院学报』、2000 年 3 期

王兆来、「一次难忘的送稿」、『新闻爱好者』、1994 年 12 期

魏伯河、「研读陶行知的一本入门书——介绍《爱满天下——陶行知名言警
语》」、『山东教育』、2000 年 Z6 期

闻超、「伟大的人民教育家陶行知」、『肉品卫生』、2001 年 12 期

邬蓉桦、「相濡以沫在"育才"——记抗战时期陶行知先生与共产党人的友谊」、
『文史杂志』、1997 年 5 期

吴树琴、「晓庄——有个高大的身影」、『南京晓庄学院学报』、2000 年 3 期

吴翔、「1931-1934 年 : 作为《申报》新闻改革家的陶行知」、『南京晓庄学院学报』、2004 年 1 期

萧阳、「漫画家沈同衡」、『炎黄春秋』、2004 年 5 期

笑蜀、「"民主魂" 陶行知在新中国成立后的际遇」、『炎黄春秋』、1999 年 1 期

谢瑞俊、「教师的楷模——陶行知」、『苏州教育学院学报』、1998 年 4 期

辛国俊、「陶行知 : 中国师范教育改革的先驱」、『南京晓庄学院学报』、2000 年 3 期

许良廷、「对陶行知怎样成为党外共产主义者的探索」、『安徽史学』、2001 年 3 期

许宗元、「论陶行知的旅游观」、『江淮论坛』、2001 年 2 期

杨宁坤、「创新与青年成才」、『中国青年研究』、2004 年 2 期

杨忠山、「校校结合 送学上门——师专面向农村体育教育实习的新探索」、『克山师专学报』、2001 年 3 期

姚利民、「中外教育家选介——陶行知」、『机械工业高教研究』、1995 年 3 期

叶昕、「陶行知和抗日救亡」、『江苏教育学院学报』、1995 年 3 期

佚名、「平民教育家陶行知」、『中国改革.农村版』、2002 年 4 期

易群、「陶行知的卖艺启事与对联」、『对联.民间对联故事』、2004 年 2 期

殷明!安徽、「党外布尔什维克陶行知的人生之路」、『党史文汇』、2000 年 1 期

于川 , 王跃年、「陶行知与工学团运动」、『民国档案』、1997 年 3 期

余受之、「我所认识的陶行知先生」、『今日四川』、1996 年 2 期

余子侠、「陶行知生平事迹五考」、『安徽史学』、2001 年 3 期

余子侠、「陶行知研究国际学术研讨会综述」、『理论月刊』、1997 年 1 期

余子侠 , 李桂元、「陶行知的三次武汉之行」、『武汉文史资料』、2000 年 6 期

喻坚、「陶行知健身教育思想初探」、『体育学刊』、1998 年 2 期

园丁、谢联生、「瞭望哨」、『瞭望』、1995 年 38 期

张道一、「为时代造像——吴为山雕塑 "文化名人系列"」、『美术』、1997 年 5 期

张德鹏、「陶行知和新安旅行团」、『广西党史』、1996 年 6 期

张国良、「陶行知先生两则逸事」、『江淮文史』、1997 年 1 期

张建平、「试论陶行知 "健康第一" 的学校体育思想」、『体育文化导刊』、2002 年 5 期

张劲夫、「和陶夫子相处的日子」、『科技文萃』、1994 年 2 期

张俊平、杨法俞、沈家彪、「咬定青山绘蓝图——记金湖县教育局长吴明康」、『江苏教育』、1997 年 2 期

张良瑞、苏长生、「陶行知健康教育思想与学校体育思想变革」、『成都教育学院学报』、1999 年 5 期

张群、「名人雕塑扫描」、『华人时刊』、2002 年 7 期

张三民、「"做戏"」、『石油政工研究』、2003 年 4 期

张学义、「陶行知在美国征订《鲁迅全集》」、『鲁迅研究月刊』、1995 年 7 期

张育青、「加强运动员创新意识的培养」、『中国体育教练员』、1997 年 4 期

张元隆、「海外奔波十万里 丹心只为救中国——记陶行知为抗日救亡旅行欧美的事迹」、『党史纵览』、1995 年 5 期

张正元、「论陶行知与抗日救亡运动」、『安徽师范大学学报（人文哲学社会科学版)』、1995 年 3 期

张效珍・申勇「陶行知生活教育理论的特征及其启示」、『宁波教育学院学报』2000 年 01 期

章开沅、「大教育：建设中国的支点——《陶行知与中国现代化》序」、『中国改革』、2002 年 7 期

赵拓、「白求恩来华"是受陶行知邀请的"吗？」、『文史精华』、2000 年 1 期

周德厚、黄文轩、「我在陶行知家干活」、『红岩春秋』、2004 年 3 期

周德厚、黄文轩、「我眼中的陶行知夫妇」、『山东教育』、2002 年 5 期

周洪宇、「陶行知与美国侨界」、『武汉文史资料』、2002 年 4 期

周洪宇、「新安旅行团在武汉」、『武汉文史资料』、2001 年 5 期

周其高、「"傻子精神"救中华」、『江南论坛』、1996 年 2 期

周昭坎、「爱满天下的陶行知」、『海内与海外』、1999 年 1 期

周志俊、潘志琛、「陶行知健身思想研究」、『北京体育大学学报』、1996 年 4 期

朱蓉蓉、「陶行知在抗战时期的国民外交活动」、『苏州丝绸工学院学报』、2000 年 6 期

朱子善、「毋忘求真——关于陶行知生平事迹的几点辨析」、『杭州大学学报(哲学社会科学版)』、1998 年 2 期

朱宗震、「黄炎培不是江南地主的总代表」、『探索与争鸣』、2002 年 4 期

英文文献

Barry Keenan, "T'ao Hsing-Chih and Educational Reform," *The Dewey Experiment in China. Education Reform and Political Power in the Early Republic*. (杜威与中国) (Harvard University Press, 1977).

Don-chean Chu, *Patters of Education for the Developing Nations.Tao's Work in China 1917-1946* (Kao-chang Printing Company, Tainan,Taiwan,China). (ハーバード大学イエンチン図書館所蔵)

Ruth Weiss. "The Educator Tao Xingzhi," *Eastern Horizon* [Hong Kong] 1980 19(8): 32-34.

Wing Hon Ho. "Tao Xingzhi: A Re-Discovery of a Christian Educator," Ph.D. dissertation, Chinese University of Hong Kong, 2002.

Yao Yusheng. "National Salvation through Education: Tao Xingzhi's Educational Radicalism," Ph.D. dissertation, University of Minnesota 1999.

Yao Yusheng. "The Making of a National Hero: Tao Xingzhi's Legacies in the People's Republic of China," *Review of Education, Pedagogy & Cultural Studies* 24, no. 3 (September 2002): 251-77.

Zhixin Su. "A Critical Evaluation of John Dewey's Influence on Chinese Education," *American Journal of Education*, Vol. 103, No. 3. (May, 1995), pp. 302-325.

Zhixin Su. "Learning, And Reflective Acting: A Dewey Experiment in Chinese Teacher Education," *Teachers College Record* 1996, 98 (1): 126-152.

あとがき

　筆者が小学校卒業する頃、中国は文化大革命に突入した。将来、医者になるという夢をいだいて学習を続けていた筆者は、高校時代には学業を断念し、一家離散、雲南省へと下放されることなった。後に日本に来てからこの話を友人にすると、一様に、「政治の嵐によって青春と学習の機会を台無しにされたかわいそうな人」であると同情されたのであるが、当時の筆者は、それなりに楽しい生活を経験した。若く適応性に富んでいた時代だったということもあったが、なによりもまず、周囲には同じような境遇の若い少女たちが友として、一緒に生活していたからであった。

　北京に生まれそこで育った筆者にとって、田舎の生活は、見るもの聞くもの、すべて珍しく、まったく未知の新しい世界に生きてゆくことは大きな驚きであった。本書でも言及したように、南京郊外の荒山の中で開校した暁荘試験郷村師範学校において、陶行知は、「飯が炊けない者は、卒業できない」と、原始的な農村の生活に適応しようとしない師範生を諭したわけであったが、恐らく当時の筆者も陶先生に叱責されたことであろう。

　文化大革命終了後、学問への憧れがやみがたい筆者は、日本への留学を決意し、ようやくのことで創価大学に受け入れてもらえることとなった。10歳近くも年の離れた"新入生"の筆者へ、創価大学の学生の皆さんが示してくれたさまざまな厚誼は今でもいちいち脳裏に浮かんでくる。

　学士課程を修了後、教育思想研究に導いて下さったのは、学芸大学の長井和雄先生、原聡介先生、今井康雄先生であった。修士課程在学中の二年間は、筆者にとって、かつての文化大革命での経験を上回る、学習と思索の日々であった。晩学の筆者を、文字どおり手を取るように薫陶

して下さった三人の恩師の先生方には改めて御礼を申し上げたいと思う。

　お茶の水女子大学大学院博士課程に進学した筆者にとって、上野浩道先生のご指導は、生涯の研究テーマを決める契機となった。芸術教育の問題に関心を寄せるようになったのは、芸術家と教育者の両親のもとに生まれたという筆者の生い立ちにも関係していようが、やはり上野浩道先生との出会いが決定的であった。今、本書を完成して、あらためて、上野先生の学恩を思う次第である。

　本書の刊行にあたっては、創価大学創立35周年記念出版助成金をいただいた。母校で教鞭を執るというのは、おそらく、すべての大学教員の夢であろうが、これが実現した上、さらに自身の最初の著作の刊行に援助をいただいたことは、存外の幸運であった。創価大学創立者の池田大作先生には、筆者が留学生として学んでいた当時より、細やかなご配慮をいただいている。「人之有徳於我也、不可忘也。吾有徳於人也、不可不忘也」と俚諺が教えるように、そのご恩に報いるために、我が身をなげうって教育・研究に邁進したい。

　本書の刊行を辛抱強く待って下さった東信堂の下田勝司社長およびきわめて有能な編集スタッフの皆様にも心から御礼を申し上げたい。一昨年の春以来、北京の両親の入院、さらに、昨年秋には東京の義母の死去と、筆者は人生の試練を次々と経験し、完成原稿の執筆もともすれば鈍りがちであった。今、本書を刊行できることで、筆者はようやく、果たされないままであった約束を履行した思いがする。

　今日は、物質的生活が豊かになった反面、受験戦争、少年非行、青少年犯罪率の上昇などの問題を指摘するまでもなく、子どもの基本的生活自立が喪失しつつ「教育」の失敗による様々な現象が目につく。筆者は、人間の備えている善いもの、美しいもの、本物を追究する心を覚醒する教育すら、やはり、現実の生活を基盤にし、人間の生きる最高の目的「『做』真人」の様々な新しい方法を発見し、創造しなければならないと考えたい。これこそ、陶行知が、彼の民主主義教育思想、とりわけその神髄で

ある「教学做合一」によって主張したことであった。

陶行知の民主主義教育思想は現実の中国の生活の中で息づいているのである。中国の発展に当たって、80年前は、列強が中国を侵略し、政府は腐敗し、労苦大衆は死線を彷徨っていた。陶行知は言った。「現在中国不得了、将来一定了不得」(現在の中国の事態は重大であるが、将来はきっとたいしたものになる)と。陶行知の師デューイは、陶が逝去する直前、彼宛の書簡で次のように述べている。「私は期待するのですが——恐らく貴兄もそのように期待されると思います——アメリカが、軍事的なやり方ではなく、民主社会そして民主主義の教育を擁護するという根源的なやり方で、より多くのことができる時代が到来すればと思います。今や世界はこれほどまでに緊密に結びついているがゆえに、世界のあらゆる場所を通じて、民主主義的な目的と方法が確立されない限り、それらはこの国においても、長く隆盛を極めることはないのではないかと私は恐れるものです」(John Dewey to Tao Xingzhi, dated June 10, 1946. Larry A. Hickman.(Ed.).*The Correspondence of John Dewey*. Volume 3: 1940-1952. First Edition, June 2005. CD-ROM, InteLex Corporation.) と。

　今もなお、陶行知の見すえた大衆教育の道を歩みつつ、その過程で多くの困難、障害に遭うにもかかわらず、前進して行くしかないのである。それが人民の歴史の発展道程であり、人民の願いでもある。

事項索引

ア行

育才学校	39, 54, 61, 62, 130, 131, 137, 138, 157, 165
歌（詩歌）	123-133, 135, 136, 138, 140, 143, 154, 157, 158

カ行

学而優則士	21
学陶師陶	121, 174, 176
課程即生活	96
学校中心論	42, 43
『学校と世界』	20
感情の教育	145
感情の陶冶（陶冶感情）	145, 149, 154
偽知識	109-112, 114, 115, 117, 118, 120, 121
偽知識階級	109-112, 114, 116, 118, 121
「喫人」文化	114, 120
旧民主主義	iv
教育の社会的目的	23
『教育要旨』	9
教学合一	44, 53, 95, 96
教学做合一	45, 48, 52, 53, 77, 95, 99, 102-107
教書先生	111, 113
暁荘試験郷村師範学校	95-97, 99-102, 104-106, 109, 115, 117, 118, 123, 125, 127, 132
暁荘師範学校附属小学校	54, 174
暁荘中心小学校	100-103
『郷教叢訊』	98, 118
郷村教育	175
『経験としての芸術』	141
芸術創造	157, 158
軽農	73, 175
劇	17, 98, 123, 124, 139, 140, 143, 154, 157
古為今用	58,
孔教	9, 10
行知学校	177-179, 180, 185, 186, 189, 190-193
黄埔軍校	56
国民党政府	45
五項目教育	8
五・四運動	5, 27, 56, 57, 143, 151

サ行

在労力上労心	174
山海工学団	39, 50, 51, 55, 60, 173, 174, 177
詩	157-161, 164, 167, 169, 170
識字教育	55, 124
識字班	42, 43, 51
実験	27-29, 106, 107
実験郷村師範学校（暁荘学校）	39, 51, 54, 55, 60, 88, 157, 173
『実験的論理学論集』	20
実用主義教育	8
自動学校	132
児童教育	137, 139
児童詩	136, 137
児童文学	151-154
社会学校論	45, 49
社会大学	49-51
儒教思想	i , 43, 73
小衆教育	47, 58, 174
小先生	88, 105, 133, 134, 161, 174
小先生制	48, 52, 53, 55, 77, 87, 133, 174
生利主義	120
職業教育	19
自立立人	104, 105
『新教育』	39, 97
『新教育評論』	47
晨更工学団	39, 173, 174
新思想	10, 59
真人	121
『新青年』	6
親知	44, 116, 121
真知識	109, 114-121
新民主主義教育（思想）	56-62, 89-91
生活教育	48, 49, 85, 87, 105, 106, 109, 118, 119, 121, 123-125, 130, 140, 141, 143, 157, 167, 171, 173, 189
生活教育と（における）芸術	123, 140, 141, 143
生活即教育	95
生活の記号	103
説知	44, 116
全国人民代表大会	188

事項索引 245

全国平民教育大会	75		176
全生活	102, 103	平民学校	39, 42, 60, 61, 82, 157, 173
即知即伝人	102, 105	平民教育	16, 43, 75, 81, 88, 90, 105
		平民主義	iv

タ行

大衆教育	47, 54, 58, 157, 164, 165, 169, 174, 190, 192	北京行知打工子弟学校	163, 185
		北京市大興区陶行知学校	179, 181-183
単級制	101	報童工学団	39, 173, 174
知行合一	39, 121, 123, 173	棚鵬学校	179
『致大総統書』	10	戊戌変法	10, 79
中為体、洋為用	21		
中央教育科学研究所	177	**マ行**	
中華教育改進社	75	民主	160, 164
中華全国平民教育促進会総会	75, 81	『民主』	39
中国陶行知研究会	176-180	民主教育	160
中心学校	42	『民主教育』	39
徳謨克拉西（デモクラシー）	iv , 60	民主主義教育	5, 11, 12, 15, 16, 37, 43, 48, 54, 59, 71, 74, 75, 78-89, 92,
追求真理做真人	107, 108	『民主主義と教育』	20, 40, 84
道徳	23, 70-72	無形社会大学	49, 50
道徳教育	23, 25	聞知	44, 116
童話	124, 139, 140, 143, 153, 154		
読書作官	46	**ヤ行**	
読書人	113, 119	洋為中用	57
		洋化教育	78

ナ行

		洋楽堂（ミッション・スクール）	75, 78, 112, 170
南京金陵大学	39		
南京高等師範学校	5, 39, 75	洋八股	46, 111, 113
農民運動講習所	56	四大主義	9

ハ行

		ラ行	
八股文	111	労山中学（暁荘師範の附属中学校）	102
美育	143-145, 147-151	老八股	111, 113
普及教育	98, 100, 103, 108, 109, 123, 124, 159	労力	44, 73, 87, 113
不読書人	113, 119	労心	44, 73, 87, 174
プラグマティズム	iii , 12, 26-28, 31, 32, 76,		

人名索引

ア行

アインシュタイン	54
晏陽初	39, 75, 82
袁水拍	136
袁世凱	9, 16, 47, 56,

カ行

郭沫若	135, 137, 169
賀緑汀	130, 138
惲代英	88
クルプスカヤ	85
黄炎培	8, 27
孔子	ii , 73, 158, 159
胡適	iii , 5, 27, 37, 42, 75, 76, 84, 90

サ行

蔡元培	5, 8, 27, 37, 75, 107, 143-147, 149-151
蒋介石	45, 88
蕭三	135, 136
蒋夢麟	iii , 37, 39, 75, 76
徐特立	88, 111, 118
孫文	37, 56

タ行

陳鶴琴	39, 75, 90
陳独秀	5, 6, 9, 10, 144

デューイ	i - iv , 5-7, 10-35, 37, 40-46, 50, 54, 69-71, 74-77, 80-84, 89-92, 141
陶行知	i - iv , 5, 12, 37-62, 69, 71-78, 82-91, 95-97, 102-112, 114-121, 123-133, 135-141, 143, 157-160, 164, 165, 167, 169-171, 173-177, 179, 189

ハ行

武訓	90
馮玉祥	88
方与厳	135

マ行

孟子	86
茅盾	143, 151-154
毛沢東	45, 57, 61, 87, 88, 90, 176
聞一多	143, 144, 150, 151
モンロー	6, 7, 40, 75, 82, 123, 143

ヤ行

葉聖陶	143, 151-154

ラ行

ラッセル	6
李大釗	10, 84
魯迅	114, 143, 151-154

■著者紹介

李　燕（LI Yàn）

1953年北京生まれ。1981年来日。創価大学教育学部卒。東京学芸大学大学院教育学研究科で教育学修士号取得。お茶の水女子大学大学院博士課程人間文化研究科博士課程単位修了。現在、創価大学文学部助教授。

論文に、「中国小学教師城郷間的師資現状比較──以天津、云南的7所小学師資調査為例」『創大中国論集』（2006年3月）、訳書に、李平凡著『版画滄桑』（白帝社、2006年、共訳）などがある。

Tao Xingzhi and His Philosophy of Artistic Education

陶行知の芸術教育論──生活教育と芸術との結合

2006年11月20日　初版　第1刷発行　　　　　　　　　〔検印省略〕

＊定価はカバーに表示してあります

著者© 李燕　発行者　下田勝司　　　　　印刷・製本　中央精版印刷

東京都文京区向丘1-20-6　郵便振替 00110-6-37828

〒113-0023　TEL 03-3818-5521 (代)　FAX 03-3818-5514

E-Mail tk203444@fsinet.or.jp

発　行　所

株式
会社 東信堂

Published by TOSHINDO PUBLISHING CO.,LTD.

1-20-6,Mukougaoka, Bunkyo-ku, Tokyo, 113-0023, Japan

ISBN4-88713-721-4　C3037　Copyright©2006 by LI Yàn

東信堂

比較・国際教育学（補正版）　石附実編　三五〇〇円

教育における比較と旅　石附実　二〇〇〇円

比較教育学の理論と方法　J・シュリーバー編著　馬越徹・今井重孝監訳　二八〇〇円

比較教育学—伝統、挑戦、新しいパラダイムを求めて　M・ブレイ編著　馬越徹・大塚豊監訳　二八〇〇円

世界の公教育と宗教　江原武一編著　五四二九円

世界の外国人学校　江原武一編著　三八〇〇円

世界の外国語教育政策—日本の外国語教育の再構築にむけて　大谷泰照他編著　三八〇〇円

近代日本の英語科教育史—職業諸学校による英語教育の大衆化過程　江利川春雄　六五七一円

日本の教育経験—途上国の教育開発を考える　国際協力機構編著　二八〇〇円

アメリカの才能教育—多様なニーズに応える特別支援　松村暢隆　二五〇〇円

アメリカのバイリンガル教育—新しい社会の構築をめざして　末藤美津子　三三〇〇円

多様社会カナダの「国語」教育（カナダの教育3）　関口礼子・浪田他編著　三八〇〇円

カナダの教育（カナダの教育2）　小林・関口・浪田他編著　二八〇〇円

21世紀にはばたくドイツの教育のすべて　マックス・プランク教育研究所研究者グループ編／天野・木戸・長島監訳　一〇〇〇〇円

マレーシアにおける国際教育関係　杉本均　五七〇〇円

「改革・開放」下中国教育の動態—教育へのグローバル・インパクト　阿部洋編著　五四〇〇円

中国の職業教育拡大政策—江蘇省の場合を中心に　劉文君　五〇四八円

中国の後期中等教育の拡大と経済発展パターン—江蘇省と広東省の比較　呉琦来　三八三七円

陶行知の芸術教育論—生活教育と芸術との結合　李燕　三六〇〇円

東南アジア諸国の国民統合と教育—多民族社会における葛藤　村田翼夫編著　四四〇〇円

オーストラリア・ニュージーランドの教育　石附実・笹森健編著　二八〇〇円

〒113-0023　東京都文京区向丘1-20-6　TEL 03-3818-5521　FAX 03-3818-5514　振替 00110-6-37828　Email tk203444@fsinet.or.jp　URL: http://www.toshindo-pub.com/

※定価：表示価格（本体）＋税